汉语语法的动态研究

邵敬敏 著

2013 年·北京

图书在版编目(CIP)数据

汉语语法的动态研究/邵敬敏著.—北京:商务印书馆,2013
ISBN 978-7-100-09624-9

Ⅰ.①汉… Ⅱ.①邵… Ⅲ.①汉语—语法—文集 Ⅳ.①H14-53

中国版本图书馆 CIP 数据核字(2012)第 262415 号

所有权利保留。
未经许可,不得以任何方式使用。

汉语语法的动态研究

邵敬敏 著

商 务 印 书 馆 出 版
(北京王府井大街36号 邮政编码100710)
商 务 印 书 馆 发 行
北京市白帆印务有限公司印刷
ISBN 978-7-100-09624-9

2013 年 5 月第 1 版　　开本 880×1230　1/32
2013 年 5 月北京第 1 次印刷　印张 12½
定价:32.00 元

前　言

我非常欣赏王力先生的"龙虫并雕"说,当然我的主攻方向肯定是汉语语法,不过,也做语法学史、语言学评论,也做词汇研究、修辞研究、社会语言学、文化语言学、广告语言学,乃至于语言接触与语言变异,也没有忘记现代汉语教学、对外汉语教学、普通话教学、词典编纂等等应用方面的工作。语法方面的论文自然是最多的,除了《著名中年语言学家自选集——邵敬敏卷》(安徽教育出版社 2002),我先后出了三本语法论文集:第一本叫做《汉语语法的立体研究》(商务印书馆 2000),第二本叫做《汉语语义语法论集》(上海教育出版社 2007),这第三本起名叫做《汉语语法的动态研究》,主要是语法研究,也包括一些语言变异研究。这正好反映了我 30 年来做汉语研究,尤其是汉语语法研究的三个阶段,三个不同的研究重点:立体研究、语义研究、动态研究。

第一阶段是 20 世纪 80—90 年代,那时初出茅庐,在上海受到胡裕树、张斌先生关于语法研究"三个平面"思想潜移默化的影响,主要精力是做形式、意义、语用的立体交叉研究,尤其是语义与形式的关系。如果说爱情和死亡是文学创作的永恒主题,那么语义和形式的对应关系就是语法研究的永恒主题之一。

第二阶段是 20 世纪 90 年代后期到 21 世纪初,那时我的语法研究思想正在转型,正在向纵深方向探索。我痛感形式语法、功能

前　言

语法虽然声势浩大,也确实有许多长处,但是他们没有能够抓住语法研究的核心问题,也深感吕叔湘、朱德熙先生的学说需要进一步地发扬光大,所以试图以句法语义作为语法研究的出发点和重点,研究的重点转向语义特征、语义指向、语义角色、语义结构、语义范畴等,开始有意识地鼓吹汉语语义语法理论,探求具有中国特色的语法研究途径。

第三阶段研究是 21 世纪,研究眼光转向语言的变化、发展、变异。1996 年以后我有机会到各国访学,特别是多次到香港、台湾地区多所大学交流讲课做研究,有了比较,视野明显开阔,我开始关注汉语语法的动态变化,开始关注汉语的最新发展趋势。所谓动态,可以做广义的理解,包括三个方面:1.历史的发展演变,打通现代、近代,乃至古代的演变进程;2.语言接触和交融,包括不同民族的语言和方言;3.共时的社会语言变化,关注社会、科技、网络等给语言乃至语法所带来的变化。

需要特别申明的是,我历来主张语法研究的"多元意识",谁的思路有启发,能够帮助我解决问题,我就取谁的。不管它是黑猫还是白猫,只要能够逮住老鼠就是好猫。不管这流派、那流派,能够帮助我解决问题的就是好流派。不存在忠于某种学派的迂腐观念。此外,我还比较钟情于"双向结合"。比如单纯的宏观研究,有点空泛;单纯的微观研究,有点拘谨。两者一结合,就踏实多了。再比如历时和共时的结合,我们做现代汉语语法的,当然是以共时为主,但是有时不追根溯源,分析起来就有点儿隔靴抓痒,讲不清楚。一看历时的演变,就胸有成竹了。

这本论文集主要挑选了我 2007 年以来公开发表的论文 22 篇,语法方面占大多数。大体上分为五个板块:动态变化、框式结

构、语义与结构、功能与认知、变异与竞争,这正反映了这些年来我最为关注的几个方面。有几点情况必须加以说明:

第一,这些年来我撰写的论文自然不止这些,有些没有能够收录进这个本子,比如我承担国家课题《汉语方言疑问范畴比较研究》,发表了好几篇关于疑问句研究的论文,我计划收录在《现代汉语疑问句研究》的增订本里,再比如我承担的广东省重点课题《新时期汉语语法学史》(1978—2008),通过对这30年历史的回顾与展望,对汉语语法研究的趋势有了更为前瞻的认识,该书已经由商务印书馆于2011年出版。还有我主编了"十一五"国家级规划教材《现代汉语通论》,这一编撰使我对语法研究如何为教学服务有了崭新的认识,与此相关的一些关于方言语法研究、语法学史、汉语教学等的论文也将另行编辑。

第二,论文中有部分是跟我的博士生、硕士生合作撰写的。在华东师范大学时,就有这个好传统,什么叫做"教学相长"?这就是最好的体现。到了暨南大学,更是因为学校规定博士生3年里必须发表4篇论文才能毕业(两篇核心期刊,两篇统计源)。2003年以来,我招收了17名博士生7名硕士生,这样,我就需要帮助我的学生发表几十篇论文!简直要把人逼疯了!不过世界上很多事情就像一把双刃剑,一边有弊,一边就有利。压力确实大,但是这也锻炼了我们的同学,也提高了他们写论文的信心。我可以很自豪地说,我们博士生发表的论文没有一篇是拿钱买来的版面,也没有一篇不是自己独创的。在跟学生们的讨论中,在反复修改的过程中,我得到很多启发,同学们年轻有锐气,敏感,敢想,常常在讨论中,由于思想的碰撞,迸发出一些精彩的火花,让我的学术思想能够长久保持学术的青春和魅力。曾经有人觉得奇怪:你最近不少

前　言

文章怎么是跟你的学生一起写的？看来这位老兄还真的对现在我国大学的现状不太了解，起码很隔膜。

第三，最后一个板块"变异与竞争"的论文，不仅涉及语法，还涉及词语，尤其是最后3篇。收录在这里，其主要原因还是因为它们不是一般的词语研究，而是关系到语言研究当前最热门的课题：变异与竞争。此外，文章发表时，由于篇幅的限制，往往需要删节，而且首当其冲的是例句。这也是常态了。现在有机会结集出版，在基本保持原貌的前提下，例句方面，也许可以稍稍补上我们认为比较有趣的或者需要保留的一些。

北京大学语言专业的老师里，对我影响最大的是三位：王力、朱德熙和陆俭明。我老在考虑，怎样才能把我们老师的精髓学到手，怎样才能发扬光大他们的学术思想。我觉得最好的途径就是各取所长，熔为一炉。王先生的博大，让人兴叹；朱先生的精深，不能不佩服；陆老师的活力，充满激情。把他们的优点加起来，那就是博大精深充满活力，这确实让我受益无穷。

学术研究，就好比一条长河，跌宕起伏，奔腾不已；千回百转，终归大海。我们的研究，也许只是这条长河里的一滴水，但是千万滴水珠凝聚起来，就形成了浪，后浪推着前浪，风起浪涌，就构成潮。潮起潮落，生生不息。所以，我们不必自卑，也不必骄傲。做一滴浪起潮涌的水珠，足矣。

邵敬敏

2012年2月6日于暨南大学明湖苑乐研斋

目　　录

动态变化

说"V 一把"中 V 的泛化与"一把"的词汇化 …………………… 3
新兴组合"X 一下"的泛化趋势及其修辞价值 ………………… 16
论"太"修饰形容词的动态变化现象 …………………………… 30
网络时代汉语嬗变的动态观 ……………………………………… 54

框式结构

汉语框式结构说略 ………………………………………………… 77
"连 A 也/都 B"框式结构及其框式化特点 …………………… 101
"没 A 没 B"框式结构的语义增值及贬义倾向 ………………… 118
"半 A 半 B"框式结构及相关格式比较 ………………………… 130
"一 A 一 B"框式结构的位序原则及其构式语义 ……………… 142

语义与结构

从"V 给"句式的类化看语义的决定性原则 …………………… 155
从准定语看结构重组的三个原则 ………………………………… 173
制约"NP1 有 NP2 很 AP"理解的认知原则 …………………… 187

目 录

建立以语义特征为标志的汉语复句教学新系统刍议………… 201

功能与认知

"幸亏"类副词的句法语义、虚化轨迹及其历史层次 ………… 223
"不是A,而是B"句式假性否定的功能价值 …………… 242
"动+介+宾"结构的语义模式及认知场景………………… 259
制约移动动词"来"的会话策略及其虚化假设……………… 277

变异与竞争

"港式中文"与语言变体………………………………… 305
"港式中文"与语言接触理论…………………………… 323
汉语社区词的典型性及其鉴定标准……………………… 338
从"手机"看不同华语社区同义词群的竞争与选择………… 360
"美女"面称的争议及其社会语言学调查………………… 373

动态变化

说"V一把"中V的泛化与
"一把"的词汇化[*]

  数词"一"跟动量词"把"组合成动量结构"一把",出现在汉语句法中的位置主要有两个,与动词V形成两个格式,一个是状动结构,一个是动补结构:

  A. 一把+V   B. V+一把

  早期B式中的V多为表示手掌动作的动词,而且往往是单音节及物动词,例如"推一把"、"拉一把"。《现代汉语八百词》(1980)指出:第一,量词"把"语义相当于"次",特点在于"用于同手有关的动作"。第二,A式用法,表示"动作快而短暂",而且数词限于"一"。第三,B式的动词后有宾语时,宾语指人,必定在动词后;宾语指物,必定在"把"之后。这一兼管句法位置以及语义表达的思路基本上是正确的,对我们继续探讨"V一把"的语法意义以及使用规则很有启示意义。

  从20世纪80年代以来,尤其是进入21世纪以来,"V一把"的用法迅速蔓延,有燎原之势,大量鲜活的语言事实显示,"V一把"的组合类型已经出现很大的拓展,语法意义也发生了明显的变

---

[*] 本文在"第十四次现代汉语语法讨论会"(2006年上海财经大学)上宣读。

化,所以我们必须以动态的发展眼光,结合语义特征分析法来进行考察。

一、"V一把"中V从专化到泛化的进程

中国当代社会的改革开放,尤其是互联网的开通和普及,促使现代汉语发生急剧的变化,开始向当代汉语转型。语言的使用和风格形成新的特色。进入21世纪以后,"一把"能够组合的动词性词语大大增加,使用范围明显扩大,使用的频率大为提高,"V一把"迅速扩容,显示了旺盛的生命力和扩张力,下面的例句就非常典型:

(1)琼浆玉液是要喝进肚里的,让人醉一把、晕一把、痴一把、癫一把,让人在美酒的滋润中演绎人生。(华夏酒报2002－12－2)

(2)我也就无缘无故感慨一把,深沉一把,恣肆一把。(梅英疏淡2006－7－1)

这些新的组合虽然目前主要还是在网络上使用,但是,实际上它们已经出现在各类报纸和文学作品中了,尤其是面向青年人的时尚性的杂志报纸,即使主流媒体,包括中央电视台、中央人民广播电台,以及一些大报,严肃文学也开始使用,并且有明显的扩大化的趋势。

我们首先要考察的是跟"一把"组合的动词的类别。即从必须用手的动作动词,发展到不一定用手的动作动词,再到跟手完全无关的动词,乃至部分不及物动词和性质形容词,经历了一个逐步从专化到泛化的过程。这样,我们可以把带补语"一把"的动词分为

4类：

Va. 最典型的动词应该是必须用手来施行的动作，或者说是跟手掌连带手指这一部位活动直接有关的动作，例如：抓、拉、推、扯、捏、拍、拧等，可称为"抓"类动词。

Vb. 有些动作可以用手来进行，有时也可以不用手来进行，有时还可能需要其他器具、物件来协助手才能完成，这类动词有：帮、赌、玩、赚、练、试、博、耍、驾、钓、拼、搜、算等，可称为"帮"类动词。

Vc. 这类动词基本上跟手无关，但都是跟人有关的及物动作。这类动词有：猜、说、叫、学、蒙、唱、努力、忽悠、放纵、消费等。可称为"猜"类动词。

Vd. 不及物动词，例如笑、哭、痴、醉等，尤其是部分性质形容词也可以带有"一把"，这些形容词表示一种属性的变化，具有某种动态，可统称为"笑"类动词。

（一）近代汉语里能够跟"一把"组合的动词都属于 Va 类。例如《西游记》：探、抹、摸、抓、扯、挝；《金瓶梅》：捏、拧、推；《红楼梦》：拧、扯、捏、拉；《儿女英雄传》：拍、扯、拉、捏、带、拍、搀、抓（已经全部列举）。

在 20 世纪 30—40 年代部分现代作家的作品中，我们发现能够跟"一把"构成 B 式的动作动词也主要是"抓"类动词，几乎没有例外，例如：

《骆驼祥子》：抓、扯、操、紧、松；

《子夜》：拧、摸、抹、推、拉；

《家》：抓、捏。

20 世纪 80—90 年代的当代作品，我们查阅了王朔、池莉、戴

动态变化

厚英、张承志、张贤亮等的小说,除了个别例外,其余全部属于 Va 类动词。这个别例外就是动词"帮",虽然仅仅一个动词,却显示了跟"一把"组合的动词的范围开始出现突破的迹象。例如:

(3)她不容易,也太不顺了。得帮她一把。(张承志《北方的河》)

(4)我爸爸常常唉声叹气,说生意难做,人难做。埋怨没个儿子帮他一把。(戴厚英《流泪的淮河》)

(二)Vb 类动词明显区别于 Va 类,在近代汉语里还没有发现这一类动词跟"一把"的组合。北京大学 CCL 语料库(现代汉语)建成于 2000 年,其语料多属于 1996 年之前的。我们利用该语料库进行搜索,结果发现"一把"的用例共有 5574 条,除了名量词的用法以及"一把"做状语的用法,真正做补语的大约只占 18% 左右,而且关键是能够组合的动词非常受限制,主要是 Va 组合,但是也开始出现比较多的 Vb 组合。

Va 类动词有大量例句:捏 38、拉 15、抓 14、摸 14、拧 9、推 7、掏 4、扯 4("带、拍、搀、揪、探、抹"等都没有例句);

Vb 类动词除了"帮"和"捞",其余的只有少数例句:捞 41、帮 30、赌 8、赚 4、玩 2、练 1、试 1、宰 1("博、耍、驾、钓、拼、搜、算"等都没有例句)。例如:

(5)你太苦了,让凤飞回来帮一把。(北京大学 CCL 语料库)

(6)个别村组的组长及承包水的,想借机捞一把,私自抬升水价。(北京大学 CCL 语料库)

进入 21 世纪以后,这类语言现象就像天女散花一样,遍地皆是。我们只要稍微留心一下最新的语料,就会发现大量由 Vb 类

动词构成的"V一把"格式。例如:

(7)中国队轻松练一把。(中国体育报2004—05—17)

(8)抓住中行上市前间隙炒一把。(青年报2006—6—27)

(9)凡在现场的人都想上前救一把。(时代商报2004—2—17)

(10)初二的时候,我过家家似的玩了一把"早恋"。(张悦然《飞一般的忧伤》)

(三)Vc类动词所表示的动作,完全跟手无关,北京大学CCL语料库里基本上找不到这类例句,但是近若干年里则大量出现。例如:

(11)作为大众传媒的报纸,也去猜一把,押一把,那么影响的就不是几个人、几十个人,而是成千上万的考生。(中国青年报2001—8—6)

(12)电影只要在档期前把宣传做到位,再怎么样也可以蒙一把。(京华时报2006—7—6)

(13)再努力一把,将成新郎平。(羊城晚报2003—11—03)

(14)英国王子哈里即将赴军校赶紧放纵一把。(三晋都市报2005—05—09)

(15)正准备大刀阔斧地好好慰劳一把,平头前进的电话就来了。(盛可以《水乳》)

(16)所有涌进擂台赛的歌手无一漏网地做了友情客串,极卖力气地为艾娆铺垫了一把。(张欣《岁月无敌》)

(17)她不过站在女性的角度,消费了一把男色。(木子美《遗情书》)

(四)最后,部分不及物动词以及具有变化属性的形容词也可

动态变化

以进入这一格式,在北京大学CCL语料库里,我们只发现了少量这样的例句,主要是"火一把",有8例,"红一把"有2例。例如:

(18)我期待着我们的姑娘们能够在瑞典火一把。(人民日报1995—3)

(19)《日出》获那一年金鸡奖最佳编剧奖,本来万方是可以借此机会红一把的。(金汕《万方:名门之女,香气迷人》)

这类用法现在已经用得非常普遍了,在报纸和杂志上比比皆是,如果在网上,这样的组合就更多了。例如:

(20)起码所有的观众都可以没有负担地好好笑一把。(北京晨报2002—2—16)

(21)玩的就是心跳,但现在的火箭却是玩一把死一把!(京华时报2004—11—15)

(22)国际家庭日,大家乐一把。(奉化日报2006—5—16)

(23)3中学生为情人节潇洒一把,三天4次劫车。(新闻晨报2006—2—20)

(24)让孩子考后彻头彻尾地轻松一把。(成都晚报 2005—6—21)

(25)借机娱乐一把。(无锡日报2005—10—8)

这四类动词在形式上可以进行鉴别。

1. 只有Va才能由"V一把"转换为"一把V(住)",其他三类动词都不可以。例如:

(26)抓一把 ⟶ 一把抓(住)

(27)帮一把 ⟶ ✕一把帮(住)

(28)猜一把 ⟶ ✕一把猜(住)

(29)红一把 ——→×一把红(住)

2. Va类明确具有[＋用手]这一语义特征,Vb类可以用手,也可以不用手,"用手"这一语义特征不是必备的,写为[±用手],显示出一个过渡性的特点,这两类都可以用状语"伸手"或"用手"来修饰"V一把",而Vc、Vd则不行,从而形成对立。例如:

(30)柳生在坟旁坐下,伸手抓一把坟土,觉得十分暖和。(北京大学CCL语料库)

(31)最近发现自己喝茶一定要很浓很浓,泡茶时要用手抓一把才行。(喝茶叶的好处2006－8－4)

3. Vb类跟其他三类动词的区别在于:既可以出现"用手",也可以出现"用X("钱"等)"的状语。Vb类动词后面还可以带有补语"上",其他三类动词原则上不行。例如:

(32)据群众反映,个别人还借修谱活动乘机捞上一把。(北京大学CCL语料库)

4. 从Vb"帮"类发展到Vc"猜"类,这是一个重大的突破,Vc虽然也是人的动作,但是跟"手"基本上无关,语义特征为[－用手][＋人类],需要说明的是,这类动词所表示的动作其实也可能用手来辅助,无论学还是猜,无论哭还是笑,但手不是动作必备的肢体,其形式标志是动词前面不能出现"用手"、"伸手"这一类状语。

5. 发展到Vd"笑"类,只是指一种变化的人类属性,或者属于不及物动作,语义特征为[－用手][＋人类][＋可变][－受事],跟前面三类动词的区别在于该类"V一把"后面不能再现任何宾语。而Va、Vb、Vc跟"一把"的组合都可以带宾语。

9

动态变化

二、"V一把"的特殊组合

跟"一把"组合的动词,从 Va 类,到 Vb 类、Vc 类,乃至 Vd 类,反映了动词从专化到泛化的进程,但是不管如何拓展,都还离不开[人类][动作]这两个基本语义特征。除此之外,我们还发现有许多特殊的组合,但是普遍能够接受,而且有蔓延发展的趋势。

(一)有些名词也可以带有"一把",这类名词也许可以看作临时做动词使用。例如:

(1)网站排名:咱也权威一把。(www.donews.com)

(2)我也格言一把。(www.wmf.com.cn)

(二)特别有趣的是音译词,以及英文缩略词,甚至于汉语拼音字母词(例(6)FB 为"腐败"),包括形容词和动词,也可以带上"一把"。例如:

(3)爱美的长沙女孩就酷了一把。(www.csonline.com.cn)

(4)微软终于 COOL 了一把。(edad.com.cn)

(5)很多人如我一样希望财政部与教育部 PK 一把。(oeeee.com)

(6)以羊绒的名义 FB 一把。(www.jocent.com)

(三)甚至于动词性成语或者状态形容词也可以带上"一把"。例如:

(7)"这是什么人啊!"朱丽丽把碗"啪"地一放,又让老板娘胆战心惊了一把。(陈染死在 QQ)

(8)不过,倘若有机会在某个排行榜上名列前茅一把,仍然是一件挺让人开心的事儿。(shtrip979.blogcn.com)

(9)与其消沉无为,倒不如努力的轰轰烈烈一把。(bluebay. bokee.com)

(四)"V一把"后面的宾语有两种,一般表示事物的出现在"一把"之后,表示人物的出现在动词之后,但是现在表示人物的也可以出现在"一把"之后,试比较下面两例:

(10)帮一把胡戈了。(tech.163.com)。

(11)请扶冰球一把。(北京大学CCL语料库)

三、"V一把"中"一把"的词汇化及其语义特点

(一)词汇化的鉴别标准。

无论是状语位置的"一把",还是补语位置的"一把",开始时确实是数词与动量词的组合,但是由于长期在一起组合使用,出现了词汇化的趋势,特别是出现在状语位置的"一把"的"一"绝对不能被其他数词替换。但是补语位置的"一把"词汇化时间可能稍微晚一些,或者说正在进行之中。因为凡是跟Va类组合,由于"一"的语义比较实在,所以可以换为"两"或"三"。例如:

(1)何九叔见他不做声,倒捏两把汗,却把些话来撩他。(《水浒传》)

(2)最后肯定连注射都不是,瞎摸两把就算了。(北京大学CCL语料库)

(3)行李尽在路旁,逃也不好,不逃也不好,大家捏两把汗。(北京大学CCL语料库)

(4)这些小姑娘都经过练习,手下有数的,通常抓三把就成功了。(北京大学CCL语料库)

动态变化

但是 Vb 类－Vd 类动词后面的"一把"语义则开始虚化,其中的"一"绝对不可以用其他数词来替换,不能说"帮两把"、"猜三把"或"火两把"、"红三把"。可见凡是"一"不能被其他数词替换的组合,就说明词汇化了。

(二)"V一把"与"V一下"的异同。

《现代汉语八百词》认为"把"相当于"次"的看法是不准确的,因为"次"只是单纯的记数,没有特别的语义内涵和语体色彩(邵敬敏 1995)。我们查阅历代文学作品,发现跟 Va 组合的"把"最接近的动量词应该是"下"。

1. 凡是可以使用"一把"的动词 Va 也都可以带"一下",例如:

(5)忘八见无人,尽力把我手上捻一下。(《金瓶梅》)

(6)那老冯便向他身上拍了一下,说道:"怪倒路死猴儿!"(《金瓶梅》)

(7)大凡那王公卿相人家的子弟,只一生长下来,暗里便有许多促狭鬼跟着他,得空便拧他一下,或掐他一下。(《红楼梦》)

(8)随缘儿一旁看不过,在他肩膀上拍了一下,说:"喂,问你话呢!"(《儿女英雄传》)

2. 有的句子同类动词前面用"下",后面改用"把",而且可以互换。例如:

(9)众姊妹弟兄皆你悄悄的扯我一下,我暗暗的又捏你一把,都含笑倒要听是何笑话。(《红楼梦》)

(10)两个人四双眼睛便如拿空饿鹰左顾右盼,略可上眼的,不是在她手上捏一把,便在她屁股上抓一下。(《留东外史》)

(11)被抓被捏的女人,一个个都眉花眼笑,也有回捏一把,回

抓一下的。(《留东外史》)

有时,同样的动词,前面用了"把",后面却改用"下",更是说明两者可以互换。例如:

(12)他倒蹲到后面去<u>捏一把</u>,跳到前边去扭一下,没有多少工夫,把菊天华扭捏了几十下,累得菊天华浑身是汗,大嚷起来。(《续济公传》(上))

尽管如此,"V一把"与"V一下"还是有所不同,首先在组合的动词属性方面,部分动词由于跟手掌动作无关,例如"凿"、"敲"、"弹"、"戳"等,无法跟"一把"组合,只能用"一下",换言之,"一下"属于通用量词,几乎所有的动作动词都可以组合,而"一把"则受到比较大的限制,不仅如此,两者的区别还表现在语义特征上。

(三)"V一把"的语义增值。

不仅"一把V"表示"动作快而短暂",而且"抓一把"这一组合也具有[＋快速]和[＋短暂]的语义特征;而"帮一把"则在语义特征上开始发生变化,增加了[＋整体]感,即把动作行为看作一个整体,这跟"一把"具有"用手握住"、"把东西扎在一起"的语义密切有关。而"猜一把"与"笑一把"类组合,不但[＋快速][＋短暂][＋整体]的语义特征依然保留,而且还增加了某种[＋调侃],尤其是王朔著名的小说《过把瘾就死》,包括据此改编的电视剧风靡全国,这类带有调侃式的用法一时大兴。例如:

(13)珠三角美食过把瘾。(www.china-cuisine.com)

(14)王志文、江珊过了把夫妻瘾,赵宝刚过了把言情瘾,王朔过了把电视瘾,《过把瘾》,只看一遍不过瘾。(www.hnetv.com)

(15)好歹也过一把当"教练"的瘾。(北京大学CCL语料库)

动态变化

(16)孙爱珍大大地过了一把戏瘾。(北京大学 CCL 语料库)

这种调侃性是从"过把瘾"、"火一把"等流行语用法获得的,不是非常严肃,不是非常正经,说话人的口气往往比较诙谐,比较幽默,有时还带有自嘲的意味,带有一点夸张的味道。这比较符合当代人,特别是当代青年人的趣味和欣赏习惯,比较符合现代青年"游戏人生"的观念。正因为这样,"V一把"的格式才得以迅速蔓延和推广。例如:

(17)无聊了一把。(www.haozi04.net)

(18)今天感受了一把高烧40度的快感。(www.httpftp.net)

(19)书名:变个美女爽一把。(hjsm.tom.com)

(20)奢侈一把 超5000元智能手机推荐。(info.china.alibaba.com)

"V一下"虽然也有[＋快速][＋短暂]的语义特征,但是却没有[＋整体][＋调侃]的语义特色。可见,这两者尽管近似,尽管有的场合可以互换,但是并不完全等同。

四、语言格式演变的原动力

从"V一把"格式的动态分析中,我们可以发现,网络时代对语言演变的影响是极为深刻的。除了外界的影响,我们对这些变化还需要从语言内部去寻找原因,去寻找语言格式演变的原动力。

第一,研究语言,研究语言格式,必须自始至终具备一种动态的眼光,一种发展的眼光。在跟"一把"组合的动词中,Va 是语义比较单一的核心部分,后来逐渐扩大范围,从 Vb 到 Vc,再到 Vd,经历了一个专化到泛化的进程,说明语言格式的组成成分不可能永远不变,语义表达的细化与深化以及表述功能的新要求是句法变化的原动力之一,而每一次句法的变化,必然带来语义上的进一步的变化和发展。

第二,"V一把"在最近若干年里获得了长足的发展,一方面是动词类别从专化到泛化,另一方面也是"一把"的词汇化的结果,在还没有完全成为单词之前的过渡型阶段,也许可以叫做"短语词"。词汇化也会引起格式"V一把"语义的变化,两个成分的组合不是简单的"1+1=2",而应该是"1+1=3",即导致语义的增值。所以,结构的词汇化也是句法结构变化的重要原因之一。

我们不但要关注汉语的历时变化,还要留意它的共时变化,尤其是我们处于一个汉语正在发生着日新月异的变化的网络时代。我们不能笼统地把所有在网络上出现以及广泛使用的语言现象一律视为"不规范"而拒绝研究。作为一个语言学工作者,我们有责任来研究当代汉语的新面貌,包括词语的更新、新的组合搭配,以及新的使用规则。

参考文献

吕叔湘主编(1980)《现代汉语八百词》,北京:商务印书馆。
邵敬敏(1995)动量词的语义分析及其与动词的选择关系,《中国语文》第2期。

(原载《中国语文》2007年第1期)

新兴组合"X一下"的泛化趋势及其修辞价值

"V一下"结构是现代汉语中常见的表达小量、短时的格式,"一下"一般与可控动词组合,如"问一下、打一下、跳一下、摸一下、犹豫一下、总结一下"等等。但近年来,情况发生了很大变化,涌现出大量新兴用法,即把"一下"放在名词、形容词之后,如"百度一下、QQ一下、漂亮一下"等等,我们把这种新兴用法称之为"X一下"。

本文拟从以下几个方面展开论述:

A. 分别描述"X一下"组合的四种新情况,并试图寻找语义上的依据:

1. 新兴工具名词+"一下";
2. 动量动态名词+"一下";
3. 特色名词+"一下";
4. 可变形容词+"一下";

B. 分析新兴组合"X一下"泛化的进程以及在语用上的价值优势。

一、特定工具名词+"一下"

这里的特定工具名词主要是指网上搜索工具、聊天工具、通信

新兴组合"X一下"的泛化趋势及其修辞价值

工具以及网络工具等。

(一)网上搜索工具类名词。

最常用的中文搜索引擎是百度、谷歌以及搜狗等。例如:

(1)在网上<u>百度一下</u>,方知原来这部电影是根据英国人普尔曼的"黑质三部曲"的第一部同名小说《黄金罗盘》改编而来。(青年报2008-06-28)

(2)面对"出埃及记"这四个字你怎会不浮想联翩,怎会不去<u>百度谷歌一下</u>它的含义,继而发现它出自《圣经·旧约》。(长江商报·娱乐新闻2007-10-28)

(3)现在<u>搜狗一下</u>"名人超生"这个词,居然已经有了2543945个相关网页。可见公众对于这一问题的关注程度。(人民网·天津视窗2007-6-20)

搜索工具类也以字母词形式出现。例如:

(4)<u>BAIDU一下</u>看看有什么偏方吧,还真找到一条:抱着可减轻婴儿鼻塞。(北京青年报2005-04-20)

(5)操作这类书,不需要太多智商,就是一个辛苦……没有计算机检索,不可能<u>GOOGLE一下</u>。(南方都市报2006-05-11)

(6)上网<u>SOGOU一下</u>,网友"胡戈"制作的搞笑版《无极》令人爆笑到岔气。(生活新报2006-01-06)

(二)网上聊天(包括网上日志)工具类名词。

据查至少有145个之多,最主要的是QQ、MSN、飞信、百度HI、博客等,这一类可以字母词的形式,也可以汉字形式出现。例如:

(7)去雅安旅游先<u>QQ一下</u>。(消费质量报2008-08-29)

17

动态变化

(8)上班闲暇总是会跟小妹 MSN 一下，因为她也是个闲人。(和讯博客)

(9)清凉一夏，飞信一下。(中国移动广告)

(10)领导也博客一下如何？(天涯社区—海边小屋)

(三)通信工具类名词。

主要指电话、短信、E-mail 等。例如：

(11)如果您在学习过程中遇到问题，电话一下或发邮件，教务老师会第一时间消灭您的疑问。(跨考网)

(12)从安踏小妹妹离开咸阳到年后的这几天，我们之间没有怎么联系，只是偶尔短信一下。(白露为霜《三米阳光》)

(13)E-mail 一下不就完了？老土！(《京沪爱情故事》)

(四)网络工具类名词。

比如雅虎、新浪等。例如：

(14)关键时刻，雅虎一下。(ku6.com 广告)

(15)到谷歌去新浪一下。(槽边往事—比特海日记)

我们发现这几类名词都是动作发生、完成所依赖的工具，而这里的"N 一下"超常规表达都可以还原成常规式"用 NV 一下"，如：

百度一下→用百度搜索一下

QQ 一下→用 QQ 聊一下

电话一下→用电话联系一下

雅虎一下→用雅虎浏览一下

"N 一下"之所以可以代替"用 NV 一下"，主要有两个原因：

1. 这是人类认知规律和句法格式双向影响的结果。从认知上来说，特定工具是用来实现特定动作的，工具和动作是密切关联的两个认知域,当人们更关注以什么样的工具来完成动作时,往往会以工具直接来指代动作,如汉语中"锄、铲、犁、耙、锁"这类词,就是以工具来指代动作而形成的兼类词。用工具来指代依靠工具才能完成的动作,是人类认知的捷径和方式之一,这就为新兴工具名词与"一下"组合提供了可能性。

　　动量短语"一下"主要与动词组合,形成"V一下"格式,由于这样长期的惯用法,使得"V一下"成为一个非常稳固、具有特定动态意义的格式,因此对进入格式的 X 有"动词化"的作用。当百度、QQ、电话等特定工具名词,与动量短语"一下"组合后,格式直接选取了工具名词语义中的动态意义,在语境中激发出工具中的搜索义、聊天义、联系义。也就是说,由于格式的制约,"N一下"与"用 NV 一下"链接起来了。

　　2.是量的准则和质的准则双重制约的结果。在言语交际中,交谈双方要遵守量、质的准则。质的准则要求我们所传达的信息必须可靠、可信,不能产生歧义,信息必须具有有效性,这就对发话者提出了要求:发话者在组织信息时必须重点突出,保证信息有效地传达给听话者;而量的准则则要求在表意时,提供适度的信息量,在保证质的同时,要尽量简明。"N一下"与"用 NV 一下"相比,表达简明扼要,同时在语义上不产生歧义,有效地传达了信息。也就是说,量的减少不仅没有损害听话人全面理解信息,反而进一步满足了质的要求。从这个角度来讲,"X一下"是交际过程中灵活运用合作原则的体现。

　　综上所述,新兴工具类名词与"一下"的组合,是受人类认知方式与格式制约的结果,并非凭空而来,同时,这种新兴用法也符合

动态变化

言语交际的基本准则。另外,我们还要注意的是,并非这类工具名词都可以进入这一组合,比如聊天工具的软件很多,只有少数几个特别活跃的才可以,可见常用以及相应的知名度是能不能这样使用的语用因素。

二、动量动态名词+"一下"

名词中有一部分具有动态性,这早已被许多语法学家注意到。邵敬敏(2001)认为动量动态名词是指这样一类词:它们在描述事物、事件时,涉及时间或者动作的持续性,具有很强的动态性,这类词在形式上的标志是可以被动量词修饰。例如:

会议:一次会议　　手术:一次手术　　备份:一次备份
夜宵:两回夜宵　　牢骚:一顿牢骚　　电影:一场电影

众多语料表明,动量动态名词可以进入"X一下"格式。例如:

(1)昨天跟老公家庭会议了一下,还是租房吧。(百度快照)

(2)阑尾炎,小毛病,手术一下就好了。(剪云裁衣《神秘日记》)

(3)我歉意地道了谢,顺便请他去前面的上岛咖啡夜宵一下以表感谢。(柳随风《是谁,迷失在幸福的路口》)

(4)电影一下国泰看陈坤,高雅一下听李云迪钢琴曲,交响乐选《长江》。(星期五的邂逅《重庆人日常参考手册》)

动量动态名词隐含着很强的动态意义,我们可以从这些词的释义略窥一二,比如《现代汉语词典》(商务印书馆第5版)对这类名词的释义就很有趣:

会议:有组织有领导地商量事情的集会。

手术：医生用刀子、剪子、针线等医疗器械在病人的身体上进行的切除、缝合等治疗。

夜宵：夜里吃的酒食、点心等。

电影：一种综合艺术，用强灯光把拍摄的形象连续放映在荧幕上，看起来像真实活动的形象。

这些词的释义本身就包含着相当明显的动态语义，所以当这些动量动态名词与"一下"组合后，受到该格式的激发，这些隐含的动词语义就被唤醒了，"N一下"的语义被解读为"V一下"，这是格式的强制性的制约，也是这类名词的特定的词义提供了这种解读的可能性。

而与动量名词相对的静态名词，如鼻子、萝卜、柿子、麦子等，它们不能被动量词修饰，语义中一般也不包含动态因素，因而即使进入"X一下"格式，其接受度也很低，通常不能理解。比如："鼻子一下、萝卜一下、柿子一下、麦子一下"的说法几乎不被认可。

那么，为什么对"会议一下"、"手术一下"、"夜宵一下"、"电影一下"这类组合，受话者一般只会做一种理解而不会他解呢？

从语言理解论的角度来看，理解具有强制性。"会议、手术、夜宵、电影"与动词组合时，使用频率最高的是"开会"、"做手术"、"吃夜宵"、"看电影"、"拍电影"，这样的语块组合在使用过程中反复出现，在人们的大脑中已经形成一个相当固定的模式。所以，受到格式激发后，首先涌现到人们头脑当中的动态模式一定是"开一下会"、"做一下手术"、"吃一下夜宵"、"看一下电影"等，所以说，动量动态名词本身所隐含的动态语义，为进入格式提供了可能性，而在语言应用中高频率使用的动名搭配语块使得理解成为唯一性。

动态变化

- 此外,值得注意的是,像肯德基、麦当劳、必胜客等快餐店在中国广为人知,从人们的语言使用情况来看,这些词也可以被动量词修饰,如:"一顿肯德基、一顿麦当劳、一顿必胜客",因此,这些词也可以看作是动态名词,可以进入"X一下"格式。例如:

(5)每周定期带她去牛排一下,或肯德基一下,唉,都说后者是垃圾食品。(新浪博客)

(6)你记得下次见面还是要必胜客一下的。(中国博客网)

可见,正是因为动量动态名词与"X一下"这个句法结构,在语义特征方面存在着共同点,所以才有了二者进行组合的可能性和现实性。

三、特色名词+"一下"

本文提到的"特色名词"是指具有丰富的联想意义的名词,而且这些联想意义都被大众所熟知和认可,如:用"猪八戒"指偷懒、爱吃爱睡的一类人,用"小白脸"指代那些把自己打扮得青春靓丽依靠女人吃软饭的年轻男子。特色名词主要指人,如"阿Q"、"雷锋"、"小女人"、"大男人"、"淑女"等,有时也可以是特色鲜明的国家和地区,如"中国"、"广东"、"香港"等。例如:

(1)我是有功之臣,现在站累了,能不能麻烦你雷锋一下站起来让功臣坐坐。(搜搜新闻《你妻我妻》)

(2)奥运会110米跨栏冠军刘翔又破世界纪录,一改我竞技场上尴尬的场面,大家终于可以唤呼一下,中国一下了。(红袖添香网站日记)

(3)作为现代女性,要不失自己的个性,懂得照顾自己又能照

新兴组合"X一下"的泛化趋势及其修辞价值

顾别人,适当的时候可以小女人一下。(新快报 2008—06—28)

我们发现,特色名词与"一下"搭配之后,"一下"所指向的并不是名词的理性意义,而是深层的联想意义。词义是有层次的系统,有理性意义和联想意义的区别。理性意义是词义的基础,是静态的,直接描述事物的本质,我们也可以把它称之为概念义,词典中记录的一般就是理性意义;而联想意义则是动态的、不确定的,承载着浓缩的历史文化,蕴含着丰富的文化信息、时代信息。如:"雷锋"这个词的理性意义指作为先进标兵的解放军战士。但实际上,雷锋这个词在语言运用中联想意义早已超越了理性意义,在人们的心里,它已经成为助人为乐精神的代名词。"雷锋一下"就是发挥雷锋助人为乐的精神一下。"小女人一下"、"中国一下"也是同理。

特色名词所代表的联想意义越鲜明,它进入"X一下"框架后,接受度就越高,联想意义越弱,进入格式后接受度就越低,试对比下面两个例子:

(4)这一让中国球迷唯一可以阿Q一下的领域也随着郑智转会西布朗失败而成为空白。(竞报 2008—09—3)

(5)今天迟到了,我也小王一下。(自编例句)

提到阿Q,读者就会想起他的"精神胜利法",在遇到困难或挫折时,给自己找台阶下,精神自娱,所以例(4)的"阿Q一下"人们一下就能领会作者要传达的意思是"可以自我安慰的是"。而例(5)中,如果没有其他的上文,"小王一下",就有点让人费解了,因为大家对小王是一个怎样的人有什么特点根本不了解,但如果发话人提供了这样的语境"小王经常迟到",那这句话就比较容易理解了,指"我今天也犯了小王的毛病,迟到了"。

另外,一个特色名词单独出现时,联想意义可能是多方面的,如例(3)中小女人这个词,温柔、爱哭、撒娇、敏感等都是小女人的特点,"小女人一下"具体是什么意思,这就需要依赖语境了。通过语境分析,我们大概明白作者的意思是说"小女人一下"即展示自己能干的另外一面——温柔一下、撒娇一下。

总之,特色名词的联想意义越明确,进入格式后,就越能够让人直截了当地理解所要传达的意思。

四、可变形容词+"一下"

语法学家们很早就观察到除了动词之外,还有部分形容词也经常与"一下"组合,例如:

(1)像去歌舞厅唱歌跳舞、疯狂一下的事情,只有让年轻人去做了。(人民日报1994-09-04)

(2)后来我更喜欢赌博了,嫖妓只是为了轻松一下,就跟水喝多了要去方便一下一样。(余华《活着》)

不过,以前能与"一下"进行组合的形容词数量比较有限,绝大多数形容词还是不可以进入这个组合。但近年来,越来越多的形容词突破常规,与"一下"组合,这种超常规用法有泛化的趋势,例如:

(3)偶尔留半长不短的披肩,妩媚一下,算是青春岁月里的一丝点缀。(逸潇《蓄发为你》)

(4)各种面膜,送给各位妈妈漂亮一下!(雅虎知识堂)

(5)Office:跳脱灰色,华丽一下。(瑞丽女装杂志)

新兴组合"X一下"的泛化趋势及其修辞价值

形容词一般分为性质形容词和状态形容词(朱德熙,1956),我们发现:能进入"X一下"格式的形容词基本都是性质形容词。性质形容词都是表示某种抽象属性的词,而这些属性在程度上必然存在着差异,具有[＋可变性]的语义特征,以"美"为例,我们可以说"不太美"、"比较美"、"非常美"、"更美"等。它的语义程度是可以加以控制和改变的。而这种[＋可变性]与"X一下"框架所要求的[＋动态]这一语义特征点相一致。而状态形容词旨在说明状态,说明程度的量已经很高并且相对稳定,如"冰冷、黝黑、雪白、火红、火热、红彤彤、黑压压、白花花"等,它们通常没有程度量的变化,更谈不上[＋可变性]这一语义特征,所以不具备[＋动态],通常不能与"一下"相组合。

综上所述,具有[＋可变性]是形容词进入"X一下"的首要语义条件。

我们发现,除了褒义形容词可以与"一下"搭配之外,贬义形容词也可以与"一下"组合,组合之后,往往并非真的表示自我贬低,而是带着自嘲、调侃、戏谑、正话反说的感情色彩。例如:

(6)文章结尾也想无聊一下,引用两句名人名言——大学问家陈寅恪说过:"不做无聊之事,何以遣有涯之生耳?"(长平《恐吓比裸奔更可怕》)

(7)每叫一声齐哥,就会提醒自己现在很年轻嘛,难得无耻一下有什么不可以。(花清晨《寻爱上弦月》)

(8)我突然觉得人类是需要那么偶尔矫情一下的,我很怀念当年阅读和收看琼瑶小说的单纯时光。(成都日报 2007—12—17)

在可变形容词中,既然褒贬义不是阻拦形容词进入格式的门

动态变化

槛,那么中性词进入格式的情况又如何呢?我们发现中性形容词进入格式的频率很低。下面就以典型的中性形容词"大、小、远、近、粗、浓"为例,我们在百度新闻上进行搜索,这里的新闻源来自全国各地188家报刊杂志、85个专业新网网站及地方信息岗、85个专业及行业网站、47个政府及组织网站,可以说覆盖面及影响力都是非常庞大的,搜索的结果是几乎没有这六个词与"一下"组合的例子。考虑到新闻语体的严肃性,笔者又在百度网页及网络小说里进行搜索,发现网民们在聊天、发帖、写博客、写小说时也很少把"大、小、远、近、粗、浓"等中性词与"一下"进行组合。

我们认为其原因归根结底还是在于句法组合要求"语义的一致性"。因为"X一下"是一个主观性很强的表达结构,表现出一种强烈的主观愿望,把事物向形容词所表示的好的方向或者坏的方向推进,以此来夸大主体的作用。不仅可控形容词"耐心、谦虚、坚强、虚心"等可以进入该格式,对于那些性状人为所不能控制的形容词也有相当大一部分可以进入这个格式,像"高尚、健康、伟大、聪明"等词,虽然这些词可控性较差,不是人为想高尚就能高尚,想健康就能健康的,但进入格式后接受度仍然很高。例如:

(9)我从来就不是一个伟大的人,虽然有时候也想要<u>高尚一下</u>,但那都是在不触动我自身利益的前提下。(辛帅《亡者无双》)

(10)点了满满一桌农家精品菜,让全家<u>健康一下</u>。(新闻晚报2007—05—23)

褒义形容词,比如:宽容、得意、逍遥、清凉、开心、神奇、完美、舒服、感动、时尚、浪漫;贬义形容词,比如:八卦、腐败、无聊,都具有明显的语义倾向,这与"X一下"的表情愿望相一致,而中性形容词在语义上没有明显的主观"立场",这与"X一下"的表情愿望不一致,所以在组合过程中"X一下"选择了与自己"志同道合"的褒义词、贬义词,舍弃了不符合自己表情要求的中性词。

总而言之,进入"X一下"格式的形容词首先必须是性质形容词,它所表示的量是可变的,与"X一下"格式要求的[＋动态]语义特征相吻合。其次,从褒义、贬义以及中性词进入格式的情况来看,呈现出褒义词＞贬义词＞中性词这样一个递减的序列。由于人主观意愿上总是向善向美,希望好事能够成真,褒义词与"一下"组合最多,而"贬义词＋一下"在表示自嘲、调侃等感情色彩时也经常使用,中性词与"一下"组合的情况非常少,几乎等于零。

五、"X一下"的修辞价值

"X一下"的新兴用法,并不是无源之水、无本之木,凭空而来,它扎根于语言的事实,遵循着认知的一般规律。"X一下"这种新兴用法之所以盛行,还在于它拥有传统用法无法比拟的修辞价值。

首先,"X一下"格式适应了我们这个时代求新、求变、求异的社会心理,满足了人们追求自由、崇尚个性的想法,最大限度地挖掘了语言在语法上的可能性,使得表达更加经济有效、时尚个性。

从目前的使用情况来看,"X一下"格式呈现出四大特色:

第一,时尚性。从语言使用的大环境上来说,随着网络的普及,人们创造新事物和接受新事物的能力越来越强,越来越多的新兴表达对我们传统的语言习惯形成冲击,对我们的语法系统形成一定的挑战。"X一下"这种新兴用法的大量涌现,也是在21世纪以后的事情。我们曾在北大CCL语料库上进行搜索,仅发现少数

动态变化

几例这类用法,所以显示出典型的时尚性,但比起传统用法"V一下"来说,"X一下"格式的接受度和普及度还是要低很多。

第二,凸显性。这一格式具有良好的信息凸显功能。"V一下"原本是现代汉语中表示动作动量小、时量短的一个很常见的格式,而"X一下"突破了"V一下"的长期使用规则,属于一种超常规搭配,新的组合方式总会让人们明显感觉到与习惯表达的差异,正是这种差异抓住了人们的眼球,使得新型组合所承载的信息通过与习惯表达的对比凸显出来,从而更有效地被接收。因此,"X一下"这种结构紧凑的表达传播力度更强。正是因为"X一下"的信息凸显功能,所以经常出现在文章的标题或者帖子的主题上,而且大有蔓延的趋势。

第三,年轻化。从使用群体和接受群体来看,年轻人尤其是经常上网的人以及青年作家使用较多,而中、老年人使用较少,接受度也较低。

第四,口语化。从使用媒介来说,网络,尤其是博客、论坛、聊天室使用频率最高,其次是畅销小说、报纸、休闲杂志、电视娱乐节目,而严肃的官方网站、报纸、中年作家的作品等使用较少。从使用的语体来说,主要存在于口语体之中,书面语较少。

那么这种超常规用法将会继续蓬勃发展从而最终成为常规用法,还是在修辞领域停留一段时间,然后逐渐消亡呢?"X一下"格式的发展前景还有待于进一步观察。

参考文献

吕叔湘(1980)《现代汉语八百词》,北京:商务印书馆。

邵敬敏(1997)论汉语语法的双向选择性原则,《中国语言学报》第 8 辑。

邵敬敏,刘　焱(2001)论名词的动态性及其鉴测方法,《汉语学习》第 6 期。

邵敬敏,吴立红(2005)"副＋名"组合与语义指向新品种,《语言教学与研究》第 6 期。

赵艳芳(2001)《认知语言学概论》,上海:上海外语教育出版社。

朱德熙(1956)现代汉语形容词研究,《语言研究》第 1 期。

杰弗里·N·利奇(1987)《语义学》,上海:上海外语教育出版社。

(与硕士生马婧合作,原载《修辞学习》2009 年第 2 期)

论"太"修饰形容词的动态变化现象[*]

通常认为"太"是一个主要用来修饰形容词 A 的"程度副词",而程度副词一般分为两类:"绝对程度副词"和"相对程度副词"(王力 1943)。区别在于前者只是以认知上的标准作为参照点对某个评议对象来进行衡量,后者则以隐含的其他对象作为比较的参照物来进行衡量。比如:

(1)这本书很好。

(2)这本书最好。

显然,例(1)只是把"这本书"跟自己心目中的某个认知标准比较而得出的结论;例(2)则隐含着另外几个比较的对象。"太"显然属于前者,但是它又跟其他的绝对程度副词不同,即"有点儿、比较、很、好、真、挺"都是在某个标准之内区分程度的高低,只有"太"表示说话者主观认定其属性或者状态已经超出某个标准,属于"超标副词",并且主要出现在"评议句"里。"太"后面所带的主要是性质形容词,也可以是心理动词、能愿动词(助动词),或者某些具有程度属性的词语(包括部分动宾短语、形容词性的成语等)(尹世超 2006)。我们可以把这些结构统一标记为"太 A(了)"。

---

[*] 在"第八届华语文教学研讨会"(2006 年台北)上宣读。

论"太"修饰形容词的动态变化现象

本文考察"太"修饰形容词的动态变化现象,并且进行一些理论探讨。这些问题主要是:一、"太"跟特殊形容词结合的自由度;二、"太"跟形容词组合后的褒贬倾向及其优选性;三、跟否定副词的配合机制及其词汇化进程。本文充分利用语料库(北京大学CCL语料库)和搜索网络(BAIDU以及GOOGLE)进行语料的检测,并主要运用语义特征的分析,辅以形式标记的鉴定,同时试图运用认知心理来进行一些解释。

一、"太"与特殊形容词组合的自由度

汉语语法学界通常认为,程度副词跟形容词的组合,要受到某些限制。即有几类特殊形容词是不能组合的,这主要是三类:1.绝对性质形容词;2.定量性质形容词;3.状态形容词。我们首先利用北京大学的CCL语料库搜索系统查核,这一语料库的语言事实基本上反映了20世纪现代汉语的面貌,所以检测的结果跟以上结论大致吻合。我们进一步利用"百度"和"谷歌"搜索,却发现情况并非如此,程度副词几乎都能够跟这些类的形容词组合,区别只是数量(频率)不同。这一变化是很值得我们深思的,因为在网上搜索到的是动态的最新的语料,反映了当前的语言面貌。

(一)绝对性质形容词

这是朱德熙先生在《现代汉语形容词研究》(1956)一文中划分出来的形容词的小类,他认为:"在意念上无程度区别的形容词",例如"真"、"假"、"错"、"横"、"竖"、"紫"、"温"等等,可称之为"绝对性质形容词",特点是都不能受程度副词的修饰。但是,经过这60年语言的变迁,特别是最近20年来网络时代所带来的影响,语言

动态变化

面貌发生了很大的改变。所谓"意念上无程度区别"实际上已经被突破,换言之,这类形容词意念上出现了程度区别。下面的数据对比也许能够说明其中变化的差异,由于网上数据处于动态过程,而且没有经过人工干预,这里的数据仅供参考,并不准确。我们只是需要证明它的存在,而不计较它们的多少。

序号	词组	CCL语料库	百度搜索	序号	词组	CCL语料库	百度搜索
1	太真	4	131000	6	太扁	0	7230
2	太假	2	203000	7	太横	0	5020
3	太正	0	93600	8	太方	0	4360
4	太偏	1	70900	9	太紫	0	3580
5	太错	0	13400	10	太温	0	1340

"北京大学CCL语料库搜索系统"只发现三类有个别实例,各举一例:

(1)太真了,就叫人掉泪。

(2)一连数遍导演都未通过,认为打得太假。

(3)我以为这个意见未免太偏。

"百度"搜索的结果,全部都能够说,而且我们的语感也都能够接受。下面各举一例:

(4)笑,不需太真。

(5)这样的戏太假了。

(6)但他的射门太正,门将将球得到。

(7)地段太偏,房价相对较高。

(8)此言不能说太错,却不精确。

(9)我觉得他的身体太扁了。

(10) 两个立着的字在上下,中间不好加太横太胖的字体。

(11) 足球太圆,梦想太方。

(12) 第一张化妆太西化,唇膏太紫,眼影太黑,眉毛太浓。

(13) 李亚鹏太温胡兵太花哨。

(二) 定量性质形容词

石毓智(2001)把性质形容词区分为"定量"和"非定量"两类,并认为后者可以受"不"和程度副词的修饰,前者不可以。"北京大学 CCL 语料库搜索系统"基本支持这一看法,但是也不完全如此,"轻易"、"低级"、"业余"这样的定量形容词就可以跟"太"组合。例如:

(14) 由于一夜之间得来的荣誉和资本太轻易了,他们总想充当更显赫和永恒的角色。

(15) 你的表演很妙,但是显然太低级了。

(16) 可是,有人认为抄功太低级不屑做,这是偏见。原因很简单,我太业余了。

根据石毓智所举的 12 组同义形容词和反义形容词,我们利用"百度网"逐个查核,情况却大大出乎我们的意料。数据对比如下:

序号	"太"+定量形容词	"太"+非定量形容词	序号	"太"+定量形容词	"太"+非定量形容词
1	失败 143000	成功 78300	7	正义 746	公正 1090
2	轻易 55900	容易 1090000	8	相对 664	绝对 72300
3	低级 34600	高级 20500	9	次要 564	重要 542000
4	业余 23100	正规 7380	10	小康 277	富裕 10100
5	冷门 4480	热门 9420	11	通常 171	平常 71000
6	疑难 1340	困难 194000	12	达观 161	乐观 100000

动态变化

所谓定量形容词跟"太"组合的各举一例：

(17)学校的教育太失败了。

(18)免费为您的朋友点歌不能太轻易。

(19)中印之战国足那次致命的失误太低级。

(20)五角大楼的报告太业余。

(21)清华没有所谓太冷门的专业。

(22)要怪只能怪你的同事的病,太疑难,太怪异。

(23)萧峰太正义了,他的正义感打破了前面郭靖所保留的民族界限。

(24)这种哲思未免太相对而绝对化了。

(25)是不是学者散文,是不是美文,对我来说是太次要、太次要了。

(26)中国的穷人要都像我和编导一样,那中国也太小康了。

(27)你的写作方式似乎有点太通常了。

(28)他对自己的处境看得也太达观了。

(三)状态形容词

状态形容词也是朱德熙(1956)首先分出来的类别,主要有以下几种:ABB、AABB、A里AB、BA、AA等。重叠,包括各种类型的重叠,通常认为是汉藏语系表示"量"的重要语法手段之一。由于这类重叠式状态形容词已经表示程度相当高了,所以一般不能再接受程度副词的修饰。北京大学CCL语料库搜索系统的语言事实支持这一说法。我们几乎没有发现这样的组合,但是也不是绝对没有。例如：

(29)老板们介绍,每年玩挂历的在年底这两个月期间,赚个

三、五万的,太平平常常了。

这也许可以看作是例外。但是"百度"搜索所获得的语言事实就不是这样的了。有关数据如下:

1. 太+ABB形容词

序号	词语	百度搜索	序号	词语	百度搜索	序号	词语	百度搜索
1	静悄悄	319000	11	干巴巴	369	21	香喷喷	86
2	软绵绵	139000	12	酸溜溜	363	22	甜蜜蜜	59
3	轻飘飘	6730	13	乐呵呵	343	23	急匆匆	28
4	冷冰冰	1510	14	直挺挺	304	24	热烘烘	23
5	乱糟糟	729	15	娇滴滴	289	25	乱哄哄	19
6	慢吞吞	729	16	光溜溜	256	26	黑压压	12
7	水灵灵	661	17	傻乎乎	244	27	美滋滋	12
8	假惺惺	466	18	硬邦邦	143	28	胖乎乎	7
9	恶狠狠	430	19	灰溜溜	134	29	脏兮兮	3
10	光秃秃	304	20	黑糊糊	102	30	臭烘烘	2

"太"修饰ABB式形容词的实际用例如下:

(30)什么时候来的?!我不记得了!因为爱来得太静悄悄了,像微风一样。

(31)齐沃的远射太软绵绵了。

(32)一个人的一生不能太轻飘飘,应该是沉甸甸的。

(33)我觉得仿佛如她学的计算器一样太冷冰冰的,激情都没有。

(34)金华市区的变化很大,景色也很美,可惜市中心太乱糟糟了。

动态变化

(35)你太慢吞吞,不像阿强急进。

(36)这 MM 的眼睛水灵灵的,太惹人爱了。

(37)明成的忏悔也太假惺惺了。

(38)使用这些词汇也实在太恶狠狠了些吧?

(39)你该装窗帘,漆上油漆。这房间实在太光秃秃了。

当然,也有部分 ABB 似乎没有发现跟"太"组合的实例。例如:气鼓鼓、笑嘻嘻、黑黢黢、稳当当、绿油油、明光光等。

2."太"+AABB形容词

序号	词语	百度搜索	序号	词语	百度搜索
1	平平常常	48300	12	舒舒服服	88
2	轻轻松松	3510	13	认认真真	66
3	干干净净	3130	14	曲曲折折	40
4	实实在在	394	15	明明白白	36
5	平平淡淡	325	16	浩浩荡荡	24
6	战战兢兢	323	17	漂漂亮亮	21
7	普普通通	231	18	空空洞洞	14
8	正正经经	200	19	平平凡凡	7
9	简简单单	185	20	仔仔细细	5
10	空空荡荡	150	21	弯弯曲曲	5
11	含含糊糊	142	22	马马虎虎	3

"太"修饰AABB式形容词的实际用例如下:

(40)但因为彼此太熟悉,她又实在太平平常常,所以从没想过会有故事。

(41)如果这样就可以拿到冠军,岂不是太轻轻松松了。

(42)我猜应该不是公司,因为太干干净净了。

(43)罗纳德·韦斯莱,你真是太实实在在了,甚至连在这间屋子里幻影显形一英寸都做不到。

(44)就是因为爱太平平淡淡才造成很多事故!

(45)他们也是人,有什么好怕的?不要太战战兢兢,这样别人肯定能感觉到的。

(46)之所以一般,是它太普普通通,不是那种刻骨铭心。

(47)成总,你这个人也太正正经经了!

(48)我就讨厌太简简单单的生活,没意思。

(49)雅虎的办公室太空空荡荡了!

但是也有少数这类形容词没有发现这样的组合。例如:大大方方、热热闹闹、清清楚楚、和和气气、老老实实、滋滋润润、平平安安、文文雅雅、整整齐齐、结结巴巴、吵吵闹闹。

3. "太"＋A里AB形容词

序号	词语	百度搜索	序号	词语	百度搜索
1	傻里傻气	4330	4	糊里糊涂	118
2	稀里糊涂	337	5	土里土气	96
3	流里流气	246	6	慌里慌张	20

"太"修饰A里AB式形容词的实际用例如下:

(50)哈利盯着它思忖了好一阵,觉得戴着这种东西未免太傻里傻气了。

(51)既不能太明明白白,又不能太稀里糊涂。

(52)可是我不喜欢他,太流里流气了。

(53)今年毕业,今天晚上就吃散伙饭,时光过得太糊里糊涂。

动态变化

(54)这一点我二哥并不怪她,这和玉米镇的大环境有关,它太土里土气了。

(55)昨日里,他太慌里慌张了,以至于忘了记下来。

但是也有少数这类形容词没有发现这样的组合。例如:马里马虎、洋里洋气。

4."太"+双音节状态形容词

序号	词语	百度搜索	序号	词语	百度搜索	序号	词语	百度搜索
1	冰冷	8070	5	火红	141	9	精光	12
2	鲜红	1730	6	粉碎	33	10	贼亮	7
3	冰凉	1430	7	滚烫	33	11	煞白	3
4	稀烂	407	8	雪白	29	12	通红	2

"太"修饰双音节状态形容词的实际用例如下:

(56)城市太冰冷,如果有人依偎着取暖,会不太难过。

(57)我总得不到温暖,我的内心太冰凉,我的血液太冰凉,我的身体太冰凉。

(58)"瘦肉精"要严查,买猪肉颜色不要太鲜红。

(59)剧本太稀烂导演太抠门。

(60)太阳很大,太火红,差点把自己烤死。

(61)米炒好了要捣碎的,但不能太粉碎。

但是也有少数这类形容词没有发现这样的组合。例如:墨黑。

5.只有单音节形容词的重叠式AA都不能跟"太"组合,我们至今没有发现"太AA"的组合。不能说"太红红"、"太大大"、"太粗粗"。其中的原因可能是因为"AA"主要在句子里充当谓语或定语,而它们在这一位置出现时,表示的语法意义"不但没有加重、强调的意味,反而表示一种轻微的程度"(朱德熙1956),这显然跟"太"的语义是相悖的。

这些新鲜的语言组合现象,其实并不奇怪。"太"不仅能修饰"绝对性质形容词"、"定量性质形容词",而且还可以修饰"状态形容词",这充分说明,程度副词的组合功能在进入20世纪80年代以后有扩大化的趋势。为此,我们可以得出几条结论:

第一,"无量"是相对于"有量"而言的,其实并非绝对没有任何量,重要的是我们的认知悄悄地发生了变化,因为,随着人们的认知深刻化,对属性有了更加全面的理解。无量,也开始变得有了量的差异,甚至于连"真"和"假"都出现了程度的差异。

第二,"定量"与"非定量"本来就是相对的,并非绝对的区别。"失败"和"成功"(反义)、"轻易"和"容易"(同义)实在很难在程度语义上加以严格区分,唯一的形式标准就是看它能不能接受程度副词的修饰,以前也许还可以,现在则连这一界限也不清楚了。

第三,"高量"也不等于绝对"无量"。状态形容词本来就是表示高程度的,当然也具有程度的属性。一个状态形容词开始时是对某种属性的程度化,比如"冰冷"、"冷冰冰"要比"冷"程度高,"干干净净"要比"干净"程度高;但是"冰冷"、"冷冰冰"、"干干净净"用得长久了,它的高程度就淡化了、弱化了。所谓程度高低,只是一个模糊量,当使用频度高时,程度量就会削弱,就有可能由程度副词补缺,这就好比一盆热水,用的次数多了水温就可能下降,需要添火加温,才能使之温度升高。因此,这里的使用频度是个关键。从原则上讲,一个形容词使用频度越高,它的量度弱化的可能性也

动态变化

就越大,随之,跟"太"一类程度副词的结合可能性也就越大。根据博士生吴立红的调查(2005),发现这一语言现象应该是最近20年来新出现的,而且属于一种"程度磨损"。她主要列举的程度副词是"很"、"非常"等,我们发现,"太"也是这样。

第四,绝对性质形容词是无所谓"量"的,定量性质形容词的"量"是确定的,状态形容词是高"量"的,从理论上讲,这三类特殊形容词都不能够接受程度副词"太"的修饰,但是这一束缚正在被突破。区别只是在于使用频率的高低。有的即使目前没有发现,不等于它们就绝对不能组合。换言之,它们之间实际上也存在着组合的某种可能性。只要表达上产生这一需要,就有可能在事实上产生这样的组合。这也显示出形容词外部的功能正在悄悄地发生着变化,变得更活跃,更有弹性,组合的能力增强了,应用的范围扩大了。

二、"太"跟形容词组合后的褒贬倾向及其优选性

程度副词"太",通常认为它有两个义项:

第一,"表示程度过头","多用于不如意的事情"。

第二,"表示程度高"。

这样的解释基本没错,但是问题在于没有指出最为重要的"使用条件"是什么,即到底什么时候"表示程度过头"(贬义),什么时候"表示程度高"(褒义)。比如"太漂亮了""太聪明了"就是歧义的,是真心的夸奖(程度高),还是讽刺、批评(程度过头)呢?可见重要的是区别形容词内部语义的类别,才能发现它们跟"太"的组合规律。事实上,能够进入这一框架的形容词主要有三类:贬义

的、褒义的和中性的(所有例句如不特别标明均引自北京大学CCL语料库)。

(一)贬义形容词A1,例如:难看、愚蠢、骄傲、渺小、狡猾、下流、无耻、冲动、卑鄙、荒唐、小气、贪婪、放肆、刻薄、狡猾、草率、狠毒、疯狂、恶劣、脆弱、浪费、虚伪、野蛮、粗暴、庸俗、腐败、嚣张、糊涂、傲慢、堕落……

凡是贬义形容词进入"太 A"框架,可以不带"了",也可以带上"了",重音不管落在"太",还是 A 上,意思都不变。"A1"和"太 A1"相比较,只是在同一语义方向上加强,所以不管如何加强,都还是表示贬义。在这里,不存在"程度过头、超量"的问题,跟"很 A"相比较,主要是显示说话人强烈的主观批评色彩。例如:

(1)军民关系倒挺密切,但太单调,风光绝美的热闹镇就是不热闹。

(2)盲童生活太单调了,天地太狭小了,可盲童的业余生活干什么呢?

(3)父亲在此,当不会感到太寂寞,这使查尼斯和母亲稍稍感到一些宽慰。

(4)这儿太寂寞了,缺热闹。

(二)褒义形容词A2,例如:漂亮、聪明、谦虚、伟大、老实、公正、坚强、活泼、可爱、优雅、优美、文静、忠诚、坦率、坦诚、客气、勤劳、节约、诚恳……

凡是褒义形容词进入"太 A2"框架,就可能产生歧义。

1.表示程度过头,是贬义的。因为在中国人看来,"过犹不

动态变化

及",过了头,即使原来是真的、善的、美的、好的,也变味儿了,所以往往带有讽刺意味。可以带"了",也可以不带。例如:

(5)他呀,实在是太聪明了,赔了夫人又折兵。

(6)阿芭哈拒绝了他完全是因为他太自信、太粗鲁,太没有耐心。

(7)因为我那时太简单、太纯洁了、太天真了。

(8)女人太漂亮了也是祸害呵!

2.表示程度高,是一种夸奖,沿着褒义的方向前进,比"很"、"非常"、"极其"等副词的程度还要高,属于"超常"级别,而且带有夸张的口吻,所以口语中,必须带上"了"。例如:

(9)素宁,你的诗我看了,写得真好,你的感情太真挚了。

(10)阿芭哈太迷人了,棕色头发和眼珠,肤色如罂粟花一样白净。

(11)太精彩了,西藏的服装太漂亮了!

(12)这条绸缎太漂亮了。

从认知上解释,作为一种属性,必定有程度,或者作为一种可以用程度来衡量的行为,比如"心理行为"、"能愿行为"(相应的是心理动词、能愿动词),而且人们根据自己的知识背景,都具有一个心目中的标准,凡是超过这一标准,就有两种可能性:一是既然超过,就是不符合标准,那就要否定,这是"过量"。二是看作突破原有标准,就是一种积极的评价,这是"超量"。"太+贬义形容词"只是超量;"太+褒义形容词"则不仅有超量,而且还有过量。所以形成了歧义。

褒义形容词构成的"太 A"框架有可能产生歧义,特别是有时

论"太"修饰形容词的动态变化现象

候孤立的句子不小心就会发生误解。在形式上我们可以采用两个方法加以区别:

第一,如果"太"+褒义形容词,后面不带"了",那么肯定是贬义的。因为真心诚意的表扬,必定语气强烈,以至于必须带上语气词"了"才能表达这样的感情。下面例句全部都是表示贬义。例如:

(13)我觉得它太自以为是,太肯定、太武断,什么都被它简化了疏漏了。

(14)后悔把产业变卖得太干净,银子花得也太顺溜。

(15)骂中国作家太聪明。

(16)会不会是因为两家相距太近,来往太方便,给孩子有所企盼,难断旧情?

第二,在"太"和"形容词A2"之间插入"过"(表示"过于"),如果能够构成"太过A2",则为贬义。例如:

(17)秦干事觉得王景的想法很丰富很全面,就是太过浪漫。

(18)花农们从不在傍晚时采花,说这时花性太过激烈,花貌不能久长。

第三,如果在形式上难以鉴别,就必须结合语境,特别是上下文,乃至表情、口气等综合考虑。例如:

(19)这个小伙子,太聪明了!(什么东西,一看就会。)

(20)钱先生这人真的是太聪明了,(聪明得叫好些人都怕他。)

(21)这个人简直就是为了当刑警才到这世界上来的,他干得实在太漂亮了。

(22)海涛长得太漂亮了,(干得又太不漂亮了。)

43

动态变化

　　同样的"太聪明了"、"太漂亮了",在上面句子中褒贬倾向却不同,这从上下文语境的制约可以作出判断。例(19)(21)是褒义的,例(20)(22)是贬义的。

　　必须指出,"太+A2"并非总是歧义的,不同的形容词表现出不同的优选倾向。褒义形容词实际上有两类:A21,加上"太"以后,褒义是它的首选和出现频率最高的。最典型的有"太棒了""太好了",除了极个别情况,几乎都是褒义的。再比如"精彩"、"可爱",北京大学CCL语料库里都是10条,而且全部是褒义的。"方便"一共12条,其中11条是褒义的,贬义的只有1条。"漂亮"有21条,褒义的是18条。这一类还有"可贵"、"优秀"、"正直"、"用功"、"勇敢"、"动听"、"出色"等。例如:

　　(23)我干得太精彩了,我有把握重新上台!
　　(24)纽约,对一个商人来讲,真是太可爱了!
　　(25)他们说,销售、租借、阅览一条龙,太方便了。
　　(26)公主的眼睛太漂亮了。

　　即使贬义,也需要语境(上下文)才能做出判断。例如:

　　(27)因为数字可以是假的,尤其是阿拉伯数字,在后面添起0来太方便了,让人看了打怵。
　　(28)如果候选人长得太漂亮,他很难进入白宫。

　　还有一类褒义形容词:A22,加上"太",表示贬义则是它的首选。A22有"自信"、"善良"、"谦虚"、"先进"、"名贵"、"朴素"、"机灵"、"精明"等。其中的道理就在于 A21 跟"太 A21"相比,属性并不改变,如果表示的是贬义,也不在于该属性改变了,而是由于这一属性导致某种不好的结果。比如"太漂亮",其实还是漂亮,只是

论"太"修饰形容词的动态变化现象

因为太漂亮可能带来麻烦,所以说话者采取不以为然的态度。而A22跟"太A22"相比较,情况就不同了,因为在中国人眼里,过分老实,就是无能;过分善良,就是愚蠢;过分聪敏,就是狡猾;过分客气,就是虚伪;过分节约,就是小气;过分朴素,就是做作;等等。这里的属性本身就发生了改变,说话者否定的恰恰就是属性本身。例如:

(29)好多熟人都埋怨我太老实,言外之意就是很窝囊。

(30)我对他也不便太客气了,省得他说我是糟蛋。

(三)中性形容词A3,一般情况下,因为描写的是一种客观的属性,一旦用"太"修饰,就表示过头,属于贬义。例如:

(31)你穿这样的不合适,显得太年轻了。

(32)要求应明确具体并因人而异,所提要求也不能太多,太难。

(33)身体的太胖或太瘦,鼻子的太大或太小,脸太宽或太窄等都成了借口。

(34)现在一堂课45分钟对小学生来说当然是太长了,特别是学习内容太难或太容易都会使孩子感到乏味。

中国人的哲学讲究的是"中庸之道",即不前不后、不左不右、不大不小、不高不低、不快不慢。所以用"太"修饰,往往表示的是一种否定的意味,倾向于贬义。我们注意到一些反义形容词:大小、高低、快慢、肥瘦、上下、新旧、明暗、虚实、好坏、厚薄、前后、左右……本身的词义无所谓褒贬,只是反映一种客观的情况,但是加上"太",就显示出说话人不赞赏的主观态度。比如北京大学的语料库查到"太长"35条(不包括"不太长")、"太短"37条,全部都是贬义的。其实"贬义"说得也不太准确,应该说是反映了说话人"不肯定、不赞赏、不支持"的主观态度。

当然,这类中性形容词,也可以用来表示褒义的,关键在于所指称的对象是什么。例如"太快了"有196条,绝大部分都是贬义的,但也有少数几条是褒义的,表示肯定。例如:

(35)时间过得真是太快了,一会就到了飞机场。

(36)人都说,这几年北京变得太快了。

(37)前来参加剪彩的省市领导无不惊叹:这速度太快了,戏称这是"徐增山速度"。

(38)我们国家的火车真是太快了。

三、"太"跟否定副词的配合机制及其语法化

"太"跟否定副词的配合,主要是指跟否定词"不"和"别"的关系。

(一)"太不A"和"不太A"

1."太不A"

一个褒义形容词,如果用"不"来否定,就成为贬义了,例如:不漂亮=难看,不干净=肮脏,不聪明=愚蠢,不谦虚=骄傲,等等;但是,贬义词语如果受到"不"修饰,贬义其实并没有完全消除,只是弱化,而且并不一定表示褒义,例如"不难看"(不一定"漂亮")、不肮脏(不一定"干净")、"不愚蠢"(不一定"聪明")、"不骄傲"(不一定"谦虚")。

换言之,"太不+褒义形容词A2"否定的是它的底线,一旦进入"太不A"这一格式,则表示贬义的强化。例如:

(1)命运对山里的孩子似乎太不公平。

(2)乔木同志十分内疚,认为太不谨慎,不应草率上报,立即向中央作检讨。

(3)我种500克生菜才挣0.2元,他们卖500克却赚1元钱,真是太不公平了!

(4)在住宅楼前挖煤太不安全,希望有关方面尽快加以制止。

"太不+贬义形容词A1"否定的则是它的顶线,即使否定,也还没有进入褒义,而是处于中间过渡状态,所以"太不A"格式不能出现贬义形容词,例如不能说"太不难看"、"太不愚蠢"、"太不骄傲"等等。

"太不+中性形容词A3"结构中,由于A3是中性形容词,无论肯定还是否定,语义没有倾向性,"长久/不长久"、"绿/不绿",肯定式加上"太",例如"太长久了"、"太绿了",表示的是贬义,可是否定式一般很少说,特别是反义形容词,因为"不长"就是"短",可以说"太短",那就用不着说"太不长"。所以一般不会出现"太不长久了"、"太不绿了"这样的说法。不过网络上还是会出现这样类似的说法。例如百度网上就可以查到这类用法:

序号	词语	百度搜索网	序号	词语	百度搜索网
1	太不长	1850	5	太不硬	50
2	太不实	787	6	太不新	44
3	太不高	525	7	太不胖	43
4	太不瘦	80	8	太不软	11

"太不+中性形容词"的实例如下:

(5)五更里来天明亮,总觉好梦太不长。

动态变化

(6)很多传言太离谱了,太不实了!

(7)你这个风筝放得也太不高了。

(8)小号的应该可以女生穿,可是我太不瘦了,要减肥!!!

(9)材料太不硬了,太不硬了!

(10)这上面的新闻也太不新了吧!

(11)莫愁说:"游泳运动员,胖一点好,有劲,文秀太不胖了。"

(12)你实在是心太不软,太不软!

2."不太A"

这一格式用得非常频繁,语法意义表示否定程度的弱化,从理论上讲,不论褒义、贬义,还是中性形容词都可以组合。我们查核北京大学CCL语料库,出现在"不太"格式里的形容词多为褒义的,贬义的比较少,数量上相差比较大。"小气、愚蠢、刻薄、下流、懒惰、尖刻、糊涂、虚伪"等都没有发现例句。只发现少数贬义形容词的实例,例如:

(13)能改得像它那样不太坏已经相当不容易了。

(14)我常去某市探亲,觉得这个城市不太脏也不算干净。

(15)外边叫几个菜,再由陈寿预备几个,显着既不太难看,又有家常便饭的味道。

实际上,最容易进入这一格式的是中性形容词。不太快,近似于不太慢;不太高,近似于不太矮;不太大,近似于不太小……"不太"这一组合已经有开始凝结为一个语法词的趋势,也就是有词汇化的迹象。从认知上考虑,这里可能有两个原因:

第一,讲究说话的得体性与艺术性,如果把话说得太满、太绝对,这样就没有了回旋的余地。特别是一些反义词,语义相对立,用了"不太"语义就缓和得多。所以,不高,就说成不太高;太矮,就说成不太矮。

第二,可能跟人们的交际比较注重礼貌原则有关,往往不愿意把话说得过分,是一种委婉的说法,比较含蓄,比较客气,也比较得体。相比较一些直率的说法,"不太 A"格式显然是一个比较合适的选择。试比较:

(16)她不聪明。

(17)她很愚蠢。

(18)她不太聪明。

(16)(17)都很难让人接受,即使对方真的不聪明。而(18)则比较容易接受。换言之,得体原则和礼貌原则推动了"不太"词汇化的进程。跟"不太 A"相比较,"太不 A"就没有这一功能,所以,"太不"并没有词汇化。

性质形容词进入"不太 A"框架,几乎不受任何限制,但是状态形容词则受到比较大的限制,北京大学 CCL 语料库里几乎找不到这样的实例,因为如上所述,"太"修饰状态形容词,本来就不允许。但是百度网则可以找到一些。例如:

(19)这个世界不太冰冷,但是感觉不到光热。

(20)牙齿是不太雪白的,怀疑是抽烟斗抽的。

(21)今天的午饭打了个不太香喷喷的饭盒,打算回宿舍祭五脏庙。

"不太"问世的时间比较迟,我们查阅《水浒传》《老残游记》《金瓶梅》《红楼梦》《儿女英雄传》都没有"不太 A",但是已经有少量"太不 A"。一直到20世纪初,我们才发现有少数"不太 A"例句。

动态变化

我们查阅了《鲁迅全集》(1－2卷),只在第2卷里发现了2个例句,老舍的《茶馆》和《骆驼祥子》也只有1例,茅盾的《子夜》也只有1例,不过巴金《家》却有8例。例如:

(22)日日斟出一杯微甘的苦酒,不太少,不太多,以能微醉为度。(《鲁迅全集·第二卷》)

(23)他虽年过七十,可是腰板还不太弯。(老舍《茶馆》)

(24)不太圆也不太尖。(茅盾《子夜》)

(25)外面并不太冷。风已经住了。(巴金《家》)

可见,"不太 A"格式出现比较晚,估计大约在20世纪初期,但是真正大量使用则还是最近几十年以来的事情。比如王朔的中篇小说《一半是火焰一半是海水》就有8例。

(二)"别太 A!"

1."别"本来就可以否定形容词,主要用在祈使句里,表示提醒对方或劝阻对方不要显示出某种状态或属性,换言之,对对方所表现出来的状态不以为然,所以这实际上还是表示一种"否定性意愿"。例如:

(26)大妈,别着急!(老舍《龙须沟》)

(27)你就别谦虚了。(王朔《千万别把我当人》)

能够进入"别"字句的形容词有条件限制,我们把这类形容词标为 Aa。例如:

勉强、得意、在意、顽固、傲慢、骄傲、无聊、大意、谦虚、客气、紧张、特殊、臭美、奇怪、热情、虚伪、大胆、高兴、认真、悲观、火、狂、急、美、不好意思……

Aa 形容词有个明显的特征,就是跟人的属性有密切关系。可以描写为[＋人类]；而且这一属性同样也必须具有[＋可控]的特点。也就是说，它兼具两种语义特征。如果不同时具有这两种语义特征，就不可能单独进入"别"字句。

2. Ab形容词不具备可控性特点，它们都不能单独进入"别"字句：

大、小、快、慢、多、少、长、短、粗、细、高、低、矮、壮、满、红、绿、黄、白、紫、黑、远、近、香、臭、好、坏、轻、重、浓、淡、冷、热、凉、堵、破、烂、伟大、渺小、庄严、精明、巧妙、名贵、危险、秘密、肮脏、轻松、干净、温暖、悲惨、贤惠、卑鄙、出色、英俊、丰富、高贵、古老、光滑、明亮、艰难、曲折、结实、坚强、平坦、亲切、可爱、勤劳、朴素、神圣、深沉、富丽、迷人、简单、复杂、刚强、晴朗、艰巨、幸福、倒霉、荒凉、清爽、清凉、可恶、和气、细致、机灵、纯正、严密……

这类形容词如果要想进入"别"字句，就必须满足一些条件。

条件之一：在"别"与形容词Ab之间插入"那么"等指示代词，从而构成"别＋那么/这么Ab"格式。例如：

(28)(衣服)别那么/这么朴素。

(29)(礼物)别那么/这么名贵。

条件之二：在"别"与形容词Ab之间插入程度副词"太"，构成"别＋太＋Ab(了)"格式。而且这时陈述的主题往往是人以外的其他事物。例如：

(30)(衣服)别太朴素(了)。

(31)(礼物)别太名贵(了)。

"太"跟"那么/这么"分别是表示程度的带有夸张口吻的副词和指示代词，意思是虽然可以A，但是不要过分A。Ab非定量形

51

动态变化

容词,加上"太"或"那么/这么"就变得多量的,说明这时"太Ab"和"那么/这么Ab"都具有[＋可控]的语义特征,因此可以受到"别"的否定,表达的还是一种"否定性意愿"。

四、结语

现代汉语的面貌在近一百年里发生了巨大的变化,其中有三次最急剧的变化:第一次是20世纪初期,即1919年五四运动前后,现代汉语(白话)从口语领域扩大到书面语领域,并且牢牢地占领了这一阵地,这可以叫做"文学革命"的成果;第二次是1949年前后,中华人民共和国的成立标志着以解放区语言为代表的新词新语新用法迅速替代了旧的词语和旧的用法,这体现为"社会革命"的成果;第三次则是1978年以来,中国实行了改革开放的国策,迅速跟世界接轨,这体现为"经济革命"和"科技革命"的成果。要特别指出的是,最近30年来,由于计算机和互联网的出现,极大地改变了世界,也改变了语言的面貌。我们现在事实上已经进入了一个网络时代。它对语言的影响是巨大的、深刻的、全面的,而且是持续性的。其关键是网络使得语言的传播和扩散,在方式、速度、力度、范围,尤其是在频率等方面跟以往相比发生了本质性的变化。当我们利用语料库以及网络来进行语料的搜索,就有可能发现一些新的语言现象,也会引起我们一些思考,我们忽然发现,一向以为不能说的话语,居然大量存在,一直以为不合乎规范的组合,居然有那么多的实例,这些不能不引起我们的深思,也不能不引起我们在研究的思路和方法上的改进。对旧有模式的突破是一种必然,我们完全不必大惊小怪,关键是新词语、新组合,或者新格式,是否具有合法度,或者更准确地说是可接受度,在很大程度上依赖于使用的频率和覆盖面。

　　如果我们把20世纪的汉语称之为"现代汉语",那么,我们就应该把21世纪的汉语叫做"当代汉语"。当代汉语正在发生着日新月异的变化,我们有责任来研究当代汉语的新面貌,包括词语的更新、新的组合搭配,以及新的使用规则。

参考文献

吕叔湘等(1980)《现代汉语八百词》,北京:商务印书馆。
邵敬敏、罗晓英(2004)"别"字句的语法意义及其对否定项的选择,《世界汉语教学》第4期。
石毓智(2001)《肯定和否定的对称与不对称》,北京:北京语言文化大学出版社。
王　力(1943)《中国现代语法》,上海:商务印书馆。
吴立红(2005)状态形容词在使用中的程度磨损,《修辞学习》第6期。
尹世超(2006)说"太+非程度动词+了"格式,《语文研究》第2期。
朱德熙(1956)现代汉语形容词研究,《语言研究》第1期。

(原载《汉语学习》2007年第1期)

网络时代汉语嬗变的动态观*

一、网络与信息传播的四个突破

20世纪科技界最重要的两大发明是电脑和网络,一个属于硬件,一个属于软件。发明固然重要,但是更为关键的是电脑和网络的普及,这成为现代化、国际化和信息化的重要标记,并且极大地改变了这个世界。不但改变了人类的生活,改变了我们的教育模式,改变了我们的思维方式,也极大地改变了我们的语言。中国互联网络信息中心(CNNIC)发布的《第19次中国互联网络发展状况统计报告》,报告显示,截至2006年12月31日,中国内地网民已经达到1.37亿,而且网民对博客的使用率达到25.3%,与去年同期14.2%的比例相比,呈上升趋势。

借助于电脑技术的互联网,跟语言嬗变的关系至关紧要。它主要表现在信息传播的四个突破:

第一,突破了空间的束缚,达到真正的"无界"状态。反映在语言上,一种新词新语,一种新的用法、新的组合,不只是个别人、少数人或者某个地区的人才知道、才使用,而是通过互联网,几乎全

---

* 在"中国语言学会第十四次年会"(2006年北戴河)上宣读。

世界都能够知晓。

第二，突破时间的限制，达到真正的"瞬间"状态。反映在语言上，一种新词新语，一种新的用法、新的组合，不需要借助于传统的媒介慢慢地、逐步地传播开来，而是一下子，借助于互联网，几乎人人都能够"及时"知晓。

第三，突破了信息交流参与的走势，达到真正的"双向"乃至于"多向"状态。以往的信息交流是非均衡的，也就是说，少部分人获得绝对的话语权，政治家、学者、作家、记者、名人占据话语的优势高地；普通人、一般群众在公众话语平台上基本上没有话语权，只有被动的接受权，即信息的交流基本上是单向的。互联网的优势之一就是参与度，每个"网民"都可以主动积极地参与，不仅仅是信息的接受者，而且也是信息的制造者和传播者。这样在语言使用上，某种新词新语或新的用法，一旦大家觉得比较有意思，就可能反复"拷贝"，或者"仿造"。网络客观上为普通人提供了一个话语权，一个信息制作和发布的参与权。

第四，突破语言运用的瓶颈，达到真正的"高频"状态。这实际上也是前面三个突破的必然结果，空间、时间、参与权的突破，必然导致某种信息能够在单位时间里反复出现、多次出现，这促使某种新的用法在很短时间内就被"高频"使用，迅速成为一种"强势词语"或者"强势格式"。

其中第四点对语言的变化来说，尤为重要。其实，说到底，语言的合法度，主要决定于它的使用频度。一种说法，即使开始时可能有人认为是不合法的，或者甚至于拒绝接纳，但是如果大部分人都坚持这样说，那么也只能够"积非成是"了。比如"吃大碗"、"吃

动态变化

食堂"、"打扫卫生",或者"最……之一",开始有人这样说的时候,大家可能会觉得非常奇怪,不可理解,但是慢慢地,用得多了,也就被人们接受了,因为语言说到底还是"约定俗成"的。可以这样断言:在历史上,任何一个新词新语,任何一种新的格式,开始时,总是由个别人先创造出来,合法度比较低,然后,又有少数人模而仿之,再扩大使用范围,随着使用频率的逐步提高,最终被该语言社会所接受,成为语言系统里的一员。

二、现代汉语向当代汉语的转型

汉语的历史,大体可以分为五个时期:1.上古汉语(甲骨文、金文时代);2.古代汉语(先秦、两汉);3.中古汉语(魏晋南北朝、隋唐);4.近代汉语(晚唐五代到明末清初);5.现代汉语(清代到20世纪末)。当然每个时期的内部还可以划分为若干阶段,比如现代汉语还可以分为早期、中期和后期。如果说《水浒传》、《西游记》、《金瓶梅》还属于近代汉语写成的作品,那么,《儒林外史》与《醒世姻缘传》则属于向现代汉语过渡的作品,而《红楼梦》与《儿女英雄传》则应该属于早期现代汉语范畴了。换言之,从清代开始就逐步形成现代汉语了,历经早期现代汉语(清代)、中期现代汉语(20世纪上半叶)和后期现代汉语(20世纪下半叶)。我们必须看到,现代汉语的面貌在进入20世纪以后这100百年来发生了巨大的翻天覆地的急剧变化,其中有三次变化最为巨大:

第一次是20世纪初期,即1919年五四运动前后,现代汉语(白话)从口语领域扩大到书面语领域,并且牢牢地占领了这一阵地,这可以叫做"文学革命"的成果,从而形成"新文化语言"。

第二次是1949年前后,中华人民共和国的成立标志着以解放区语言为代表的新词新语新用法迅速替代了旧词旧语旧用法,这体现为"社会革命"的成果,从而形成了"革命式语言"。

第三次则是1978年以来,中国实行了改革开放的新国策,为了实施四个现代化的宏图,迅速跟国际接轨,无论经济、文化,还是政治飞速崛起,相应的语言面貌也发生了巨变。这体现为"改革开放"的成果,从而形成"开放式语言"。

三次"革命"在语言的变化上,尤其在词语的更迭以及词语组合方面打上了深深的烙印,在句法结构以及语用搭配上也都有所反映。尤其是进入21世纪以后,中国社会的语言生活发生了前所未有的变化,目前它正处于方兴未艾的发展之中,种种迹象表明:许多旧有的规律正在被突破,新词新语,尤其大量的科技术语产生速度一次次被刷新;新的结构格式、新的表达方式,正在大踏步地进入我们的生活。我们可以断言:现代汉语经过400年左右(清代于1616年建立)的形成、发展、成熟,目前已经开始向"当代汉语"转型。

尽管当代汉语的许多特点及其发展趋势,我们还不清楚,还需要我们做大量的调查,收集语料,追踪观察,进行客观、认真、动态的分析,特别是要结合中国社会语言使用的历史和现状,理解产生这种语言现象的背景,但是,我们认为,面对当代汉语的巨大变化,我们必须重新认识汉语,这是我们的责任和义务,也是我们的权利和追求。

动态变化

三、中国当代语言生活的动态特色

（一）语言的多变性

语言不是一成不变的,而是永远处于变化之中。当代社会是开放型的、多元型的、综合型的。它必须也一定要跟国际接轨,新生事物层出不穷,各种交流应接不暇,新鲜观念日新月异。一个人离开中国社会(尤其是北京、上海、广州、深圳、香港这样的国际化大都市)不需要很多年,就会感觉城市面貌变得几乎认不出来了。反映在语言上,就表现为特别善于吸取,善于变化,不断冒出新的词语,新的义项,新的组合,新的用法。

我们必须认识到:语言的变化是绝对的,而规范则是相对的。我们不能试图阻止语言的正常的变化,不能把任何语言的变化都看作大逆不道,看作是不规范的语言现象。我们有的语言学家当年曾经呼吁:"空姐"、"超市"这样的新词是不规范的,必须开除出汉语。结果如何呢？不仅有了"空姐",还出现了"空嫂"、"空哥";不仅有了"超市",还有了"超女"、"超男"。语言是有生命力的,所以新陈代谢也是必然的,新陈代谢越是旺盛,这种语言的生命力也就越强;如果语言的新陈代谢停止了,那么,这种语言也就死亡了,这是一条基本的永恒的真理。汉语之所以生命力强,重要的一条规律就是她善于变化,在变化中获得新生。其实不仅是新词新语,而且一向被看作最稳定的语法规律也在悄悄地发生着显著的惊人的变化。

1.有的组合方式以前只是少数存在,而现在却得到前所未有的扩大,成为一种很有生命力的强势格式。例如:

A. 动宾式动词,通常属于不及物动词,原则上不能再带宾语的。当然以前不能说绝对没有,但确实比较少,比如:

留学(美国)　留心(机会)　出席(开幕式)　担心(天气)

一般规律是成词性越高,成词的历史越悠久,可以带宾语的可能性就越大。而近年来这一趋势成了一种潮流、一种时髦。大量的不及物动词开始频繁携带各种宾语。开始时,大多还只是作为一种标题语出现的,这样的表达方式跟运用介词引进宾语的方式相比,显得更为简便、清晰,又不会引起歧解,因此就成为新闻语言的首选。例如:

向奥运进军——进军奥运　　为新区规划把脉——把脉新区规划

移民到澳洲——移民澳洲　　贷款给希望工程——贷款希望工程

后来就开始进入正文,随着这种新型组合方式出现频率的增加,最后成为一种普通的能产性强的组合手段。例如:

捐款慈善事业　存款中国银行　拨款三农建设　汇款咨询公司

做客心理节目　提名项目经理　曝光柯达公司　揭秘汽车加价

登陆中国　落户广州　入股交行　投资房产　卧底黑帮

走私毒品　消毒口腔　忘情香港　出境深圳　缺席大会

B. 性质形容词直接带宾语。这在以前也是有的,特别是一些变化属性的形容词,可以带上"了"、"着",再带上宾语。例如:

红了(着)脸、光了(着)头　坏了规矩　瞎了眼睛

动态变化

部分双音节形容词也可以带上宾语,表示一种使动用法,我们常常称之为形容词活用做动词,或者干脆叫做动词和形容词兼类。例如:

方便群众　繁荣市场　端正态度　坦白罪行　巩固成绩

现在这样的组合,也是比比皆是。例如:

清洁香港　顺从父母　坚定信念　突出重点　活跃气氛
纯洁队伍　便宜对方　明确职责　缓和矛盾　充实队伍
辛苦父母　健全制度　壮大队伍　丰富生活　密切关系
稀罕那文物　可怜这孩子　适合这工作

2.有的组合,以往仅仅是临时的,偶一为之,不但数量少,而且频率低,可以看作一种修辞手法,而现在却大量、经常、反复出现,这正是汉语充满活力的表现。例如"程度副词修饰名词"。通常程度副词只能够修饰性质形容词、心理动词以及部分动宾短语,一般不能修饰名词。如果出现,一般看作修辞用法;如果借用频率高了,结果就自然而然变成名词和形容词的兼类。历史上也有过这样的实例,不过并不多。比如:土、铁、毒、木、油,就是名词借用为形容词的。然而,近年来这一用法却大行其道,成为非常时兴的一种用法,大受欢迎。可以跟程度副词(以"很"为代表,包括"非常、十分、极其、特、颇、最、太"等等)组合的名词,呈现开放式的趋势。例如:

(1)柯受良是一个很英雄的男人。

(2)博士们的脸很博士:表情刻板、肌肉从容。

(3)那种语调太轻松、太喜剧了。

(4)小草今天穿着一件很学生气的旧夹克。

(5)她身后站着一个看上去很绅士的男人。

(6)她还是比较现代。

(7)你说的话很技术。

(8)两厢、两厢半车很潮流、实用。

(9)以前我们认为日本女性很东方、很贤淑。

(10)菜的花式自然也很"知青"。

此外,"男人、女人、阳光、中国、美国、知音、生活、传统、逻辑、散文、淑女、青春、北京、广东、香港、新潮、激情、狗熊、唐僧、猪八戒"等等名词也都可以接受程度副词的修饰。这一格式发展的势头如此迅猛,其原因最主要的是,人们感到现成的形容词不够用了,而我们所需要表达的思想却又如此丰富多彩,这样就不得不另找出路。而名词显然是最接近形容词的,我们可以利用副词的程度属性,去唤醒名词本来就潜伏着的属性特征。

可见,一种语言,包括语法结构的多变,实质上是语言为了适应社会发展的需求而自身做出的合理的调整和变化。语言如果不能适应社会的需求,就完全有可能被淘汰。所以社会的需求是语言变化和发展的动力之一。

(二)语言的互动性

语言不是孤立的,而是跟其他语言或者方言互动的。所谓纯洁的语言,那只是一种理想。任何世界通行的语言,其实都是杂交的产物。在北京话发展的历史上,不止一次受到非汉语的冲击、渗透和影响,阿尔泰语、女真语、蒙古语、满语,甚至于包括日语、英语、法语乃至俄语,在北京话里都可以找到它们的踪迹和身影。这一影响,首先是语言内部各种因素之间的制约与互动,其次是汉语

动态变化

自身的方言,尤其是方言跟普通话之间的渗透与互动;另外还包括汉语和外国语、外族语之间的影响与互动。

1. 句法结构内部因素的制约与互动

我们一直认为,语言内部的各种因素是互相制约、互相运动的。以"V一把"为例,V的泛化跟"一把"的词汇化就构成了互动的关系。能够跟动量结构"一把"组合的动词,经历了一个逐渐扩大、泛化的过程。开始局限于必须用手来施行的动作,或者说是跟手掌这一部位活动直接有关的动作Va,比如:抓、拉、推、扯、捏、拍、拧等。到了20世纪80—90年代出现了突破,这就是发展为动词Vb——帮、赌、玩、赚、练、试、博、耍、驾、钓、拼、搜、算、钓、拿、赢、搜等,其特点是该动作可以用手来进行,也可以不用手来进行,有时还可能需要其他器具、物件来协助手才能完成的动作。到了21世纪,这一组合开始发展到Vc了,这些动词基本上跟手无关,但都是跟人有关的动作动词:猜、说、叫、学、蒙、吵、唱、顶、纪念、小结、放纵、流行、努力、支持、试验、募捐、拓展、自责、娱乐等。例如:

(11)作为大众传媒的报纸,也去猜一把,押一把,那么影响的就不是几个人、几十个人,而是成千上万的考生。(中国青年报2001—8—6)

(12)过来唱一把。(重庆晚报2005—6—18)

(13)再努力一把,将成新郎平。(羊城晚报2003—11—03)

(14)被世界杯忽悠一把。(东方体育日报2006—06—21)

最后,则是Vd,包括形容词以及不及物动词"俗、乐、湿、懒、牛、凶、酸、热、热闹、轻松、感动、腐败、感叹、忧伤、郁闷、感慨、刺激"等,甚至于还可以是英文字母PK、拼音字母FB等,表示一种

属性的变化。例如:

(15)起码所有的观众都可以没有负担地好好笑一把。(北京晨报 2002—2—16)

(16)但愿节后"承德露露"也能让人醉一把。(华西都市报 2001—2—26)

(17)玩的就是心跳,但现在的火箭却是玩一把死一把!(京华时报 2004—11—15)

(18)让我们疯一把。(半岛都市报 2005—12—14)

(19)李连杰回应《霍元甲》说教说:我不是为爽一把。(新闻晨报 2006—1—20)

(20)3中学生为情人节潇洒一把,三天4次劫车。(新闻晨报 2006—2—20)

(21)很多人如我一样希望财政部与教育部 PK 一把。(www.oeeee.com)

(22)以羊绒的名义 FB 一把。(www.jocent.com)

从"V一把"格式的动态分析中,我们可以发现,网络时代对语言演变的影响是极为深刻的。"过把瘾"、"火一把"这类用法具有明显的调侃性,不是非常严肃,不是非常正经,带有一点开开玩笑的意思,带有一点夸张的味道。这种味道或者说是色彩,比较符合当代人,特别是当代青年人的趣味和欣赏习惯。热衷于使用这类组合的人群,主要有三种人:第一,青年作家,特别是流行文学的作家;第二,青年学生,特别是大学生们;第三,网络爱好者,特别是网络写手。这三类人共同的特点就是:年轻,有比较高的文化素养,追求个性、时髦和变化。正因为大批年轻人追求这样一种趣

动态变化

味,"V一把"的格式才得以迅速蔓延和推广。所以,语言格式使用主体的主动性,对某种格式、某种组合的推广和普及具有极为重要的主导作用,大量事实显示:学历较高的年轻人在语言演变的进程中往往充当主力军的角色,其学历跟他所发挥的作用往往成正比。

除了外界的影响,我们还必须对这些变化从语言内部去寻找原因,去寻找语言格式演变的原动力。在跟"一把"组合的动词中,Va是语义比较单一的核心部分,后来逐渐扩大范围,从Vb到Vc,再到Vd,经历了一个专化到泛化的进程,说明语言格式的组成成分不可能永远不变。另一方面则是"一把"的词汇化的结果,在还没有完全成为单词之前的过渡型阶段,也许可以叫做"短语词"。词汇化也会引起格式"V一把"语义的变化,两个成分的组合不是简单的"1+1=2",而应该是"1+1=3",即导致语义的增值。可见,语义表达的细化与深化以及表述功能的新要求是句法变化的原动力之一,而每一次句法的变化,必然带来语义上的进一步的变化和发展,正是V的泛化以及"一把"的词汇化相互促进的作用,导致该组合迅速得到扩张。

2.方言之间的渗透与互动

我们必须认识到普通话和方言的关系决不是单向的,而是双向的,是互动的。普通话对方言的影响当然很重要,但是方言对普通话的影响也绝对不是原先想象的那么轻微。比如以前普通话用"有没有"提问时,后面只能够带着名词性宾语,例如"有没有钱?""有没有票?"如果后面是动词性宾语,只能够问"吃饭了没有?""理发了没有?"南方方言,包括吴方言、闽方言和粤方言,却都可以在

"有没有"(有冇)后面直接带上动词性宾语。例如:

(23)有勿有吃过饭？（吴方言）

(24)香港侬有勿有去过？（吴方言）

(25)小青有冇去过北京？（粤方言）

　　— 有去过。/冇去过。

(26)— 呢几年你有冇见过佢？（粤方言）

　　— 有。/冇。

(27)汝有无去看电影？（闽方言）

(28)面有无红？（闽方言）

这一说法显然比北京话原先的说法更为便捷,根据语言格式的经济原则、类推原则和互补原则,现在北京人开始大量使用"有没有吃过饭？""有没有理过发？"来提问了。

再比如北京话里"VO 不 VO"的正反问省略格式,以前采用的是后省略式"VO 不 V",我们查阅老舍 20 世纪 30—40 年代的著作,几乎没有例外,然而,在吴方言以及粤方言里,采用的则是前省略式"V 不 VO"。这一格式(V 勿 VO?)属于常规格式,在上海方言里运用相当普遍,而且还扩展到双音节的动词和形容词,构成"A 勿 AB"格式。例如:

(29)吃勿吃饭？（动宾短语）

(30)打勿打扫？（双音节动词）

(31)漂勿漂亮？（双音节形容词）

广州话类似上海话,一般也采用"A 唔 AB"形式。例如:

(32)呢单嘢佢支唔支持啊？（这件事他支持不支持？）

(33)有人服侍你舒唔舒服？（有人服侍你舒服不舒服？）

65

动态变化

由于"A不AB"格式的类化作用,某些内部结构结合紧密的动补短语,也可采用这种方式来提问。例如:

(34)你食唔食得惯辣嘢?(辣的东西你吃得惯吃不惯?)

(35)个电话打唔打通?(电话打通没有?)

前省式和后省式两种格式竞争的结果,显然是前省式占了优势。而且这一格式在普通话里也有扩大化的趋势。一些平时觉得不能这样说的双音节动词与形容词,居然也出现了前省式。我们在GOOGLE网上一查,可以说比比皆是。例如:

(36)温不温暖只有自己知道,美不美丽自己满意就好。

(37)外商也好、游客也好,一踏上安阳的地面,首先看到的是道路清不清洁。

(38)9元钱登记结婚庄不庄重一会再说。

(39)理不理性,没关系,最主要现在资金源源不断进入,水涨船高。

甚至于还可以说:小不小便、大不大扫除、鞠不鞠躬、精不精彩,等等。

3.汉语跟外语之间的影响与互动

外语,特别是英语这个国际社会的强势语言对汉语的影响是无可讳言的。反之,汉语对外语,包括英语的影响也是日益趋强,形成互动互促的局面。比如水门事件(Watergate)是美国历史上最不光彩的政治丑闻之一,最终导致了尼克松总统的辞职。如同"滑铁卢(Waterloo)"成为"惨败"的原型一样,"水门事件"家喻户晓,对美国历史与政治产生了深远的影响,具有极高的认知度和显著度,成为一个认知原型。"水门事件"其过程、性质、结果、意义与影响等内涵信息经过抽象加工后,浓缩在语素"门(gate)"中。"一门"从本义中分化出来,成为从原型事件中提取的、负载着原型内涵的一个专化标记,简称"原型标记"。这一"门"已进入英语构词范畴,据《韦氏案头词典》(Webster's Desk Dictionary 世界图书出版公司 1995):-gate 用来专指那些对违法行为进行掩盖的政治事件或大的丑闻。自此,每当国家领导人或高端人士遭遇执政丑闻,人们就会以原型作为标准、模式或尺度,对事件进行观照与考量;在构成新词"X门"时,经历了语义的类化过程。例如:

(40)一个来自美国偏远小城的乡下人,一个风流成性、绯闻不断的美国总统。"旅行门"、"白水门"、"拉链门",门门不断。(大洋网《克林顿的真实生活》导读 2005—4—23)

(41)涉嫌"特工门"案的前白宫高级官员不承认有罪。(新华网 2005—11—4)

(42)伊内政部陷入"虐囚门"。(新京报 2005—11—17)

(43)有感于克林顿"拉链门"写入教科书。(南方都市报 2006—2—21)

此外,还有"韩国门、伊朗门、辩论门、档案门、情报门、凯利门、战俘门、垃圾门、窃听门、中国博客门",等等,它们聚集为一个颇为壮观的"X门"词族,"门"的构词位置固定化了,成为一个能产性极强的语缀。

美英文化中的"X门",均指重大丑闻事件,大多跟政治、经贸、文化、教育、军事、法律等高层有密切关联,而且往往经历过一场耗时耗资十分巨大的揭发与掩盖的拉锯战。因此,"一门"具有[+重大][+高层][+艰难揭发]等语义特征。但是当-gate 译成"一门"

67

动态变化

进入汉语后,其意义在汉语应用中被逐步泛化。最近两年里涌现了"月饼门、火腿门、肉松门、投票门、拉票门、胶水门、安全门、秘书门"等许许多多的仿造词。例如:

(44)性丑闻:赵忠祥与饶颖的"拉链门事件"。(上海热线 2005—1—31)

(45)安琦门和科比门有何不同。(中国青年报 2005—8—22)

(46)闫相闯陷入"鞋带门"态度不积极被下放二队。(搜狐体育 2005—8—16)

(47)拉链门鞋带门之后还有什么门?(人民网 2005—8—16)

从-gate 而来的"-门",几乎成了丑闻、绯闻、风波、门槛、闹剧、纠纷等的同义语,词义范围明显扩大了。汉人在自己的语义系统里使用"-门",已经偏离了美英文化的原型内涵,将[+重大][+高层][+艰难揭发]等语义特征彻底地消解了,因而所反映的事物对原型范畴的隶属度非常低。"-门"从"水门事件"中提取出来,并且剥离了本义,进行语义的浓缩,这是"专化";然后它作为原型标记跟另外一些词语 X 组合,构成"X 门"词族,并且赋予这些词语新的含义,这是"类化";当"-门"引入汉语,并且扩大应用范围——X 所指不一定是"高层丑闻",而降级指一般的带有贬义的"事件"、"风波",乃至"花边新闻",原来"-门"的某些语义特征开始脱落,但是仍然保留了[+丑闻]这一基本语义特征——这就是"泛化"。这种泛化的结果,必将导致"-门"的进一步的虚化,"-门"也许将来会发展为真正的后缀。可见,从专化,到类化,再到泛化,这样一步一步地虚化,或者叫做语法化,实际上也是实词发展演变为虚词或虚词性语素的基本规律。

(三)语言的自补性

语言必须适应社会的发展,不断地进行自我完善。一个语言系统,包括比较发达相当高级的语言系统,实际上不可能是十全十美的,总是存在这样或那样的问题。在表达方面更是有许多可以改进的地方。比如现代汉语里对数量限制的说法,主要采用"……以上"和"……以下",但是,这种说法往往引起歧解。比如说,公交车规定1.2米以上的儿童必须买票,那么,刚好1.2米的要不要买票呢? 为了避免歧解,就必须用括号进行补充说明(含1.2米)。可见这是现代汉语表达上的一个漏洞,在港式中文里就有比较好的说法:1.2米或以上的儿童必须买票。多用一个"或",语义的表达就准确无误了。语言具有自我完善的机制,在应用过程中,或者进行弥补,或者进行调整,或者从别的语言或方言中吸取营养。

中国目前处于历史上最为开放的时期,人们的思想从来也没有像今天这样活跃和丰富。意义决定形式,新的感受、新的理念、新的行为,都必然促使新的表达法的产生。这就必然促使汉语自身也发生激烈的变革,不仅代表新事物和新观念的新名词几乎天天产生,而且,原先的词类系统以及组合规则也已经显得陈旧和过于狭窄。突破旧有模式,创建新颖方式,已经成了语言发展的一种必然。比如程度副词跟形容词的组合,往往要受到某些限制,即有些形容词是不能组合的,这主要是"绝对性质形容词"与"状态形容词"。我们首先利用北京大学的CCL语料库搜索系统查核,这一语料库的语言事实基本上反映了20世纪现代汉语的面貌,所以检测的结果跟以上结论大致吻合。我们进一步利用BAIDU和GOOGLE的搜索网,却发现情况并非如此,程度副词几乎都能够

动态变化

跟这些类的形容词组合,区别只是数量(频率)不同,这一变化是很值得我们深思的。

比如"绝对性质形容词",这是朱德熙先生在《现代汉语形容词研究》(1956)一文中划分出来的形容词的小类,他曾经提出过一个比较重要的结论:"在意念上无程度区别的形容词",例如"真"、"假"、"错"、"横"、"竖"、"紫"、"温"等等,可称之为"绝对性质形容词",特点是都不能受程度副词的修饰。但是,经过这60年语言的变迁,特别是最近30年来社会的急剧变化,所谓"意念上无程度区别"实际上已经被突破,即这类形容词意念上出现了程度区别。就以朱德熙所举的这些词语为例,几乎都可以接受程度副词的修饰。例如:

(48)谭咏麟:邓丽君给我一种很真的感觉。(TOM音乐2007—5—8)

(49)笑,不需太真。

(50)画面色彩还原非常真。(IT社区2007—4—13)

(51)周围的人都很假,太不真实。(网易娱乐2007—7—25)

(52)这样的戏太假了。(百丈一《光着屁股去唐朝》)

(53)很假,非常假,太假了,呵呵!(雅虎2007—6—23)

(54)好像一下子做了很错的事。(南方周末2005—01—20)

(55)此言不能说太错,却不精确。(东海文章《倔芦奸孔何时休?》)

(56)故意树立开发商与购房者的对立情绪是非常错的。(新浪网2006—12—23)

(57)新做的图标很横。(新浪网2007—6—27)

(58)两个立着的字在上下,中间不好加太横太胖的字体。(三毛《如果是我的女儿》)

(59)我看着毛细孔都有点竖了。(金华口哨新闻)

(60)抱的时候不用太竖,不用太用力拍。

(61)常常看到心脏不好的人嘴唇都很紫。(雅虎知识堂)

(62)这款属于非常紫的浓粉紫色翡翠。(我的易趣)

(63)我们摸了一下池水,是很温的,一定有恒温设施。(每日新报2007—6—27)

(64)政策太温,没有力度。

"状态形容词"也是朱德熙先生首先分出来的类别,主要有以下几种:ABB、AABB、A里AB、BA、AA等。重叠,通常认为是汉藏语系表示"量"的重要语法手段之一。由于这类重叠式状态形容词已经表示程度相当高了,所以一般不能再接受程度副词的修饰。北京大学CCL语料库搜索系统的语言事实支持这一说法。然而现在这样的用法就如雨后春笋到处都是了,显然无法再看作例外了(除了AA重叠式)。例如:

(65)我每到冬天手脚都会非常冰冷,为什么?(新浪网—生活百科)

(66)很粉红的一种樱花。(新浪网—粉红的印记)

(67)广东市民青睐短线旅游国内省内游较以往更火热。(南方日报2007—05—02)

(68)由于是人工水系,其形态比较笔直。(中国沙漠)

(69)在玻璃杯中展开叶片后,水是非常碧绿的。(茶叶)

(70)澳大利亚主帅阿诺德的讲话非常赤裸裸。(TOM搜索)

动态变化

(71)用人单位与面试者的最初交流是比较冷冰冰的。(ATA北京全美教育)

(72)你看这个它已经很焦黄焦黄的,已经不是很全的,但我觉得它很有意义,今后把这些都放到馆里去。(《影视同期声——猴缘》,中央电视台《影视同期声》2002—05—11)

(73)她清楚,如果一旦被融化,将会更加冰冷冰冷到窒息。(搜狐博客)

(74)什么时候来的?!我不记得了!因为爱来的太静悄悄了,像微风一样。

(75)齐沃的远射太软绵绵了。

(76)但因为彼此太熟悉,她又实在太平平常常,所以从没想过会有故事。

(77)哈利盯着它思忖了好一阵,觉得戴着这种东西未免太傻里傻气了。

(78)既不能太明明白白,又不能太稀里糊涂。

这些新鲜的语言组合现象,其实并不奇怪。这充分说明,程度副词的组合功能在进入80年代以后有扩大化的趋势,实际上也是语言自我完善的必然结果,说明某种新的结构形式在使用过程中呈现出逐步扩散的态势。

四、语言研究的动态观

语言观念的变化,必然会给语言研究带来极大的冲击,最重要的变化就是由原来偏重于静态研究转而为在静态研究基础上偏重于动态研究。所谓动态研究,可以有不同的理解,联系历史的发展来研究汉语,这属于"历时动态";注重于语言交际过程中的变化,这属于"交际动态";倾向于现时语言现象的社区变异、地域变异和功能变异,这属于"共时动态"。其实更为重要的是我们在进行语言研究时,需要的是一种动态的观念,即把语言,包括语法,看作是一种永远在变化、不断在发展、互相制约、互相渗透、互相影响、有生命力的、开放式的、能够自我完善的网络系统。

王士元先生在20世纪60年代曾经提出过一个著名的"词汇扩散理论",他认为,从一个音演变为另一个音是突然发生的、瞬间完成的,而音变在词汇中则是逐步扩散的,即语音突变,词汇渐变。我们根据上述新的组合结构使用情况的变化,也提出一个假设,叫做"结构扩散理论"。即某种新的结构组合,首先是个别的、偶尔的、少量的使用(专化),随着这一结构的不断被复制(类化),从部分人逐步扩散到普通的语言使用者,并且频度达到一定的量(泛化),就表明它从修辞、语用、交际的范畴,开始进入到语法范畴,并且最终成为新的结构类型(结构化)。这种新结构类型的扩散,随着互联网的普及和信息传播技术的日趋完善,其速度是惊人的,其效果也是前所未有的。

在历时和共时这个纵横交叉的坐标上,语言永远是处于运动的态势之中的。我们只有具备了这样一种基本观念,才不会对语言的种种变化现象感到惊讶,才有可能洞察语言的客观规律和发展趋势。

参考文献

蒋绍愚(1994)《近代汉语研究概况》,北京:北京大学出版社。

动态变化

邵敬敏、吴立红(2005)"副+名"组合与语义指向新品种,《语言教学与研究》第6期。
邵敬敏(2007)"V一把"中 V 的泛化与"一把"的词汇化,《中国语文》第1期。
邵敬敏(2007)论"太"修饰形容词的动态变化现象,《汉语学习》第1期。
邵敬敏、周 娟(2007)汉语方言正反问比较的几点思考,《暨南学报》第2期。
石定栩、邵敬敏、朱志瑜(2006)《港式中文与标准中文的比较》,香港:香港教育图书公司。
王士元(1969)互相竞争是变化造成剩余成分的一个原因,《语言》(美国)第4期。
吴立红(2005)状态形容词的程度磨损及其表达式的变化,《修辞学习》第6期。
邢福义(1990)"有没有 VP"疑问形式,《华中师范大学学报》第1期。
杨海明、周 静(2006)《汉语语法的动态研究》,北京:北京大学出版社。
中国互联网信息中心(CNNIC)(2007)第19次中国互联网络发展状况统计报告。
朱德熙(1956)现代汉语形容词研究,《语言研究》第1期。

(与博士生马喆合作,原载《语言文字应用》2008年第3期)

框式结构

汉语框式结构说略*

汉语里有一些比较特殊的结构，比如说：越想越高兴、一说就跳、连校长都不认识、女人就是女人、说走就走、高手里的高手、大写特写，等等。它们不是词，而是一些词的组合；可也不是常规短语组合，换言之，无法用短语组合规则去进行分析；而且也不是句子，尽管有些在一定的语境中也可以成为句子。这类非词、非短语、非句子的特殊结构，在汉语里不仅数量相当多，而且使用的频率还很高，有人称之为"格式"或者"句式"，也有人叫做"口语习用语"，但是都没有给出一个标准和鉴别方法，显得相当随意。

这类特殊的结构早就引起了中国语言学家的重视。《现代汉语八百词》(1980)"现代汉语语法要点"的"句法"部分就提到这类"一般要合用"的格式，例如"越……越"、"一……就"等，也提到"可以合用也可以单用后一个的"，例如"与其……不如"、"也……也"等。可惜的是那些看法还局限于句子，所以认为这是"几个小句组成大句"，而且把句子与结构混在一起讨论。后来在口语研究中，尤其是在对外汉语教学过程中，人们发现这类格式非常有实用价值，就有人专门加以收集整理，最早的当推朱林清、莫彭龄、刘宁生

---

* 本文在"第五届现代汉语语法国际研讨会"(2009年香港理工大学)上宣读。

框式结构

等著的《现代汉语格式初探》(1987),接着是武柏索等四人合编的《现代汉语常用格式例释》(1988),而后又有常玉钟主编的《口语习用语功能词典》(1993),最新的还有刘德联、刘晓雨合编的《汉语口语常用句式例解》(2005)。

对此进行某些理论探讨的首推张拱贵,他在为《现代汉语格式初探》所写的序言"语法格式和语汇格式"(1985)里,对有关理论进行集中探讨,其中不乏精彩观点。而后莫彭龄的"格式研究刍议"(1986)也对此做了进一步的探究,提出了格式的微观和宏观研究、历时和共时研究、种类和层级研究。此外还有常玉钟的《口语习用语略析》(1989)以及笔者的书评《口语与语用研究的结晶》(1994),这些都说明这类语言现象已经开始引起我们的重视,并且做了一些初步的探讨,可惜这些探讨都只是就事论事,不够深入,尤其是缺乏理论意识。

一、框式结构的界定

邵敬敏(1994)指出:"在口语交际中,常常有这样一类语句,功能多样,使用广泛,它们的含义往往不能单凭构成成分和语法上的逻辑义推导出来,换句话说,它们在交际中所发挥的作用,实际上是隐藏在表层义后面的深层语用含义。"而且,"有的是已经格式化了,即变换成分有固定的位置,有一定的变换规则,这种成分的变换不会导致习用语的特定含义和形式分离。其特点是范围比较宽泛,更加依赖于语境的制约。"

邵敬敏(2008)后来正式提出"框式结构"(frame construction)这一术语,并且进行了界定:"典型的框式结构,指前后有两个不连贯的词语相互照应,相互依存,形成一个框架式结构,具有特殊的语法意义和特定的语用功能,如果去除其中一个(主要是后面一个),该结构便会散架;使用起来,只要往空缺处填装合适的词语就可以了,这比起临时组合的短语结构具有某些特殊的优势。就好比现代化的楼房建造,常常采用的框式结构一样,简便、经济、实用、安全。"

框式结构是借用建筑学的一个术语,所谓框式结构应为四周有边框,边框的中间充填或者安装相应的物体或物品。好比建筑业中广泛存在的框架式结构房屋,日常生活中随处可见的门框、窗框、镜框等。但是即使生活中的框式结构也不一定都是全框的,也可能是半框的(单边框),例如眼镜儿就有全框式、半框式和无框式,甚至于隐形的。

汉语框式结构的特点主要有三点:

第一,它们都由不变成分以及可变成分两部分组成。不变成分构成"框架",起到定位以及标记作用,识别率特别高;可变成分是可供选择、替换的"变项",因此整个框式结构具有一定的生成能力。

第二,具有整体性的特殊语法意义。框式结构的结构意义,不是组合成分语义的简单相加,而往往产生出新的意义,这一新义是该框式结构整体拥有的,是在长期使用中形成的,换言之,不能直接从几个成分语义中推导出来。

第三,跟语境结合紧密,表示特定的语用功能。框式结构在语言交际使用方面具有特殊的功能,往往用来表示某种感情色彩或者特定语气,是普通短语无法承担的。多数带有强烈的口语色彩,

框式结构

为老百姓所喜闻乐见。

事实上,这三个特点也构成了鉴别的标准,第一条是句法形式标准,不变项和可变项必须同时存在;第二条是语义辅助标准,必须有特殊的构式语法意义;第三条是语用参考标准,需要结合特定的语用功能以及感情色彩等。三者是统一的,缺一不可。如果不符合,那就不是框式结构。比如:意思意思、做梦、巴不得呢、把话说清楚、拜托、罢了、包在我身上、本来么、不见得、不像话、不得了、不好意思、不是个东西、不怎么样……这些都不属于框式结构,只能说是"口语习用语",尽管意义也不能由字面推导出来,但是最明显的区别性特点是只能整块儿使用,没有可以替换的变项,因此第一条标准是最重要的。当然,并非每个框式结构都能够充分显示这三个特点,因为它们语法化发展的进程存在着差异,所以事实上不同的框式结构在这些特点上,存在程度上的区别。

二、框式结构的类型

框式结构不是铁板一块,内部实际上也是有所区别的。我们按照它们的结构形式特点可以分为以下四个类型:

1.双项双框式,也就是单体封闭式。所谓双项是指有两个前后可变项;所谓双框是指不变项也有前项和后项两个,意思是"双边框架",是跟"单框"(单边框架)相对的。这是最典型的框式结构,结构紧凑,例如古代汉语的"为 A 所 B",现代汉语则更丰富,例如"连 A 带 B"、"又 A 又 B"、"一 A 不 B"、"说 A 就 A"等等。还有一种类型,是前后照应式。由半独立的前和后两个框架构成,缺一不可,可变项也有两项,分别出现在前框架和后框架。例如:A

也好,不 A 也好;与其 A,不如 B;宁可 A,也要 B;A 是 A,B 是 B。

2. 单项双框式,也就是插入式的。一个由非连续的前项后项构成的框架内只插入一个可变项,例如:一 A 了之、替 A 说话、拿 A 来说、有没有 A 头、看把 A 说的、对 A 来说、还 A 呢。

3. 双项单框式。框架只有一项,而可变项则为同形的两项,分别在框架的前后。例如:A 就是 A、A 中的 A、A 什么 A。

4. 单项单框式。框架只有一项,而可变项也只有一项,可能在框架项之前,或者之后。例如:都是 A、到底是 A。

其中,前面 1、2 两类都属于"典型框式结构",因为有双项框架,或者双式框架,形式特点清晰,比较容易鉴别;第 3 类虽然只有一个框架,但是由于可变项前后同形,形式标记也比较清楚,可以看作"准典型框式结构";最后第 4 类属于"非典型框式结构",因为不仅框架只有一个,可变项也只有一个,所以不易判别。比如下面列举的四种结构就分属不同情况:

到底是 A。(到底是医生、到底是卖药的)

都是 A。(都是你、都是这要命的药)

AA 看。(走走看、吃吃看)

A 得要命。(红得要命、气得要命)

问题主要在于形式上很难鉴别,都有一个不变项和一个可变项构成。我们判别的办法,就是看该结构是否表示特殊的语法意义或者具有特定的语用功能。比如"到底是 A"构式义显示出一种夸奖、表扬的口气,跟"到底是一堵墙"明显不同;"都是 A"表示的构式义是责怪,跟"(这些)都是她的孩子"形成对立,所以可看作框式结构。而"AA 看",即使去掉"看"也还是表示尝试义,"A 得要

框式结构

命"所表示的程度高是有补语"要命"来承担的,跟结构没有什么关系,所以后两类都不宜看作框式结构。具体到某个结构式,就有可能产生分歧,所以需要我们结合语义和语用以及其他的变式等进行认真的鉴别。

三、不变项与可变项的特点

从框架不变项来看,如果是双项的,它们就有两种可能性:

1. 前后项不同,例如:(一)说(就)跳、(半)咸(不)淡、(说)打(就)打、与其A,不如B。

2. 前后项相同,例如:(越)说(越)气、(不)打(不)倒、(半)推(半)就、山(是)山,水(是)水。

从可替换变项来看,如果是双项的,它们也有两种可能性:

1. 前后项是异形的,例如:连A也B、非A不B、管A叫B、从A到B、越A越B、哪有A那么B。

2. 前后项是同形的,例如:想A就A、爱A不A、不A白不A、大A特A、有A没A。

我们重点关注的是可变项。

(一)可变项如果是同形的A,我们关注的是前后两个A是同质还是异质。

在框式结构里,我们常常发现前后两个变项可能是同形的,问题在于它们是否也同质。例如:想吃就吃、想睡就睡;路是路,桥是桥。前项可以标为A1,后项标为A2。经过比较,我们发现,它们虽然同形,其实并非同质。

比如"想A1就A2"前后两个"A"在理性意义上确实完全相

同。但它们进入该结构框架后,受结构整体意义的影响,在联想意义和交际意义上则有明显差异。

1. A1 具有意愿性,A2 具有可能性。由于谓词"想"的影响以及这个框式结构的制约,A1 临时获得了意愿性。而 A2 则表示对 A1 这一动作意愿相关性的估价,表达的是即将实现的动作行为、变化或状态。

2. 正是由于 A1 的意愿性和 A2 的相关性,二者时间上也具有了相继性和因果性,"想 A1"发生在前,A2 发生在后;先有 A1 这种想法,然后有 A2 这种可能的行为或结果。

3. A1 和 A2 都是可控动词,由于"A1"是意愿性的,无所谓可控不可控,而"A2"是相关性的,相关的动作和状态就要求是可控制的了,因此在可控性上,A2≥A1。

4. A1 和 A2 扩展后的意义并不一定相同。A1 和 A2 可同时扩展,也可单独扩展 A1,这时,A1＝A2。但是如果单独扩展 A2,如:想吃就吃饭、想玩就尽情玩……这时,A1 和 A2 就有了细微区别。"吃$_1$"并不知道吃什么,是无界的;而"吃$_2$"显示为"吃饭",是有界的。

再如"A1 就是 A2",A1 只是指称义,而 A2 才带有强烈的主观评价色彩意义,不同的说话者不同的语境都可以导致不同的理解。例如:

(1) 此刻,我深深体会到了母亲的舐犊之情,此刻我觉得女人^{1}就是女人^2,不管她多么名声显赫。(报刊精选 1994)

(2) 在刘氏家族中,女人^{1}就是女人^2,女人不是揣在男人口袋里就是挂到男人脖子上。(报刊精选 1994)

框式结构

同样一句"女人就是女人",可是在不同人的嘴巴里说出来,意义可能完全不同。"女人[1]"是词典里的意义,属于理性意义,而"女人[2]",例(1)就可能理解为"慈爱、温柔、善良、体贴";而例(2)就可能理解为"柔弱、无能、无奈、依附",这显然属于联想意义。

(二)可变项如果是异形的 A 和 B,我们关注的 A 和 B 的位序,基本上有两种类型:

1.固定不变的,这主要受到两个方面因素的制约:

第一,时间、处所、因果等认知因素影响。例如:半新半旧、一早一晚(时间)、一头一尾、一上一下(处所)、越想越气、一说就跳(因果)。

第二,文化、民族、习俗的社会因素影响。因为语言是文化的载体,语言结构必然在一定程度上反映该语言群体的文化民族习俗观念,文化象似性原则主要表现在尊卑、优劣和主次等方面,例如:半男半女、半师半友、半官半民、一正一副、一男一女。

2.可变的,但即使 A 与 B 的位序是可变的,也存在一定的优选性。例如:"半新半旧"出现的频率远远高于"半旧半新",我们选择几例在百度网上进行搜索,得出的数据如下(检索时间为2009年2月26日):

半信半疑 135000　半文半白 34000　半新半旧 18000　半生半死 29500

半疑半信 3960　半白半文 1180　半旧半新 3130　半死半生 4740

不同次序组合结构的数字比例相差悬殊,显然这里有一定的规则在起作用:

首先是"构词顺序原则"。通常 A、B 如果能够组合为一个词语,那么 A、B 的语序基本上就跟原来词语中语素的顺序一样,例如:"没边没沿、没儿没女、一阴一阳、一模一样、一言一行、一搭一档、一针一线、一长一短",其中"边沿、儿女、阴阳、模样、言行、搭档、阵线、长短"本身就是一个双音节词语,所以不能说成"没沿没边"或者"没女没儿"。

其次是"语义轻重原则"。如果 A、B 不能够组合为一个词语,通常就按照 A、B 的动作先后、语义轻重来排序,例如:"没洗没刮"中"洗刮"不成词,就按照一般先洗后刮的顺序组成;"没吃没喝"中"吃喝"不成词,通常是先"吃"后"喝",吃重于喝,所以只说"吃喝"而不说"喝吃"。

但是当"语义轻重原则"跟"构词顺序原则"发生冲突的时候,语义的轻重可能起到主导作用。例如:

(3)你这竹扇上没画没字,当然卖不出去。(曹余章《中华上下五千年》)

(4)我带的 4 个脑瘫孩子都是福利院的残疾孤儿,他们无亲无故,没名没姓,是国家把他们抚养成人,所以他们都姓"国家"的"国"。(人民日报 1994)

"字画"、"姓名"是正常的组词顺序,但是出现在"没 A 没 B"格式里,恰恰相反。这里就可能是因为画比字更重要,名比姓更有区别性。

四、整体结构功能的变化

框式结构往往言简意赅,形式相对简略,语义比较特殊。可变

框式结构

项又可能属于不同的类别,所以会造成同形异义结构。例如:"一A一B",除了并列(一针一线)、先后(一起一落)两种关系之外,还有比较特殊的"配列"关系,这在句法上表现为"主谓"结构。例如:一人一碗、一枪一个,表示"每一A,就配有一B"。

从整体功能来说,通常向心结构的功能应该跟核心成分的功能相同,但是框式结构的功能也有可能发生变化,例如:"一A一B"结构中的A、B如为普通名词,则整个结构的功能也相当于名词,比如"一草一木"、"一菜一汤";如果是方位名词、时间名词,除了名词的指称性,另外还表现为状态性,可以作谓语或状语。例如:

(1)她们一前一后,从高台两旁的白石扶手上,像打滑梯一样,欢笑着出溜到平地来。(孙犁《风云初记》)(谓语)

(2)田平原先在科学院开大客车,一早一晚接送上下班人士。(方方《白雾》)(状语)

再如"半A半B"结构,当A、B为形容词、区别词时,整体功能相当于一个状态形容词,不受程度副词修饰,可以充当谓语、定语、状语、宾语以及补语。可是当A、B为名词时,"半A半B"整体的句法功能也不再是名词性的,而转为形容词性的,可做补语、定语。例如:

(3)如果吃的足够多,多年后就变得半人半鬼。(百度百科)(补语)

(4)他就是这样一个半新半旧、半中半西、有时跋扈、有时柔软的人!(琼瑶《水云间》)(定语)

五、框式结构的正式、变式以及对应式

框式结构在发展过程中,结构形式往往会发生某些变化,出现一些变式或者对应式。比如"一面 A,一面 B",变式就有"A,一面 B","一面 A,B","一面 A,一面 B,一面 C"。不仅如此,还有对应式:"一边 A,一边 B","一方面 A,一方面 B"。

变式跟正式基本功能应该是一致的,至于对应式则就必然存在某些差异。比如"非 A 不可"是个比较典型的框式结构,A 是变项,动词或者形容词。该框式结构表示"必欲"、"必须"以及"必然"三种基本语法意义。例如:

(1)二强嫂的娘家不答应,非打官司不可。(老舍《骆驼祥子》)(必欲)

(2)小姐,今天的账是非还不可的。(《曹禺选集》)(必须)

(3)空城计,非乱不可!非乱不可!(《老舍短篇小说集》)(必然)

这一框式结构在长期使用过程中,可能会产生一些变式,它的变式就是省略了后半截的"非 X"。例如:

(4)半路上他非要拿出来玩,哗哗,就飞了一个。(《曹禺选集》)

也会出现一些相关的对应式,在语义以及功能上略微有所差异。"非 X 才 Y"就是相关的对应式,它只能表示"必须",没有"必欲"和"必然"意义。例如:

(5)您看您非得有捧角儿的才挣得多呢。(1982 年北京话调查资料)

框式结构

有些框式结构似乎可以出现三项,例如"你是你,我是我,他是他"、"吃也好,睡也好,玩也好",我们都看作是一种扩展变式,在本质上跟正式没有区别,也没有必要另列一类。

六、框式结构的语义分析

在历史发展过程中,框式结构的语法意义,通常遵循着一个基本的发展轨迹:从具体到抽象,从一般义到特殊义,从表层义到深层义。比如"往A里B"结构:

1. 空间位移。X是名词N,则构成"往N里V",表示空间的位移。例如:

(1)它的根往土里钻,它的芽往上面挺……

2. 主观增量。如果X是形容词A,则构成"往A里V",表示希望N的性质比当前的状况变得更"A",这是"性质增量"。例如:

(2)这扇门太大,得往小里改一改。("小"指向"这扇门",可说"这扇门很小")

3. 偏值评价。当V为Vc时,则构成"往A里V",表示偏值评价,主观性比主观增量更强。例如:

(3)瑞丰太太,往好里说,是长得很富泰;往坏里说呢,干脆是一块肉。

可见框式结构语义演化的轨迹是:空间位移→主观增量→偏值评价。

我们最为关心的是框式结构的语义变化,主要是语义增值。框式结构的结构义,不等于其各个构成成分语义之和。换言之,框式结构的结构义是结构整体拥有的,是语义增值的结果。

比如"没A没B"的语义不等于"没A"加上"没B"。换言之，不是简单的并列关系，不是一般的双重否定，而是格式赋予它新的含义，起到强调凸显的作用，显示了说话人的主观意图，语义发生了增值。但是语义增值的情况各不相同。

1. A、B属于同义或近义关系。

同义或近义关系的AB常常还是一个词语，构成的"没A没B"格式凸显其程度特别高。例如：

（4）停车场里是露天的，没遮没拦，有一段很长的日照时间。（人民日报1994）

"没遮拦"只是客观陈述而已，"没遮没拦"着重强调"没有遮拦"的程度高，带有强烈的主观性，属于"加合否定"。

2. A、B属于反义关系。

A和B是名词，实际上不是否定A和B本身，而是表示不分AB，言外之意是违背常规，有悖常理，显示一种异常的情况。例如：

（5）我们做生意买卖的人，说句老实话，也是不容易的，整天跑来跑去，没早没晚的；到了下午，精神就差劲了，每天这辰光总要喝杯咖啡提提神。（周而复《上海的早晨》）

"没早没晚"并不是说真的没有早上和晚上，实际上表示的是"不分早晚"，言下之意就是违背常理，连续作战。这可以叫做"派生否定"。

3. A、B为反义形容词。

反义的"没A没B"表示应该区别A或B而没有能够区别，暗含责怪义。例如：

(6)他认为,国有企业之所以搞不好,就在于没大没小、没老没少。(人民日报 1996)

"没大没小、没老没少"从字面上看是既没有大也没有小,既没有老也没有少的意思,可是实际上是说,该大的时候没大,该小的时候没小,这叫做"深层否定"。可见语义增值是构成框式结构的必不可少的条件。

七、框式结构的语用特色

框式结构在语言交际使用过程中,往往显示出独特的语用特色。主要是:

(一)语义偏移的贬义倾向

大部分的框式结构应该说是无所谓感情色彩的,也就是说,没有褒贬倾向。但是我们也发现了部分框式结构具有比较明显的贬义倾向。比如:睡什么睡、还大学生呢!你才低级呢!再看一个责怪性的框式结构"都是A":

(1)都是那该死的处女情结!(时尚女报33期2009-5-11)

(2)她忽然懊恼的说:"都是你!都是你!"

"怎么怪我?"(琼瑶《月朦胧鸟朦胧》)

(3)甲:小王他爸妈离婚了。

乙:都是他那能干的爸爸!

例(1)中"那该死的处女情结"字面意义是贬义的;例(2)中"你"是中性的,无所谓褒贬;例(3)"他那能干的爸爸"其字面意义是褒义的。但是三句的语义倾向都是贬义的。可见,"都是+NP"的贬义倾向与NP的褒贬感情色彩无关,应该是"都是NP"格式所造成的。

　　造成这样的语义偏移,必须从语言本身和语言使用两个方面去寻找原因。首先,"都是+NP"格式中大部分"NP"具有贬义性。或者直接用贬义词语,如"王八蛋"、"家伙"、"流氓";或用贬义修饰语,如"该死的家伙"、"鬼天气"、"死小王";或用贬义性量词,如"那种人"、"那号姨婆"。或用指责性的代词"这"、"那"。正是由于贬义NP的不断渗透和影响,其消极义也就逐渐融化并潜存在格式中了。

　　其次是实际使用中消极语境与积极语境的使用频率存在着不均衡性。根据《水浒传》、《金瓶梅》和《红楼梦》(前80回)的统计。结果如下表:

	消极语境	积极语境	消极语境所占百分比
水浒传	8	1	88.8%
金瓶梅	11	0	100%
红楼梦	40	0	100%
合　计	59	1	98.3%

　　显然,"都是"用于导出某一事件结果的成因时,与消极语境的共现频率占有绝对的优势。可见"都是+NP"责怪义标记格式的形成与消极语境的使用频率有着极为密切的关系。

　　必须指出的是,贬义只是一种倾向而已,并非必然。事实是,还有的语义倾向是褒义的,例如"就数他(你/我)A"这一框式结构,我们根据北京大学CCL语料库的统计,褒义占压倒优势(即使不是褒义,也是表示同类中属于顶级的):

框式结构

	总数	褒义	中性	贬义
就数他 A	11	9	1	1
就数我 A	6	5	0	1
就数你 A	11	5	4	2
合计	28	19	5	4

(二)话语策略和技巧

框式结构还常常具有特别的语用效果,在修辞上显示自己的特色。比如假性策略性判断"不是 A 而是 B"(我卖的不是面条,是文化)跟非真值判断完全不同(我卖的不是面条,是饺子)。这大致有六种类型:

递进性:通过否定低程度 A,凸显高程度 B。例如:

(4)周迅甜蜜地宣称:"大齐不是好,而是很好。"(百度)

关系性:通过否定关系 A,凸显关系 B。例如:

(5)她不是要嫁给他,而是要嫁给他的地位。(老舍《四世同堂》)

本质性:通过否定现象 A,凸显本质 B。例如:

(6)"三加四"不是数字加数字,而是优势加优势。(报刊精选1994)

提升性:通过否定指代 A,凸显提升 B。例如:

(7)你陷害的不是我,是我们整个儿的中国啊!(郭沫若《屈原》)

比喻性:通过否定 A,凸显比喻 B。例如:

(8)家里的不是个老婆,而是个吸人血的妖精!(老舍《骆驼祥子》)

象征性:通过否定 A,凸显象征 B。例如:

(9)昭君墓也不是一个坟墓,而是一座民族友好的历史纪念塔。(新华社 2004 年新闻稿)

假性策略性判断类型的"不是 A,而是 B"具有特殊的语用效果。逻辑上看似矛盾,但语用上比较和谐。这不仅体现了语言运用的策略性,而且还透露着说话者的主观化情感,通过制造"话语陷阱",获得幽默性效果;进行"话语智辩",达到主观化目的;运用"话语策略",表现"主观化"情感;凸显"话语焦点",获得对比性效果。

八、框式结构的主观性与可接受度

主观性是框式结构比较重要的特点。例如:爱说不说、想看就看、吃就吃吧、核心中的核心、都八点了、睡什么睡、还大学生呢!你才 A 呢!

这些框式结构无不显示强烈的主观色彩,正因为如此,所以在插入可替换的变项时,就有一个可接受度的问题。比如"连 A 也/都 B",在肯定式里,(B+A)的可能性越小,该框式结构的接受度就越高;反之,可接受度就越低。例如:

(1)? 他连小孩子也/都敢得罪。

(2)他连长辈也/都敢得罪。

显然,(2)比(1)的可接受度高。因为"得罪""小孩子"应该是轻而易举的,而"得罪""长辈"则大为不恭,是不允许的。同样,"他连 100 分也/都考到了"以及"他连一条鲸鱼都钓到了"都是可以接受的。但是"他连 1 分也/都考到了"以及"他连一只小虾都钓到了"则不大能够接受。

在否定式中,则恰好相反,得罪(小孩子/长辈)的可能性越大,该框式结构的可接受度就越高;反之,可接受度就越低。例如:

(3)他连小孩子也/都不敢得罪。

(4)？他连长辈也/都不敢得罪。

两句相比,显然,(3)比(4)的可接受度高得多。因为"得罪""小孩子"应该是轻而易举的,而"得罪""长辈"则大为不恭,是不允许的。同样,"他连1分也/都没有考到"以及"他连一只小虾都没有钓到"都可以接受,但是"他连100分也/都没有考到"以及"他连一条鲸鱼都没有钓到"则是不大能接受的。可见,框式结构的可变项,不仅要满足句法的、语义的需求,还要满足交际认知的需求。

九、框式结构的语法化进程

框式结构,在历史上都有一个长期发展的过程,也可以叫做语法化或者构式化的进程。开始时它只是一个临时性的短语组合,由于长期搭配使用,变成了半固定词组,这是介于固定词组与临时组合之间的一种结构。比如:"连 A 都/也 B"这样的框式结构,汉语学界普遍认为形成于明代。我们对《水浒传》、《喻世明言》和《金瓶梅》这三部明代小说进行了封闭式的统计和考察,发现这一结构当时还处于萌芽和发展状态。

1."连"还是个动词,"连"携带名词时所显示的"连带"或"加上"意义还比较明显。例如:

(1)连那高阜及城垣上,一总所存军民,仅千余人。(《水浒传》)

(2)连轿子钱就是四钱银子,买红梭儿米买一石七八斗,够你家鸹子和你一家大小吃一个月。(《金瓶梅》)

2."连"的宾语 N2 只是附带物,所以上下文中往往另外有一个主体物 N1 存在。例如:

(3)这箱儿(N1)连锁(N2)(也/都)放在这里,权烦大娘收拾。(《喻世明言》)

(4)西门庆要把孩子(N1)连枕席被褥(N2)(也/都)抬出去那里挺放。(《金瓶梅》)

3.出现了跟"连"呼应的"也"或"都",这可以看作"连A也B"框式结构产生的萌芽。例如:

(5)他(N1)明日下来时,须不好看,连我们(N2)也无面目。(《水浒传》)

(6)西门庆早令手下,把两张桌席(N1)连金银器(N2),已都装在食盒内,共有二十抬,叫下人夫伺候。(《金瓶梅》)

由于这一框式结构还处于成型过程之中,所以,成分的位置不那么固定,常常可以互换。这样,就出现若干变式,并且呈现出若干很有趣的特点。例如:

1."连B"跟VP的关系比较松散,主语可出现在"连B"之后,VP之前。例如:

(7)连这篾丝箱儿,老身也不拿去了,省得路上泥滑滑的不好走。(《喻世明言》)

(8)你空做子弟一场,连"惜玉怜香"四个字你还不晓的。(《金瓶梅》)

2. VP之前,既有不出现"也/都"的格式,也有出现"也/都"的

格式。例如:

(9)我若再守你七年,连我这骨头不知饿死于何地了。(《喻世明言》)

(10)说罢,两人又哭做一团,连吴知县也堕泪不止。(《喻世明言》)

3. 跟"连"照应的副词,除"也"与"都",还有其他的副词"只"、"一事"、"还"、"尚且"等,最多的是"共"与"通共",说明与"连"照应的副词还没有定型,例如:

(11)摆了两副杯箸,两碗腊鸡,两碗腊肉,两碗鲜鱼,连果碟素菜,共一十六个碗。(《喻世明言》)

(12)你看,连这外边两架铜锣铜鼓,带铛铛儿,通共用了三十两银子。(《金瓶梅》)

4. 副词"都"表示"总括","也"表示"类同",但是该格式框式化以后,这个以前在句中必须出现的照应项可以不出现了,"都"与"也"的语义要求就没有了着落,这就导致了副词语义的虚化。标志之一是副词读为轻声,而且韵母常常脱落。标志之二是这两个副词在单用时常常不能互换,即使可以互换,语义也明显不同,但是一旦进入该框式结构,两者几乎可以任意互换而几乎觉察不到语义上的差别。可见,"也/都"的语义不但虚化,而且趋同,只是表示一种共同的"提示"功能,即提示隐含的照应项,这个照应项,可能在上下文里存在,也可能只是在说话人的认知中存在。

十、框式结构研究与构式语法理论

近些年来,国外的构式语法理论崛起,汉语语法研究也得到一定的启迪,在这里我们无意对这一理论进行全面的评价,只是想指出,该理论最重要的观点就是认为构式具有独立的语法意义,这是由构成成分无法推导出来的。陆俭明(2004,2008)等运用这一理论对汉语的句式,比如存在句做出了合理的解释。其实,我们发现这一理论也适用于框式结构的分析。因为框式结构,具有特定的形式标记,又有自己特殊的框式意义。

但是,我们在研究过程中也发现一些情况并不能够用现有的构式语法理论来分析或解释。

1.框式结构的鉴定问题。我们必须认识到,框式结构语法化的进程是不平衡的,有的已经发展得比较成熟了,有的还刚刚起步,有的除了正式,还有变式或对应式。有的只有特殊的框式义,有的还保留有原始结构义。即使在某个框式结构内部发展也是不均衡的,有的框式结构由于高频长期使用,就固化为固定短语,比如某些成语、谚语,它们虽然具有格式义,但是实际上不存在可替换项,例如"欺上瞒下"、"南辕北辙"。这跟我们这里所说的框式结构(例如"奔上奔下"、"天南海北")如何加以有效的区别,也是需要解决的问题。换言之,形式标准、语义标准以及语用标准都必须起作用,但是轻重、次序都需要探索。

2.构式语法理论比较适合于解释成型的框式结构,然而对框式结构的原式和变式,由于该构式还在形成或者演变,这种特殊语法意义还没有真正凝聚,所以难以解释。例如:

(1)何况,彼此都在共同生活中有了一点进步,他日益增进了责任心,紧要时候,也可朴素地制作一菜一汤。(王安忆《关于家务》)

框式结构

（2）三人一坐一站，另一个斜倚着身子，一时石室中只有杨过呼呼喘气之声。(金庸《神雕侠侣》)

上例的"一A一B"就只是表示"一A"加上"一B"，没有"一草一木"、"一唱一和"这样的框式意义。

3. 国外的语法学理论常常有一个毛病，就是总觉得自己的理论可以包医百病，希望解释所有的语法事实。可惜的是，这一愿望往往是要碰壁的。我们认为，一种新的理论提出，通常只能解决局部的问题，在这方面可能是强项，在那方面就可能是弱项，甚至于完全无能为力。同样，构式语法理论也不是万能的，它在解释结构式、句式整体语法意义方面有独到之处，但是离不开其他语法研究的理论。比如："A到O"框式结构（红到耳根）的语法意义是反映了人们认知上的"终点模式"。具体来说，可以有五种模式：1.具体处所终点；2.抽象处所终点；3.时间终点；4.度量终点；5.程度终点。但是并非所有的A(形容词)都可以构成这五类的。例如状态形容词由于本身具有量的规定性而无法量化，只可以度化，即要求O只能是极性程度词语，比如"雪白到几乎透明"。这就涉及形容词的分类及其语义内涵。可见，构式语法理论需要其他理论予以补充或强化。

现代汉语的框式结构极为丰富多彩，对此全面而细致的研究，必将有助于加深对构式语法理论的探索；而且在对外汉语教学方面，也可以从简单的词典式的释义上升为系列性规律性的探讨，所以对汉语框式结构的研究大有可为。

参考文献

常玉钟(1989)口语习用语略析,《语言教学与研究》第 2 期。
常玉钟主编(1993)《口语习用语功能词典》,北京:北京语言学院出版社。
刘德联、刘晓雨合编(2005)《汉语口语常用句式例解》,北京:北京大学出版社。
陆俭明(2004)"句式语法"理论与汉语研究,《中国语文》第 5 期。
陆俭明(2008)构式语法理论的价值与局限,《南京师范大学学报》第 1 期。
吕叔湘主编(1980)《现代汉语八百词》,北京:商务印书馆。
莫彭龄(1986)格式研究刍议,储佩成主编,《常州工学院院报学术论文集》,常州:常州工业技术学院出版社。
邵敬敏(1986)同语式探讨,《语文研究》第 1 期。
邵敬敏(1988)"非 X 不 Y"及其变式,《中国语文天地》第 1 期。
邵敬敏(1994)口语与语用研究的结晶,《世界汉语教学》第 2 期。
邵敬敏、王伟丽(2000)"一面 p,一面 q"的语义类型及相关句式,《语言教学与研究》第 3 期。
邵敬敏(2008)"连 A 也/都 B"框式结构的争议及其框式化进程,《语言科学》第 4 期。
邵敬敏、丁倩(2009)说框式结构"想 x 就 x",《暨南大学华文学院学报》第 3 期。
武柏索、许维翰、陶宗侃、阎淑卿合编(1988)《现代汉语常用格式例释》,北京:商务印书馆。
张拱贵(1985)语法格式和语汇格式,《汉语学习》第 5 期。
郑娟曼、邵敬敏(2009)试论"责怪"义标记格式"都是+NP",《汉语学习》第 5 期。
朱林清、莫彭龄、刘宁生等(1987)《现代汉语格式初探》,天津:天津人民出版社。
Croft,W. 1990 *Typology and Universals*. Cambridge:Cambridge University Press.
Croft,W. 2005 *Radical Construction Grammar*. Cambridge:Cambridge

框式结构

University Press.

Fillmore, C. , P. Kay & M. O Connor. 1998 Regularity and idiomaticity in grammatical constructions: The case of let alone. *Language* 64:501—538.

Goldberg, A. E. 2003 Construction: A new theoretical approach to language.《外国语》第 3 期。

Goldberg, A. E. 1995 *A Construction Grammar Approach to Argument Structure*. Chicago: University of Chicago Press.

Kay P. & Fillmore, C. J. 1999 Grammatical constructions and linguistic generalizations: the What's X doing construction. *Language* 75:1—33.

Langacker, R. 1991 Foundations of Cognitive Grammar—*Vol. II, Descriptive Application*. Stanford: Stanford University Press.

Traugott, E. & R. Dasher 2002 *Regularity in Semantic Change*. Cambridge: Cambridge University Press.

(原载《中国语文》2011 年第 3 期)

"连 A 也/都 B"框式结构及其框式化特点[*]

一、引言

"连"及其相关结构的研究,是现代汉语语法研究的难点和热点。跟"把字句"类似,这一结构由于凸现了汉语的特色而备受关注,虽然它所传递的信息颇有争议,但是这并不妨碍人们对它不懈的探索。

第一,关于"连"的词性。这起码有四种说法:(1)介词(赵元任 1968)(朱德熙 1982);(2)语气词(沈开木 1988);(3)副词(周小兵 1990);(4)助词(张谊生 2000)。目前,以《现代汉语八百词》(1980)和《现代汉语虚词例释》(1982)为代表,汉语语法学界倾向于是介词。

第二,关于"连字句"的语法意义,归纳起来有五说:(1)强调语气说(倪宝元、林士明 1979)(朱德熙 1982);(2)递进递退说(宋玉柱 1980);(3)隐含比较说(宋玉柱 1996);(4)标举极端说(崔永华 1984);(5)连接说(廖斯吉 1984)。目前还各执一词,没有定论。

---

[*] 本文在"第四届现代汉语语法国际研讨会"(2007年西宁青海民族学院)上宣读。

框式结构

近20年来,有关"连"及其相关结构的研究进入了一个快速增长期,不但研究人数众多,而且成果也比较突出,每个阶段都有代表性学者和代表性论著。

20世纪90年代初期,周小兵(1990)的研究一鸣惊人,他的贡献主要表现在从功能和语义出发进行研究;指出:(1)在汉语句式的分级语义序列中,"连字句"处于这一序列的顶端而受到强调。(2)对"连字句"进行分类,分为基础句、类推句和隐含句。此外,崔希亮(1990,1993)的研究另辟蹊径,他着重从信息论和语用的角度挖掘其作用,指出:(1)该句式表达四重信息:基本信息、附加信息、预设信息和推断信息;(2)提出语用分级,以及比较、总括和类同的转化。

20世纪90年代后期,刘丹青和徐烈炯(1998)从类型学和功能语言学角度异军突起,指出:焦点应该有三类:自然焦点、对比焦点和话题焦点,"连"所带的成分应属于话题焦点。

21世纪初期,石毓智、李讷(2001)的研究角度新颖,主要考察作为程度标记"连"的语法化过程,认为现代汉语"连"字结构到18世纪开始发展成熟,尔后的发展主要是"连"字结构中三个副词"也、都、还"的功能调整。此外,还有潘海华(2006)运用形式语义学对这一结构敏感焦点的运算。

可见,这一研究从"连"的词性,转移到"连字句"的语法意义,再发展为"连字结构";从词义诠释,到语用属性,乃至语法化进程,大体上经历了三个阶段。本文在前人研究的基础上,打算就一些比较敏感的存在争议的问题阐述自己的看法,并讨论这一结构在框式化进程中的某些特点。本文所引例句除了特别标明的,全部引自北京大学 CCL 语料库。

二、框式结构

刘丹青(2002)首先提出"框式介词",这对揭示汉语句法的结构特点很有解释力,但我们认为这不仅仅是一个介词的作用,而应该是整个结构的功能。所以,我们认为"框式结构"的提法更为准确。所谓的框式结构,指前后有两个不连贯的词语相互照应,相互依存,形成一个框架式结构,具有特殊的语法意义和特定的语用功能,如果去除其中一个(主要是后面一个),该结构便会散架;使用起来,只要往空缺处填装合适的词语就可以了,这比起临时组合的短语结构具有某些特殊的优势。汉语中其实存在很多这样的框式结构,例如古代汉语的"为 A 所 B",现代汉语的"连 A 带 B"、"宁可 A 也不 B"、"与其 A 不如 B"、"又 A 又 B"、"一 A 不 B"、"说 A 就 A"、"A 是 A,B 是 B"等等。

我们不支持单纯讨论"连"这个词语的用法,也不太赞同"连字句"的提法。其实道理非常简单,因为这一格式所表现出来的语法意义和语用功能并非"连"单独一个词语可以承担,而且也不是在句子层面能够完全解决的,因为这不是一个句式问题,跟"把字句"、"被字句"、"比字句"的性质完全不同,"把"、"被"、"比"这些介词没有必须照应的词语,也不构成一个框式结构。而"连"和"也/都"经过几百年在一起照应着反复运用,已经形成了一个相对凝固的结构。语法化,通常认为主要是指实词虚化、词汇化以及句式的定型,其实还应该包括这类框式结构的凝固,可称为"框式化"。换言之,"连他也/都不相信"这一格式中,去掉"也/都"后,"连他不相

框式结构

信"不能成立;但是反过来,去掉"连","他也/都不相信"依然成立,这说明"连N"是个黏附性结构,不能独立存在。我们认为"连……也/都……"是一个"框式结构",由"连"跟"也/都"一起构成前后照应的类似于框架的一个句法结构,在"连"的后面可以填补某个被说话者视为焦点的词语,在"也/都"的后面填补某个表示新信息的动词或动词性短语。全称应该是:"连……也/都……"框式结构,简称"连-也"框式结构。

为了行文方便,我们把"连"后面的词语(通常是名词,但也可能是动词、形容词甚至于短语)记为N2,把跟N2同类的事物记为N1(可能隐含,也可能在句中同现),"也/都"后面的谓语记为VP。

三、"顶端"说与"典型事件意外"说

关于"连-也"框式结构所表示的语法意义,以往之所以争论不休,问题就在于只是孤立地着眼于"连"后面的N2,而没有联系VP来进行考察。其实在我们看来,既然成为一个框式结构,前后的词语就必然照应。实际上,在说话者的心目中,存在着一个同类但程度不等的事件Mx(N2+VP)集合,比如说"M1、M2、M3、M4……Mx","连"就是要把其中说话者认为最具有代表性的典型选取出来,可以是M1,也可以是M2,M3,或者Mx,并且根据能否实现VP的可能性来完成框架结构的构造。

这类框式结构必定先有个预设,而句子表示的意思则是跟这一预设不符合的事实。其言下之意就是通过这一结构说明,这一个被说话者看作是典型的M如果能够(或者不能够)实现,那么这个集合中的被M所代表的其他成员的情况也可以依次类推。下

面的例句中在"连"之前出现了该集合的其他成员,有的前面还有"不仅"、"不但"、"别说"、"甭说"等表示递进的连词,就更能够证明这一点:

(1)宫内不仅有许多名贵的摆设和古董,连餐具也都是黄金制的。

(2)尽管那场地谈不上规范,甚至连跑道也没有标出。

(3)别说加工什么东西,就连烧火做饭也不用它。

(4)有的不仅不还本金,连利息都不肯支付。

通常认为,"连"字句代表一个分级语义序列,整个句式处于这一系列的顶端而受到强调,"连"的意义相当于"甚至"(周小兵1990)。问题是这一"顶端",仅仅指 N2,还是指事件 M(N2+VP)? 到底是客观事实还是主观认知? 是指最高级还是最低级? 跟句式的肯定式和否定式又有什么关系? 对此,人们往往有不同的解释。我们认为,起决定作用的不是判断 N2 是不是属于"顶端",这样孤立的观察不能解决问题,关键应该是一个集合的典型代表 N2 与 VP 的实现关系。如果 N2 本身就是动词,VP 是否定性的同形动词,事实上跟 N2 动作有关的事物已经在上下文里出现了(例5),或者是隐含的(例6),仍然形成一个事件。作为一个事件 M(N2+VP),当然还存在着其他的等级序列。例如:

(5)两个人的身体连碰都不碰一下(更别说拥抱了)。

(6)结果它连看也不看(更别说吃了),竟活活地饿死了。

四、"N2+VP"意外实现的可能性

我们认为,该框式结构的语法意义是表示(N2+VP)这一事

框式结构

件意外实现或者未实现的可能性。对于(N2+VP)这一事件来说,肯定式与否定式形成明显的对立。

(一)肯定式里,说话者主观认定事件(N2+VP)最不可能(最不容易)或者最不应该(最不允许)实现,但结果却出乎意料地得到了实现,即可能性意外强。例如:

1. 最不可能(最不容易)的事件(N2VP)却实现了:

(1)<u>连幼儿园的孩子</u>也懂得提醒妈妈该送礼了。

(2)就连他昔日的政敌也对他表示敬意。

(3)500个座位无一空虚,连走廊上都站满了人。

(4)<u>连美国</u>都承认伊朗履行了接受国际检查的义务。

2. 最不应该(最不允许)的事件(N2VP)却实现了:

(5)盗印本不仅打入新华书店,而且堂而皇之地登上畅销书榜,盗版者<u>甚至连《邓小平文选》</u>都敢盗印。

(6)就连城市父母官——市长斯特尔加尔先生也经营着一块"自留地"。

(7)现在一讲传统文化,<u>连"二十四孝"</u>都出来了。

(8)有的图书馆连书目都由主管部门定。

(二)否定式里,说话者主观认定事件(N2+VP)最容易(最可能)或者最应该(最允许)实现,但结果却出乎意料地没有成为现实,即可能性意外弱。例如:

1. 最容易(最可能)的事件(N2VP)却没实现:

(9)身子<u>虚</u>得连盆水也端不起。

(10)过年连一件新衣服也没舍得买。

(11)那苦连个体户都受不了。

(12)他连眼睛都不眨一下。

2.最应该(最起码)的事件(N2VP)却没实现：

(13)李玉成恐怕连最基本的素质都不具备。

(14)学校没钱招待不说，就连最起码的接送都做不到。

(15)大多数老百姓连火车都没见过。

(16)无数贡献更大的战友为革命牺牲了，有的人甚至连名字也没留下。

无论肯定还是否定，第1类都指"可能性"，倾向于主观认定；第2类都指"应允性"，倾向于客观规定。但是有时候两者也难以严格区分，即兼有两种含义。例如：

(17)困难户看病，他连药费也免了。

(18)为了减少损失，各地农民争相出售、宰杀生猪，甚至连仔猪、带仔母猪也被送进屠宰场。

(19)周到得连专家也提不出新的意见。

(20)连招呼客人的凳子都没有，家庭状况可想而知。

肯定和否定不只是形式的区别，重要的是语义上的对立。即使在形式上没有否定词，但意义上是否定的，或倾向于否定的，该格式还是表示否定式的语法意义。特别是有些句子的VP并非动词性的，而是形容词性的，比如"很困难"、"很少"等。例如：

(21)不少队伍连维持生存都很困难。

(22)刚刚建立的开发区，哪有房子，连资金也很缺。

(23)连节假日都很少到繁华的街上逛逛。

(24)平时连看一看都是奢侈的享受。

(25)在那个不讲法制的年代，凡受审查者，连最基本的申辩权

框式结构

也被剥夺了。

(26)陈音华和奶奶连维持最起码的生活,都成了迫在眉睫的大问题……

五、该框式结构的可接受度

(一)在否定式中,(N2+VP)的可能性越大,该框式结构的接受度就越高;反之,可接受度就越低。例如:

(1)他连小孩子也/都不敢得罪。

(2)? 他连长辈也/都不敢得罪。

两句相比,显然,(1)比(2)的可接受度高得多。因为"得罪""小孩子"应该是轻而易举的,而"得罪""长辈"则大为不恭,是不允许的。同样,"他连1分也/都没有考到"以及"他连一只小虾也/都没有钓到"都可以接受,但是"他连100分也/都没有考到"以及"他连一条鲸鱼也/都没有钓到"则是不大能接受的。尤其是数量的对比更为明显。例如:

(3)他连1本书也/都拿不出来。

(4)他连10本书也/都拿不出来。

(5)他连100本书也/都拿不出来。

(6)他连……也/都拿不出来。

(7)? 他连1万本书也/都拿不出来。

(8)* 他连1亿本书也/都拿不出来。

根据我们一般的认知水平,1本书、10本书乃至100本书,都是比较容易实现的,但是数量越上升,实现的可能性就越小,所以1万本、1亿本就不大可能了,这样的否定句式可接受度就比较低,

甚至于无法接受。此外,否定式还有一些特点需要注意:

1. 凡是明显带有"最基本"、"最起码"等字眼的句子,只能是否定句式,不能是肯定句式。例如:

(9)连最基本的生存权利都得不到保障。

(9')*连最基本的生存权利都得了保障。

(10)他们知道的东西很多,但却愚昧,甚至于连最基本的常识都不知道。

(10')*他们知道的东西很多,但却愚昧,甚至于连最基本的常识都知道了。

(11)可我到如今连一些起码的"条件"还都不具备呢。

(11')*可我到如今连一些起码的"条件"还都具备呢。

(12)天天放假休息,连最起码的盼望都没有了。

(12')*天天放假休息,连最起码的盼望都有了。

2. N2必须是说话人心目中实现VP最起码的、最基本的具有典型性的代表。所以它往往处在最低一级,这也就是为什么"连……也/都"格式的否定式特别多的原因。例如:

(13)办公室连一个沙发也没有。

(14)我们竟连一艘小炮艇也造不了!

(15)她连一封最简单的信也不会写。

(16)和平解放前,全西藏连一颗铁钉都不能生产。

(17)居然连一个水星儿都溅不出来。

(18)上场之前他们甚至连一次练习的机会都没有。

(二)在肯定式里,(N2+VP)的可能性越小,该框式结构的接受度就越高;反之,可接受度就越低。例如:

框式结构

(19)？他连小孩子也/都敢得罪。

(20)他连长辈也/都敢得罪。

两句相比,显然,(20)比(19)的可接受度高。因为"得罪""小孩子"应该是轻而易举的,而"得罪""长辈"则大为不恭,是不允许的。同样,"他连100分也/都考到了"以及"他连一条鲸鱼都钓到了"都是可以接受的。但是"他连1分也/都考到了"以及"他连一只小虾都钓到了"则不大能够接受。同样,数量的对比也很明显。例如：

(21)他连1亿本书也/都拿得出来。

(22)他连1万本书也/都拿得出来。

(23)他连……本书也/都拿得出来。

(24)他连100本书也/都拿得出来。

(25)？他连10本书也/都拿得出来。

(26)＊他连1本书也/都拿得出来。

跟否定式不同的是,在肯定式中,(21)—(24)都可以接受,而(25)则可疑,(26)不大能够接受。因为几乎人人都可能拥有几本书,但如果是数百本,或者成千上万本书,那就难说了。所以在该框式结构的肯定式中,越是不可能实现的事实,该框式结构的合法度就越高。

(三)在一个数量递进,包括程度递进显豁的序列里,肯定式总是严格地按照数量多—少、程度高—低的顺序排列,而否定式总是比较严格地按照数量少—多、程度低—高的顺序排列,如果数量或程度颠倒,句子就不能接受。例如：

(27)现在不但20岁、30岁可以上大学,连50岁、60岁也可以上大学。

(27')*现在不但50岁、60岁可以上大学,连20岁、30岁也可以上大学。

(28)等叶民主到鹤立山时,别说八点,连九点都早过了。

(28')*等叶民主到鹤立山时,别说九点,连八点都早过了。

(29)现在农民不仅关心国家大事,连国际形势和地区热点也能摆上一阵子。

(29')*现在农民不仅关心国际形势和地区热点,连国家大事也能摆上一阵子。

(30)不仅个体户经营各种修修补补,就连大型百货商场也经营代客修补项目。

(30')*不仅大型百货商场经营各种修修补补,就连个体户也经营代客修补项目。

(31)大门用房别说七开间、五开间,连三开间也不允许。

(31')*大门用房别说三开间、五开间,连七开间也不允许。

(32)甭说五个女儿,她们连一个女儿也生不出来。

(32')*甭说一个女儿,她们连五个女儿也生不出来。

(33)大多数将军别说大专文凭,有的连小学文凭也没有。

(33')*大多数将军别说小学文凭,有的连大专文凭也没有。

(34)甭说打架,就连红脸的事儿也没发生过。

(34')*甭说红脸的事儿,就连打架也没发生过。

(四)但是有时候,好像处于两端的 N2 都可以出现在肯定式或者否定式里,那又如何解释呢?例如:

(35)他连最小的孩子也/都要欺负。

框式结构

(36)他连最老的长辈也/都要欺负。

(37)他连部长都不认识。

(38)他连门卫都不认识。

关键是预设不同,例(35)的预设是:最小的孩子最不应该欺负。例(36)的预设则是:最老的长辈最不应该欺负。由于预设不同,所以两个例句都可以接受。例(37)的预设是:部长最出名,所以最应该认识。例(38)的预设则是:门卫最普通,所以最容易认识。

(五)有的时候,同样的 N2,却可以分别出现在肯定式和否定式里,那又如何解释呢?例如:

(39)他连 100 本书都拿得出。

(40)他连 100 本书都拿不出。

(41)他连熊猫都认识。

(42)他连熊猫都不认识。

其关键同样是预设。例(39)的预设是:他要拿出 100 本书很不容易。例(40)的预设是:他要拿出 100 本书太容易了。例(41)的预设是:熊猫属于稀有动物,认识熊猫很不容易。例(42)的预设是:熊猫是国宝,那么有名,照道理应该认识熊猫。

以上原则,我们还可以进一步加以证明。比如身处岭南和东北,同样的句子,接受度却明显不同,说明因为地域不同,对暖气或空调(冷气)的期盼不同,句子的可接受度就出现差异。例如:

(43)岭南:? 连暖气也/都没有。

(44)岭南:连空调也/都没有。

(45)东北:? 连空调也/都没有。

(46)东北:连暖气也/都没有。

可见,我们无法孤立地判断 N2 是属于高端还是低端(都属于顶端),即使只是主观的判断,重要的是需要观察整个(N2+VP)事件实现的可能性才能够做出正确的判断。

六、"连 A 也 B"的框式化进程及其特点

我们同意这样一种说法:这一框式结构形成于明代。所以,我们选取明代(1368—1644)比较口语化的文学作品进行"定时多点"观察。这些作品按照年代先后排序为:施耐庵(元末明初)的《水浒传》、冯梦龙(1574—1646)的《喻世明言》、兰陵笑笑生的《金瓶梅》(1617)。

大量的语言事实说明,当时这一结构还处于萌芽和发展的进程之中,还没成型。其特点主要是:

1."连"的动词属性还比较清楚,而且"连"的宾语 N2 只是 VP 的附带物,所以上下文中往往另外有一个 VP 动作的主体物 N1 存在。例如:

(1)李逵再仔细看时,连那道冠儿(N2)劈做两半,一颗头(N1)直砍到项下。(《水浒传》)

(2)临嫁之夜,兴哥雇了人夫,将楼上十六个箱笼(N1),原封不动,连钥匙(N2)送到吴知县船上,交割与三巧儿,当个赔嫁。(《喻世明言》)

(3)便向袖中取出汗巾(N1)连挑牙与香茶盒儿(N2),递与桂姐收了。(《金瓶梅》)

2.虽然还有大量没有"也"、"都"照应的连字句存在(见上例),

框式结构

但是也已经出现了跟"连"呼应的有"也"或"都"的句子,这可以看作"连一也"框式结构真正产生的萌芽。例如:

(4)转眼间,连桌台(N2)也浮起来,房屋(N1)倾圮,都做了水中鱼鳖。(《水浒传》)

(5)平氏大怒,把他(N1)骂了一顿,连打几个耳光子,连主人家(N2)也数落了几句。(《喻世明言》)

(6)西门庆早令手下,把两张桌席(N1)连金银器(N2),已都装在食盒内,共有二十抬,叫下人夫伺候。(《金瓶梅》)

3. 跟"连"照应的副词,并不限于"也/都",还包括"共"、"通共"、"一事"以及"还"、"尚且"等,这说明与"连"照应的副词还没有完全定型,这在《金瓶梅》里特别丰富。例如:

(7)摆了两副杯箸,两碗腊鸡,两碗腊肉,两碗鲜鱼,连果碟素菜,共一十六个碗。(《喻世明言》)

(8)你看,连这外边两架铜锣铜鼓,带铙钹儿,通共用了三十两银子。(《金瓶梅》)

(9)道众的衬施,你师父不消备办,我这里连阡张香烛一事带去。(《金瓶梅》)

(10)俺们连自家还多着个影儿哩,要他做甚么!(《金瓶梅》)

(11)你趁早与我搬出去罢!再迟些时,连我这两间房子,尚且不够你还人!(《金瓶梅》)

4. 通常"(把)N1 连 N2"共有一个谓语动词 VP2,但当时有的句子在 N1 后面另外还有谓语动词 VP1,再出现"连 N2VP2"。例如:

(12)将大冰盘(N1)盛了,连姜蒜碟儿,用方盒拿到前边李瓶

儿房里,旋打开金华酒来。(《金瓶梅》)

(13)一面取出来,将皮袄(N1)包了,连大姐皮袄都交付与玳安、琴童。(《金瓶梅》)

上述四个特点,包括:主体成分N1的共现、有或者没有"也""都"照应的连字句的共存、跟"连"呼应的副词的多样化,以及N1和N2各有谓语动词VP照应,充分说明这一框式结构还处于演变进程之中。

要特别指出的是,那时还仅仅是框式结构的萌芽,因为"都"表示的是总括义,往往重读,还没有完全虚化。"都"还没有虚化的标记是它的形式可能是"都是"。例如:

(14)以此夫妇两不和顺,连衣服之类,都是那"村郎"自家收拾,老婆不去管他。(《喻世明言》)

(15)我回去再把病妇谋死,这分家私连刁氏,都是我情受的。(《金瓶梅》)

而在现代汉语里,跟"连"呼应的副词"也"和"都"已经明显虚化,而且出现的频率也大体相等。我们在北京大学CLL语料库里搜索,发现跟"连"配合使用的"也"有10000多条,"都"有9000多条,基本相等。开始时,副词的语义比较单纯,前者表示"类同",后者表示"总括"。从历史上考察,早期该格式都要求跟"连"所引进的事物或人,都必须在句子前面出现另外一个主体物或者对比物N1,这样"都"与"也"要求总括或类比的语义要求才能得到实现。但是该格式框式化以后,这个以前必须出现的N1可以隐含不出现了,"都"与"也"的语义要求就没有着落了,这就导致了副词语义的进一步虚化。标志之一是副词读为轻声,而且韵母常常脱落。

框式结构

标志之二是这两个副词一旦进入"连……也/都"框架,两者几乎可以任意互换而没有语义的明显区别,而在单用时常常不能互换。例如:

(16)张三来了,李四也来了。

(16')*张三来了,李四都来了。

(17)我看也只好如此了。

(17')*我看都只好如此了。

(18)我们全都要检查一遍。

(18')*我们全也要检查一遍。

(19)无论你们说什么,我都答应。

(19')*无论你们说什么,我也答应。

即使有的可以互换,语义也明显不同。可见,在该框架里的"也/都"的语义不但虚化,而且趋同,只是表示一种共同的"提示"功能,即提示隐含的对比项,这个对比项,可能在上下文里存在,也可能在说话人的认知中存在。

但是如果我们增添相关前项,两者还是存在某些深层次的区别,那可能是属于复句或者语段层面的问题了。例如:

(20)【别说翻身了,】她(连)说话的力气也/都没有。

(21)【你说不行,】谁说也/都不行,他铁了心了。

显然,用"都",有进一层的递进意思;用"也"表示前后项没有区别,类比的结果是相同的。

总之,如果我们要判断"连 A 也/都 B"框式结构是不是最终形成,其形式标记主要是三个:

1. 上下文不再需要出现跟 VP 有关的主体物 N1,跟 N2 比较的对象往往隐含或只是在意念中存在;

2. "都"、"也"轻读,并且语义虚化趋同,不再表示实在的"总括"、"类同"义,而是表示隐含同类对象的"提示"义;

3. VP 紧接着"也/都",构成一个紧凑的框式结构,"连"字不能随意省略,中间也不可随意插入其他成分。

参考文献

北京大学中文系 1955、1957 级语言班(1982)《现代汉语虚词例释》,北京:商务印书馆。
崔希亮(1990)试论关联形式"连…也/都…"的多重语言信息,《世界汉语教学》第 3 期。
崔希亮(1993)汉语"连"字句的语用分析,《中国语文》第 2 期。
崔永华(1984)"连…也/都…"句式,《语言教学与研究》第 4 期。
廖斯吉(1984)试谈关联词语"连……也/都……"的功用,《西北师范大学学报》第 1 期。
刘丹青(2002)汉语中的框式介词,《当代语言学》第 4 期。
刘丹青、徐烈炯(1998)焦点与背景、话题及汉语"连"字句,《中国语文》第 4 期。
吕叔湘主编(1980)《现代汉语八百词》,北京:商务印书馆。
倪宝元、林士明(1979)说"连",《杭州大学学报》第 3 期。
潘海华(2006)焦点、三分结构与汉语"都"的语义解释,《语法研究和探索》(十三),北京:商务印书馆。
石毓智、李讷(2001)《汉语语法化的历程》,北京:北京大学出版社。
宋玉柱(1980)"连"字是介词吗?《河南大学学报》第 3 期。
宋玉柱(1996)"把"字句、"对"字句、"连"字句的比较研究,《现代汉语语法论集》,北京:北京语言学院出版社。
周小兵(1990)汉语"连"字句,《中国语文》第 4 期。
朱德熙(1982)《语法讲义》,北京:商务印书馆。

(原载《语言科学》2008 年第 4 期)

"没 A 没 B"框式结构的语义增值及贬义倾向

"没 A 没 B"本来是个并列结构,比如"没吃没用""没米没鱼",不仅 A、B 项本身可以扩展,例如"没吃的没用的""没米面没鱼肉";结构也可以延伸,例如"没吃没用没穿""没米没鱼没菜"。这说明其内部结构比较松散,每一个否定项都具有一定的独立性。但是,在长期使用过程中,该结构开始逐渐凝固成为一种固定组合,成为一种框式结构。该格式并非简单地表示既对 A,又对 B 的否定关系,而是具有潜在的深层次的意义,在一定的语言环境中发生语义增值,产生语义偏移。

一、"没 A 没 B"的结构特点

"没 A 没 B"作为一个凝固化的框式结构,具有结构上的强制性,即 A、B 必须是单音节语法单位,如"没心没肺""没吃没喝""没大没小"等,由于结构上的特点,A 与 B 进入该框架时就需要做出一定的调整。这主要是:

1. 如果是双音节或多音节语法单位要进入"没 A 没 B"格式(结构),就要适应格式的结构要求,进行音节的压缩处理。例如:

(1)他们不讲报酬,没黑没白地抡镐挥锹,挖土方就整整干了

"没A没B"框式结构的语义增值及贬义倾向

一周。(报刊精选1994)

(2)洛宁穷,一些民工上工地,没吃没盖,朱家臣和县长吉长遂率先捐出一个月工资。(报刊精选1994)

"没黑没白"是从"没黑夜没白天"压缩变化而来;"没吃没盖"也应该是从"没吃的没盖的"压缩变化而来。

2. A与B可以是独立的单音节词,也可以是语素,即一个双音节词拆开来分别进入该格式。比如"滋味""尊卑""正经""谋略"都是双音节词语,其中的语素在现代汉语里不能单独使用,但是却可以拆开单独进入该格式。例如:

(3)多数时间是吃没滋没味的罐头。(人民日报1995—07)

(4)你们一上来就洒狗血,没大没小、没尊没卑——能不跟你们急么?(王朔《一点正经没有》)

3. A与B,通常只能是名词、动词、形容词,而且以名词居多。如果A与B是动词,有些确实是表否定动作行为的。例如:

(5)"年夜饭"他闷吃闷喝,初一、初二客人来拜年他没说没笑,初三庆海他两口子往新楼搬家,老爹还是不哼不哈。(李杭育《沙灶遗风》)

(6)老干部局不仅没并没撤,而且得到加强。(报刊精选1994)

但是也有的实际上指代的是跟这一动作行为有关的事物,或者说是经过词语压缩后的结果。例如:

(7)我一家人没吃没住,把您供在哪儿呢?(冯骥才《一百个人的十年》)

(8)就是两年前,家乡那场大水灾,田地都淹没了,没吃没喝

框式结构

的,跟着就闹瘟疫,饿死的饿死,病死的病死。(琼瑶《水云间》)

上例中的"没吃没住""没吃没喝"不是对动作的否定,而是对事实的否定,是从"没吃的""没住的""没喝的"压缩变化而来。

4. 如果 A 与 B 是形容词,按照汉语的语法规则,一般情况下,除了具有"变化"语义特征的形容词,"没"是不能否定形容词的,例如不能单说"没大""没小""没深""没浅"。可是在这一格式里,可以放在一起说"没大没小""没深没浅"。实际上 A 与 B 指代的也是名词性的事物,"没大没小"指不顾长幼尊卑不尊重长辈;"没深没浅"指不知道分寸。例如:

(9)这么没大没小的,谁还尊敬,谁还惧怕?(孙犁《风云初记》)

(10)她就这么个人,没深没浅,你别往心里去啊。(王朔《编辑部的故事》)

二、A、B 语序排列的三项原则

A、B 的排列顺序不是随意的,而是有一定的规律可循。

首先遵循的是"构词顺序原则",如果 A、B 能够组合为一个词语,那么 A、B 的语序基本上就跟原来词语中语素的顺序一样,比如"没边没沿""没儿没女"格式中"边沿""儿女"本身就是一个词语,就不能说成"没沿没边"或者"没女没儿"。例如:

(1)那迷谷就像大海一样,没边没沿,怎么也找不到原来的道儿。(曹余章《中华上下五千年》)

(2)再说我也没儿没女,老了又靠谁?(戴厚英《流泪的淮河》)

其次是"认知先后原则",即如果 A、B 不能够组合为一个词语,通常就按照 A、B 的动作先后、语义轻重来排序,例如:"没洗没刮"中"洗刮"不成词,就按照一般先洗后刮的顺序组成;"没权没钱"中"权钱"也不成词,通常认为是"权"重于"钱",所以虽然也有"没钱没权",但是优先选择应该是"没权没钱"。我们在百度上进行搜索,"没钱没权"只有 290,000 例,而"没权没钱"则为 899,000,二者在数量上差异很明显。例如:

(3)原来他瞅着他这身全套的土匪装束,又联想到多日没洗没刮的脸,心想一定也难看得一塌糊涂。(曲波《林海雪原》)

(4)有权的人家送票看,有钱的自己掏钱看,没权没钱的老百姓只有干瞪眼……(人民日报1993)

第三则是"语义轻重原则",有些 A、B 的构词顺序其实应该是 B、A。换言之在该格式里的排列并不遵照构词顺序原则。比如:

(5)你这竹扇上没画没字,当然卖不出去。(曹余章《中华上下五千年》)

(6)我带的4个脑瘫孩子都是福利院的残疾孤儿,他们无亲无故,没名没姓,是国家把他们抚养成人,所以他们都姓"国家"的"国"。(人民日报1994)

照例说,"字画""姓名"是正常的组词顺序,但是出现在"没 A 没 B"结构里恰恰相反。这主要是因为画比字更重要,名比姓更有区别性。可见当"语义轻重原则"跟"构词顺序原则"发生冲突的时候,语义的轻重会起到主导作用。

三、A 与 B 的语义类型

A、B 并不是可以任意进入这一框架的,它们在意义上必须有

框式结构

某种联系。换言之,A 和 B 至少应该同属于某个语义次范畴,如果缺少这种联系就不能够进入"没 A 没 B"结构。例如"枪"和"碗","水"和"桌"都是名词,但由于它们之间不在一个语义层面上,就无法进入"没 A 没 B"结构。从意义的联系看,单音节的 A、B 大致有以下三种情况:

1. A、B 为同义(近义)词或语素。

这类 A 与 B,语义基本一致,属于同义(近义)词或者语素。通常是一个同义并列的双音节词语拆开分别进入 A 和 B 的位置,名词、动词以及形容词都有。例如:

(1)老百姓没权没势,倒了霉没办法,只能受着。(冯骥才《一百个人的十年》)

(2)他没完没了地建造宫殿。(曹余章《中华上下五千年》)

(3)这裘老爷和两个儿子一样,没大没小,没正没经的。(琼瑶《青青河边草》)

2. A、B 为类义词或语素。

这类 A 与 B,语义并不相等,但是属于同一个语义范畴,绝大多数是名词,少数也可以是动词,但是没有形容词。例如:

(4)他先是害怕不敢讲,经过多种启发,才说出了他从小没爹没娘当流浪儿的痛苦经历。(李英儒《野火春风斗古城》)

(5)我活了小三十岁了,就没见过这么没心没肺的人!(老舍《四世同堂》)

(6)我忽然开始厌恶柳吉,这个没脸没皮的女人,也配做我的情敌?(姜丰《爱情错觉》)

(7)我没病没灾,哪儿呆得住。(人民日报 1995-01)

"爹娘、心肺、脸皮、病灾",显然都属于同一个语义范畴。这类的例子还有"没锅没盆、没烟没酒、没鱼没肉"等。

3. A、B 为反义词或语素。

这类 A 与 B,语义恰好相反,通常是形容词和名词,几乎没有动词。例如:

(8)她这样不懂规矩,没轻没重的,早就该罚了!(琼瑶《烟锁重楼》)

(9)年轻时,我没白没黑地干,得到的是屈辱和冷眼。(人民日报 1994)

(10)前前后后都在挤,挤得没前没后,挤得都称不成。(乔典运《香与香》)

(11)一会儿它有头有尾,一会儿又没头没尾,我这点聪明不够想这么大的事的。(老舍《我这一辈子》)

四、"没 A 没 B"的语义增值

"没 A 没 B"的语义不等于"没 A"加上"没 B"。换言之,不是简单的并列关系,不是一般的双重否定,而是格式赋予它新的含义,起到强调凸显的作用,显示了说话人的主观意图,语义发生了增值,但是语义增值的情况各不相同。

1. A、B 属于同义或近义关系。

"没 A 没 B"结构义凸显其程度特别高,可以描写为"没 A+没 B=(没 AB)↑",例如:

(1)停车场里是露天的,没遮没拦,有一段很长的日照时间。(人民日报 1994)

框式结构

（2）我说话没遮拦，你也不言语一声，老让我当着和尚骂贼秃。（杨绛《洗澡》）

例(1)的"没遮没拦"，由于"遮"和"拦"属于同义组合，显然不能理解为"既没遮也没拦"，因为那样的同义重复否定是没有意义的，实际上一个"没遮拦"就可以了，现在使用"没遮没拦"这一结构，目的就是凸显其程度之高。一个"没遮"还不行，必须再来一个"没拦"，换言之，不是"双重否定"，而是"加合否定"，这样才能显示出这种毫无边沿的高程度。我们把例(1)的"没遮没拦"跟例(2)的"没遮拦"进行对比，就更加清楚了，"没遮没拦"着重强调"没有遮拦"的程度高，带有强烈的主观性，而"没遮拦"只是客观陈述而已。可见，"没A没B"凸显"程度之高"，正是框式结构的重要作用。

2. A、B属于类义关系。

通过否定A和B，从而否定整个语义类。换言之，只是把A和B作为典型提出来，实际上是否定以A、B为代表的全部。此类结构中的A和B多由名词、动词构成。A和B作为整个语义类的典型代表，同时和A、B并列的还有同类的其他成员，该结构通过否定语义类的代表A、B从而否定整个语义类。可以描写为"没A+没B=没A没B没C……"。例如：

（3）当老师的确也挺没劲的，没名没利没成就感，整天就是备课讲课判作业。（人民日报1994）

（4）范大昌觉着蓝毛净说些没油没盐的话，他赶忙插口说……（李英儒《野火春风斗古城》）

例(3)"没A没B"结构中的"名""利"作为"好处"义类中的代表特别提出来，此外的好处，远远不止这两个，还有"钱""权"等其他,所以该格式后面还紧接着出现"没成就感",其意思表示没有一切好处。例(4)(四字格)"没A没B"格式(结构)中的"油""盐"也代表"调料"类语义场,除了"油""盐"之外还有"酱、醋……"等,不过这里用的是比喻手法,指的是"没有味道"。

3. A、B属于反义关系。

"没A没B"显示另外的新义。可以描写为"没A+没B=C"

第一类,A和B如果是名词,实际上不是否定A和B本身,而是表示不分A、B,言外之意是违背常规,有悖常理,显示一种异常的情况。例如:

(5)我们做生意买卖的人,说句老实话,也是不容易的,整天跑来跑去,没早没晚的;到了下午,精神就差劲了,每天这辰光总要喝杯咖啡提提神。(周而复《上海的早晨》)

(6)申请出国的同学开始没日没夜地准备材料;要工作的同学则在想方设法找一个实习的机会。(《完美大学必修课》)

本来早与晚、日与夜是截然不同,界限分明的,但是例(5)(6)的"没早没晚"和"没日没夜"并不是说真的没有早上和晚上,没有白天和黑夜的意思,该结构实际上表示的是"不分早晚、不分日夜",言下之意就是违背常理,连续作战,几乎没有休息。这可以叫做"派生否定"。

第二类,这类"没A没B"结构,如果A、B为一对反义形容词时,还往往表示应该区别A或B而没有能够区别,暗含责怪义。例如:

(7)他认为,国有企业之所以搞不好,就在于没大没小、没老没少。(人民日报1996)

框式结构

(8)当任桂华追上街去拉他时,还挥起拳头,往任桂华的脸上身上没轻没重地乱打。(人民日报1996)

例(7)中的"没大没小、没老没少"从字面上看是既没有大也没有小,既没有老也没有少的意思,一旦进入"没 A 没 B"结构中,此结构便赋予其新的语义。联系上下文,我们可以看到国有企业之所以搞不好的原因就在于没处理好关系,该大的时候没大,该小的时候没小。批评的意思非常明显。

五、"没 A 没 B"结构的贬义色彩

上文已经提到"没 A 没 B"结构具有责备义,即带有明显的贬义色彩。其实,这正是该框式结构非常重要的一种语义倾向。它在具体语境中会产生一定的感情色彩,并且主要是贬义色彩。这样的贬义感情色彩可以分为三类:

1. 褒义否定。如果 A 和 B 为褒义词或褒义语素时,"没 A 没 B"结构由于"没"对褒义的否定,自然具有贬义色彩。例如:

(1)咱家是世代书香门第,诗礼传家,没想到竟出了这个没廉没耻、失节从贼之人!(姚雪垠《李自成》)

(2)自认为本地没钱没宝,能保持原状就很不错了。(人民日报1995)

2. 两端否定。如果 A 和 B 是成对的反义词时,"没 A 没 B"结构显示既没 A 也没 B,两头都不是,所以也是贬义的。例如:

(3)一种颠扑不破的受难基督印象——在世人眼里,你们一上来就洒狗血,没大没小,没尊没卑——能不跟你们急么!(王朔《一点正经没有》)

(4)讲话没高没低,也不懂得规矩,给我好好坐到那边去!(周而复《上海的早晨》)

3.整体否定。当A和B为同义或类义的中性词时,"没A没B"结构通过对典型事物的否定显示对这类事物的整体否定,明显带有贬义色彩。例如:

(5)阎屯村李守义自己没车没马,可有的是力气,便以劳力入股。(人民日报1994)

(6)去锦州打大仗时,一路上,李作鹏等人发牢骚:能打的没枪没炮,破枪烂炮,不能打的就差没飞机了,这仗怎么打?(张正隆《雪白血红》)

六、"没A没B"结构和"不A不B"格式的比较

现代汉语中,典型的否定方法是用"没"和"不",这两个否定词是有明确分工的,石毓智(2001)认为:"没"否定离散量词,"不"否定连续量词。这样也就解释了"没男没女""没阴没阳"不能成立的原因。但是有些问题这种方法也解决不了,例如:"没大没小""不大不小",按照石毓智的说法,只有"不大不小"一说,而没有"没大没小"的说法。在语料中我们却找到了很多这种用法。例如:

(1)他邋里邋遢,大大咧咧,没大没小,没心没肺,没心计,不设防,天真无邪像个小孩。(阎纲《想起郭小川》)

(2)我要拉下脸来成天跟她没大没小的,她会瞧不起我的,认为我疯了老不正经。(王朔《我是你爸爸》)

我们主要从语用色彩方面来看看这两种结构的区别,"不A不B"格式在运用中既有褒义色彩也有贬义色彩。

框式结构

1. 褒义,在句中有褒奖、肯定的意思。例如:

(3)只有碗来粗细罢,它却努力向上发展,高到丈许,二丈,参天耸立,不折不挠,对抗着西北风。(茅盾《白杨礼赞》)

(4)陶阿毛心中暗暗钦佩汤阿英的谈吐,简单两句就把他的话反驳回去,不卑不亢,义正词严,叫你无从挑剔,怪不得工人们对她的话那么尊重和信服。(周而复《上海的早晨》)

2. 贬义,在句中有责备、批评的意思。例如:

(5)今日,我破口大骂,我出言讥讽,我要生要死,指出求证了王锦昌的不仁不义,对我段郁至再无半点好处!(梁凤仪《风云变》)

(6)在里面坐几个小时,服务员从不轰人,因而这条街麇集着全城所有闲散的、不三不四的年轻人。(王朔《橡皮人》)

我们利用"高级搜索"查阅北京大学 CCL 语料库"没 A 没 B"结构,大约 2000 条左右,其语用色彩几乎全部为贬义,少数语义倾向不明显,可看作是中性的,但是褒义的几乎没有,这说明"没 A 没 B"基本上属于具有贬义倾向的框式结构。

不论类义、同义,还是反义,所构成的"没 A 没 B"也可以在一起使用,两个或者三个,该结构通过反复使用,起到语义加强、语气加重的作用,在语用上具有独特的效能。例如:

(7)我们讲话做事从来都是没大没小,没轻没重,随便得很,他从不计较。(一依《毛泽东和他最亲近的战士》)

(8)彩霞,你也不管着你爷们点儿,这么没上没下,没大没小,没羞没臊的。(吴祖光《闯江湖》)

这里所谓的"框式结构"(邵敬敏 2008),就是由固定的"框架"

和可供填补的"空位"两部分构成,格式义大于通常的词语组合义,形成具有特殊意义的语法格式。"框架"是常项,固定不变,具有稳定性;"空位"是指由固定结构搭配而成的空格中有待嵌入某些成分的位置,"空位"是相对自由的,具有可变性。

"没 A 没 B"正是这样一种框式结构,本文从结构特点、语义增值、贬义倾向三个方面进行了分析,发现"没 A 没 B"是有一定能产性的框式结构,不仅在结构上具有一些鲜明的特点,而且更为重要的是该结构促使语义发生了增值,而在感情色彩方面基本上倾向于贬义,从而形成了一个独特的框式结构体,在语言运用中具有独特的语用价值。

参考文献

丁倩、邵敬敏(2009)说框式结构"想 x 就 x",《暨南大学华文学院学报》第 3 期。

吕叔湘(2002)《现代汉语八百词》,北京:商务印书馆。

邵敬敏(2008)"连 A 也/都 B"框式结构的争议及其框式化进程,《语言科学》第 4 期。

石毓智(2001)《肯定与否定的对称与不对称》,北京:北京语言文化大学出版社。

(与硕士生袁志刚合作,原载《语文研究》2010 年第 3 期)

"半 A 半 B"框式结构及相关格式比较

"半 A 半 B"是现代汉语中使用频率比较高的一个框式结构，带有明显的贬义倾向，它由两个固定常项"半…半…"和 A 与 B 两个变项组成，如"半坐半卧、半新半旧、半中半西"等。与此相关，还有语义相近的"半 A 不 B"以及"不 A 不 B"。本文尝试从认知的角度对该结构 AB 的语序优选性以及贬义倾向做出合理的解释，并且通过比较，指出这三个格式存在某些差异，又形成互补，从而构成了一个框式结构的系列。

一、A、B 语序的优选性

(一) A、B 的语法性质

"半 A 半 B"格式多为四字结构，即 A、B 为单音节词或语素，但也有多音节的，例如："半人半吸血鬼、半音译半意译"等，本文只讨论四字格的"半 A 半 B"。"半 A 半 B"框式结构由两个常项和两个变项构成，从 A、B 的语法性质上看，主要有下面三类：

1. A、B 为单音节动词(或相应语素)

半蹲半跪 半推半就 半坐半卧 半工半读 半收半放 半喜半忧 半蒸半煮 半攻半守

半吞半吐 半信半疑 半梦半醒 半笑半恼 半惊半喜 半遮半露

半睁半闭 半说半唱

2. A、B为单音节形容词、区别词(或相应语素)

半新半旧 半青半黄 半生半熟 半方半圆 半高半低 半明半暗 半大半小 半老半少

半阴半晴 半真半假 半干半湿 半正半歪 半咸半淡 半古半今 半男半女 半阴半阳

3. A、B为单音节名词(或相应语素)

半人半鬼 半中半西 半上半下 半人半兽 半女半媳 半主半客
半师半友 半古半今 半人半仙 半官半民 半商半农 半主半仆

其中A、B为单音节动词或形容词的情况比较多,名词相对较少,其他词类很难进入该框架。

(二) A、B语序的优选性

当"半A半B"的熟语化程度高时,A、B的语序基本是固定的,如"半推半就、半男半女、半吞半吐、半上半下"等。但并不是所有的都能凝固成熟语,结构不凝固表现在语序的不稳定上。尽管不稳定,在语序的选择上还是表现出一定的优选性,人们总是倾向于其中一种。因为这种优选倾向与人类的思维和认知顺序有关,体现了认知语言学中的象似性原则(iconicity)。象似性是指语言结构映照人的经验结构或概念结构。(沈家煊,1993:2)语言成分之间的线性排列次序反映了人类思维与认知的轨迹。

1. 自然顺序。语序主要受时间顺序、空间顺序的制约。例如从时间上看,物品是从"新"到"旧",人是从"生"到"死",从空间来看,则往往是先上后下,先里后外,所以语序也遵循"新旧"、"生死"、"上下"、"里外"这样一种自然顺序。

框式结构

2.社会顺序。语序还要受到思维视点和文化观念等社会因素的制约,即与文化规约性之间也有象似性关系。语言是文化的载体,语言结构能够在一定程度上反映该语言群体的文化观念,文化象似性原则主要表现在尊卑、优劣和主次等方面,"半男半女、半师半友、半官半民、半主半仆、半雅半俗、半正半歪"等都反映了中国传统的尊卑主次观念。

(三)倒序现象

在语言的实际使用中,有时候会打破通常的顺序原则,例如我们通常说"半信半疑",但偶尔也说"半疑半信"。试比较下面的a、b两句:

(1)a.也就是在这个时候,何开荫偶然得知本省涡阳县新兴镇早就偷偷搞起了税费改革的消息,这消息使得何开荫半信半疑,甚至,感到不可思议。(陈桂棣、春桃《中国农民调查》)

b.当她听说彭中华要离开这座城市,半疑半信地问:"彭哥,你真的要走吗?能不能带我一起走啊?"(管虎《冬至》)

这种偏离常规的现象,是对会话方式准则的违背,其中必有一定的道理。比较a、b两例,在a句中,从"感到不可思议"可见语义偏向于"疑",而在b句中,从后续句"能不能带我一起走啊"可见语义偏向于"信",因为汉语句法结构的特点是语义重心在后,所以这里颠倒常规语序是出于特殊表意的需要。又如:

(2)a.司各特笔下的罗宾汉,本来是竭力理想化的,但从历史上看(罗宾汉大概是半真半假的人物),却缺少历史真实性。(胡汉《关于狮心理查》)

b.爱是沼泽中弯弯曲曲半假半真滋生出的几枝带血带泪的

藤蔓。尽管脆弱,但仍可以承载重量,在生命于沼泽中渐渐沉没之时。(豆瓣网)

从上下文可知,a 句偏向于"假",b 句偏向于"真"。

尽管如此,A、B 通常情况的顺序还是遵循上述优选原则,从百度网搜索出来的数据如下(检索时间为 2010 年 3 月 24 日):

半信半疑　4,880,000　　半疑半信　13,700
半文半白　89,800　　　半白半文　4,240
半新半旧　47,500　　　半旧半新　4,240
半生半死　36,800　　　半死半生　14,900

二、"半 A 半 B"的语义倾向

(一)A 与 B 的语义类型

"半 A 半 B"的语法意义表示的是处于一种中间的过渡状态,A 与 B 是一个语义场的两端,是原型范畴中的典型成员。所谓原型范畴是指具有该类范畴典型属性和特点的成员的集合。两个原型之间没有不可逾越的鸿沟,从原型 A 到原型 B 是一个逐渐过渡的连续统。而"半 A 半 B"就是位于这个连续统的中间位置或过渡阶段,以"半新半旧"为例:

新	100	75	50	25	0
	A	A1	C	B1	B
旧	0	25	50	75	100

典型的"新"处于 A 的位置,典型的"旧"处于 B 位置,"半新半旧"就处于 A、B 之间,但不一定处于正中间的 C 处,也可能是 A1 处或 B1 处。

框式结构

"半A半B"的基本意义是处于中间状态,但不同的"半A半B"却表现出不同的感情色彩意义。有些带有贬义色彩,如"半男半女、半阴半阳、半人半鬼";有些无所谓褒贬色彩,呈中性,如"半坐半卧、半梦半醒、半工半读"等。"半A半B"的色彩意义跟变项A、B的语义关系密切相关,但是基本上没有褒义倾向。

A和B的语义关系主要有相关、相对、相反三种,所以"半A半B"色彩意义也有三种情况。

(二)A、B意义相关与中性倾向

当A、B为意义相关的词或语素时,"半A半B"的色彩意义一般是中性的,没有褒贬之分。例如:

(1)进门来,他便半坐半卧的倒在沙发上,一语不发。(老舍《四世同堂》)

(2)正当我半背半搀着妻子向医院走去的时候,一个农村打扮的老太太喘着气赶上……(人民日报 1994)

这种情况下,A、B一般多为动词,且两个动作必须相近而且相容,比如可以说"半坐半卧",却不能说"半坐半跳",因为现实中"坐"与"卧"两个动作相对比较接近,"坐"与"跳"两个动作相去甚远,而且无法相容,换言之一个人可以做出既似"坐"又似"卧"的动作,却不能做出既似"坐"又似"跳"的动作。象似性理论认为,语言符号的能指与所指之间有一种联系,两者的结合是可以论证的,是有理据的,也就是说句式与现实之间存在着对应关系,语言的结构能够而且主要反映现实的状况。

(三)A、B语义相对与弱贬义倾向

语义相对,就是指"相对反义词"(Gradable antonym),指在一个概念范围内,不是非此即彼的关系,而是一个连续体,两端之间有一个渐变的地带。"半A半B"刚好表示处于这个中间地带的性质和状态,所以大量的相对反义词可以进入这个格式,这同样可以用象似性原理来解释,因为现实中这种处于中间状态的情况非常多。

当A、B为相对反义词或语素时,"半A半B"的色彩意义比较复杂,可以分为两种情况:第一,如果"半A半B"使用本义,则一般是用来描写一种客观事实,没有褒贬之分;第二,如果使用引申义,则一般为贬义倾向。试比较下面的a与b:

(3)a. 这片位于日月山下、湖水半咸半淡、面积达四千四百五十六平方公里的中国最大的内陆湖,我这个万里之外的南方人早在读小学时就略知一二了。(何与怀《青海情思》)(用本义,中性)

b. 学生是我的上级,面对他们我胆战心惊,讲课时操着半咸半淡普通话,还夹有广州话,学员听得一头雾水,有的急得抓耳挠腮:"老师你刚才说什么?听不懂啦!"(叶世光《"广州兵"海南从军记》)(用引申义,贬义)

(4)a. 熟鸡蛋,生鸡蛋,半生半熟的鸡蛋,哪个更加营养?(大众点评网)(用本义,中性)

b. 这时,王强和老洪,这些过去杀鬼子不眨眼的人,竟是那么自然的用半生半熟的日本话和鬼子谈笑着。(知侠《铁道游击队》)(用引申义,贬义)

"半A半B"的本义是用来描写某种客观的性质或状态,所以一般是中性的,它的引申义常被用来表示某种主观评价,所以带有一定的感情色彩,而且这种色彩是倾向于贬义的。这与人们的心

框式结构

理期待有关,一般来说,人们所期待的是纯正的东西,而"半A半B"结构表示处在中间状态,不是纯正的A,也不是纯正的B,所以就容易被引申为不够完美,不够纯正的意思,因而带有贬义色彩。但是要注意的是,这种贬义倾向是弱势的,即并不强烈。这可能跟A、B属于相对反义词有关,因为相对反义词本身就不是很对立的,在咸与淡之外,还可能有甜酸苦辣等滋味,所以在我们的主观认知里,半咸半淡虽然不怎么样,但是也不算非常非常差。

(四)A、B语义相反与强贬义倾向

语义相反,即指绝对反义词(或语素)。这时"半A半B"表示一种令人不满的状态,有明显的强烈的贬义色彩,如"半生半死、半男半女、半阴半阳、半人半鬼"等。因为A、B绝对反义,概念领域不是一个连续体,所以原则上不可能有中间状态。比如说"生"和"死",不是"生",就是"死",一个人不可能处于一半是生一半是死的状态中,"半生半死"在逻辑上是不存在的。所以当A、B为绝对反义词时,"半A半B"如果单独从字面上看,是矛盾的,是一种不可能存在的状态。因此,我们必须考察它的语用意义,它是用来表示一种本该是A却又不是A,或者本该是B却又不是B的尴尬状态,带有强势的贬义倾向。例如:

(5)他光着身子,有时还半男半女,又现为"林加"("男根"),实在形貌不雅。(金克木《信息场》)

(6)决心终身守寡的时候,你们以为在她心里的那个起轩,是我现在这副半人半鬼的模样吗?(琼瑶《鬼丈夫》)

(7)看她的半死半活的样子,他想起钱默吟太太来。(老舍《四世同堂》)

综上所述,"半A半B"是个有贬义倾向的框式结构,大部分有贬义色彩,而且贬义中又有程度上的差别:当A、B为绝对反义词或语素时,贬义色彩最强烈;当A、B为相对反义词或语素时,在使用其本义时中性,在使用其引申义时,贬义色彩较弱;当A、B为意义相关的词或语素时,趋向中性。所以,就贬义色彩强弱而言:半阴半阳>半生半熟>半坐半卧。

三、"半A半B"与相关格式的比较

(一)"半A半B"的相关格式

当A、B意义相反或相对时,与"半A半B"相关的格式还有"半A不B"和"不A不B",这三种格式的意义基本相近,但是各有特点。主要区别在于观察的视角不同:

1.肯定视角:"半A半B"是从肯定的角度看,各占一半,即为中间;

2.正反视角:"半A不B"既从肯定的角度看,也从否定的角度看,肯定这一半,否定那一半,也为中间;

3.否定视角:"不A不B"则是从否定的角度看,否定两端,还是中间。

这三种格式意义相似,但有细微的区别,须作仔细分辨。

(二)"半A不B"与"半A半B"的比较

《现代汉语八百词》、《现代汉语词典》两种权威词典都认为"半A不B"有厌恶、讨厌的意思,其实不然,根据我们的观察,发现用语义中性的情况反而比较多。例如:

(1)外膜层由14—20个带缺口的软骨环和周围的肌肉组成,

框式结构

使气管半软不硬,略能伸缩而不易压瘪,就像洗衣机上的螺旋软管一样。(《中国儿童百科全书》)

(2)他把头发梳光,换上一双新鞋,选择了一件半新不旧的绸夹袍,很用心的把袖口卷起,好露出里面的雪白的衬衣来。(老舍《四世同堂》)

(3)奶豆腐色如冻儿,韧如筋儿,半干不湿香溢味厚。(人民日报1996)

就褒贬色彩而言,"半A半B"的制约要素,同样适用于"半A不B":即当A、B为绝对反义词,则带有强烈的贬义色彩;当A、B为相对反义词,则本义为中性,引申义为弱势贬义倾向。例如:

(4)她听母亲说过,在她儿时,屋子里半高不低的横梁上挂着椭圆的悠车。(钱诗金《生命密码——睡眠决定生机》)

(5)名片上印着的头衔是天宇地产公司总经理——其实只是一个半高不低的小小职位。(原创网)

例(4)用的本义,表示具体的空间位置,是对现实现象的客观描写,没有褒贬之分。例(5)用的引申义,描述对象是相对抽象的"职位",就带有主观色彩,因为对"水平、职位",人们总是期望更"高"一点,"半高不低"显然并不是人们所期待的,倾向贬义。

"半A半B"与"半A不B"的不同之处在于,由于语义后重心原则,"半A半B"是一种偏向于B的中间状态,而"半A不B"却是一种偏向于A的中间状态,因为从观察角度上看,对A是从肯定的角度看的,对B是从否定的角度看的,A是一半肯定,而B是全部否定,所以意义上便倾向于A了。试比较:

(6)a.更有西来的新词儿,借词语、语法、句法的排列组合而成

的半土半洋的文章横空出世,吓人出汗。(苏叔阳《浮华的世风与文风》)

b. 而对那些半土不洋的东西,则戏称为"土不到家"。(右江日报 2009-08-28)

显然,a 的"洋"味儿多一点,而 b 的"土"味儿多一些。

(三)"不 A 不 B"与"半 A 半 B"的比较

"不 A 不 B"结构比较复杂,这里只讨论与"半 A 半 B"相关的那一类,即 A、B 意义相反或相对,且为并列结构的"不 A 不 B"式,如"不新不旧、不男不女、不高不低"等。这一部分的"不 A 不 B"与"半 A 半 B"似乎意义相同,其实不然,关键是当它们描写客观事物的时候,即使用本义时,"半 A 半 B"比较中性,只是客观的描述,而"不 A 不 B"则显示出一种主观性,带有说话人的贬斥色彩。比较下例的 a 与 b:

(7)a. 客人走后,白玉山从他带回来的一个半新半旧的皮挎包里,拿出一张毛主席的像和两张年画。(周立波《暴风骤雨》)

b. 巴桑说得一点也没错,自从她们搬进这栋不新不旧的破公寓后,真的没有一个朋友上门走动,这里宛如孤域乏人问津,形同虚设的门铃始终没响过。(盘龙中文网)

(8)a. 有的垦户春种时,一家老小在田边择高地挖半上半下的地屋子,或用几根木棒扎一间"马架子窝棚"暂避风雨,秋收完毕举家归里。(山东新闻网 2009-9-9)

b. 但却不知道是什么人会在这里开凿,不上不下的,有什么用处?(回天追梦《逆天神雕》)

例(7)(8)的 a 与 b 都是用的本义,描写对象也都是具体事物,

框式结构

但是 a 例只是客观地描写一种中间状态,而 b 例则带有说话人厌恶的主观色彩,所以当人们要描述一种自己主观上并不喜欢的东西时,就倾向于选用"不 A 不 B"式了;而客观描述,则选用"半 A 半 B"。

四、"半 A 半 B"结构泛化的原因

"半 A 半 B"在古代汉语就是一个使用频率高、比较活跃的格式,例如:

(1)龙门之桐,高百尺而无枝……其根半死半生。(枚乘《七发》)

(2)半推半就,又惊又爱。(王实甫《西厢记》)

这些从古代汉语传承下来的词语结构凝固、意义融合,已成为固定短语,沿用至今,被成语词典和一般词典所收录。

这些固定短语本来数量有限,但近些年来,进入"半 A 半 B"框式结构的语素和词越来越多,具有一定的能产性。造成"半 A 半 B"框式结构泛化的原因主要有四个:

第一,具有独特的语法意义,反映了人们认知上的一个重要领域,即"中间状态"和"过渡地带"。

第二,贬义倾向鲜明,而且呈现程度的差异。该结构显示了对所描写事物的批判性语义倾向,尤其在口语中贬义色彩更为明显。

第三,可接受度强。四字格结构近似汉语中的成语,容易凝固成熟语,在"熟语化"的作用下,"半 A 半 B"容易上口,节奏明快,结构紧凑,语义表现力强。

第四,能产性强。无论单音节的动词、形容词、区别词,还是名词都比较容易进入该格式,而且现在还扩大到多音节。

"半A半B"与"半A不B"以及"不A不B"构成了一个互补的框架结构系列,具有独特的表现力和语义色彩,显示出旺盛的生命力。这一研究不仅对构式语法研究有理论意义,在对外汉语教学方面也有显著的应用价值。

参考文献

甘莅豪(2008)"不A不B"的构式义与语义的消极倾向——基于认知与语用的分析,《修辞学习》第2期。
李卫中(2000)与"半"字相关的格式的考察,《殷都学刊》第3期。
卢卫中(2002)词序的认知基础,《解放军外国语学院学报》第9期。
吕叔湘(1980)《现代汉语八百词》,北京:商务印书馆。
邵敬敏主编(2006)现代汉语通论(第二版),上海:上海教育出版社。
沈家煊(1993)句法的象似性问题,《外语教学与研究》第1期。

(与硕士生黄燕旋合作,原载《陕西师范大学学报》2011年第1期)

"一Ａ一Ｂ"框式结构的位序原则及其构式语义

一、引言

"一Ａ一Ｂ"式是现代汉语中一个能产性很强的框式结构。所谓框式结构,是指前后有两个不连贯的词语相互照应、相互依存,形成一个框架式结构,具有特殊的语法意义和特定的语用功能,如果去除其中一个,该结构便会散架;使用起来,只要往空缺处填装合适的词语就可以了,这比起临时组合的短语结构具有某些特殊的优势。本文讨论的"一Ａ一Ｂ"框式结构,指由两个数词"一"分别把两个不同的语言成分连接起来,中间没有任何停顿的四字格式。这一格式其实早在先秦文献中就出现了,例如:

(1)臣弑其君,子弑其父,非<u>一朝一夕</u>之故,其所由来者渐矣。(《周易》)

(2)<u>一盛一衰</u>,文武伦经;<u>一清一浊</u>,阴阳调和,流光其声。(《庄子》)

随着社会的发展,"一Ａ一Ｂ"框式结构已被人们高频使用,成为人们用来表情达意的一种重要的能产构式。

本文尝试运用构式语法理论从语义、认知的角度对"一Ａ一

B"框式结构进行描写解释,根据"一 A 一 B"框式结构中 A、B 的语义关系以及句法表现,重点探讨 A、B 的位序原则以及临时换位的语用动因。

本文所引例句除特别标明出处的之外,其余全部都是引自北京大学 CCL 语料库。

二、A、B 的语义关系及句法特点

进入"一 A 一 B"框式结构的成分 A、B,主要是名词、动词、形容词、区别词和量词。A 和 B 的搭配不是任意的,关键是语义上必须有某种联系,完全没有联系的语言成分不能同时进入该格式。A、B 间主要存在三种语义关系:并列关系、先后关系、配列关系。语义关系决定了句法关系,"一 A 一 B"这三种不同的语义关系,分别构成了句法上的联合结构、连动结构以及主谓结构。

(一)并列关系

并列语义关系的"一 A 一 B"在句法上构成并列结构,不仅数量最多,而且内部还可细分为类义关系、同义关系、反义关系。

1.类义关系。A、B 是表示同一类属具体事物的名词。例如:

一桌一椅、一菜一汤、一草一木、一花一鸟、一酒一茶、一川一峰

2.同义关系。A、B 是意义相同或相近的名词、量词、动词。例如:

名词:一笔一画、一言一语、一模一样、一招一式、一生一世、一波一浪

量词:一点一滴、一星一点、一堆一簇、一丝一缕、一分一厘、一

框式结构

丝一毫

动词：一瘸一拐、一歪一扭、一蹦一跳、一吟一咏、一歪一斜、一摇一摆

3.反义关系。A、B是具有反义关系的名词、形容词、区别词。例如：

名词：一头一尾、一上一下、一东一西、一里一外、一早一晚、一朝一夕

形容词：一强一弱、一高一矮、一喜一悲、一横一竖、一松一紧、一胖一瘦

区别词：一正一副、一阴一阳、一男一女、一雌一雄、一单一双、一荤一素

通常情况下，A、B的词性跟"一A一B"的结构功能应该是一致的。例如，A和B如为普通名词，则"一A一B"具有名词性短语的指称功能，主要充当句子的主语、宾语和定语。A、B是动词，如果动作同时进行，就是并列结构，主要作谓语。A、B如为形容词，"一A一B"格式相当于形容词性的短语，可以作谓语、定语和状语，这是不言而喻的。但是，作为一个框式结构，"一A一B"的结构功能也有可能跟A和B的词性不一致，这主要是两种情况：

1.A、B如为方位名词、时间名词，"一A一B"格式除了名词的指称性，另外还表现为状态性，可以作谓语或状语，接近于形容词的功能。例如：

(3)她们<u>一前一后</u>，从高台两旁的白石扶手上，像打滑梯一样，欢笑着出溜到平地来。(孙犁《风云初记》)【谓语】

(4)田平原先在科学院开大客车，<u>一早一晚</u>接送上下班人士。

144

(方方《白雾》)【状语】

2. A、B如为区别词,"一A一B"格式往往具有指称功能,句法功能是名词性的,除了作定语,还可以充当主语和宾语。例如:

(5)一公一母,就这么简单。(尤凤伟《石门夜话》)【主语】

(6)大家上前去看人头,发现一男一女:男的是工作员老范,女的却不认识。(刘震云《故乡天下黄花》)【宾语】

(二)先后关系

这主要由具有反义关系的动词构成。其关键是时间上是否可以分出先后,从而造成动作的连贯性。如:一趋一停、一拉一推、一退一进、一张一弛、一翻一压、一闪一灭。此语义关系的"一A一B"的主语往往是相同的。在句法上构成连动结构,主要作谓语或状语。例如:

(7)一只怀孕的野兔儿,在麦垄儿里悄悄地跑过,从山地飞到平原来的蓝靛儿鸟,在一片金黄的菜子地里一起一落。(孙犁《风云初记》)【谓语】

(8)他请安请得最好看:先看准了人,而后俯首急行两步,到了人家的身前,双手扶膝,前腿实,后腿虚,一趋一停,毕恭毕敬。(老舍《正红旗下》)【状语】

(三)配列关系

仅从词汇意义上,看不出A、B有什么联系,但从句法上看,可以发现它们之间存在这种关系:每一A,就配有一B,这可称之为"配列关系"。其中的A、B一般是名词或量词。如"一步一岗、一人一台、一马一鞍、一本一利、一刀一个"等。配列关系的A、B所构成的"一A一B"格式为主谓结构,主要作谓语、状语,也可作宾语。例如：

(9)办公室里一人一机，机机联网，由计算机系统处理公文起草、审批、定稿、发文的全过程，机关已实现无纸办公。(人民日报1996)【谓语】

(10)说时迟，那时快，朴善浩提着手枪冲来，一枪一个，击毙了那两个警卫。(张雄、周辉《情报部长刺杀总统朴正熙》)【状语】

三、"一A一B"的构式语义特色

构式语法(Goldberg 1995)认为："假如说，C是一个独立的构式，当且仅当C是一个形式(Fi)和意义(Si)的对应体，而无论是形式或意义的某些特征，都不能完全从C这个构式的组成成分或其他业已存在的构式完全推导出来。""一A一B"框式结构所表示的构式语义，恰好验证了这一观点。事实上，该框式结构在语义上出现了三种变化：(1)加合功能，"一A一B"＝A＋B；(2)增值功能，"一A一B"＞A＋B；(3)借喻功能，"一A一B"≈A＋B。

(一)语义的加合功能

"一A一B"框式结构所表示的语义是"一A"和"一B"语义的累计相加，"一A一B"语义主要是由A、B的语义互补构成的。例如：

(1)他仔细看了看那一男一女，不是外人，正是金山与王莹。(方可、单木《中共情报首脑李克农》)

(2)病痛使他的腰再也直不起来，腿也一长一短，走路更多了一分艰辛。(报刊精选1994)

这种类型的语义只是简单的相加，并没有衍生出其他的含义。

类似的构式还有"一前一后、一南一北、一远一近、一纵一横、一坐一站"等。

(二)语义的增值功能

"一A一B"中的"一A"和"一B"相互作用,不仅表达了A、B本身所具有的语义信息,而且增加了A、B以外的信息量。例如:

(3)我们等待着,什么事情也不做,这里走走,那里看看,好像要记住这里的<u>一草一木</u>,以防日后忘记。(陆文夫《人之窝》)

(4)但是城堡作为珍贵古迹,<u>一砖一瓦</u>都不能动。(人民日报1996)

这里的"一草一木"不是指"一株草和一棵树",而是包括以"一草一木"为代表的所有东西;同理,"一砖一瓦"是指"城堡的一切东西"。它们扩大了原有的信息量,产生了语义的附加值。类似的还有"一针一线、一花一鸟、一木一石、一川一峰"等。

(三)语义的借喻功能

"一A一B"框式结构的意义结合紧密,成分A和B之间由格式带来了某种约定俗成的语义关系,常常带有隐喻或者借喻的因素。例如:

(5)李亚有一段时间常跟沙风<u>一唱一和</u>嘲笑豆儿为"伪预言家"。(方方《白雾》)

(6)大学里的人大多忙忙碌碌备课做学问且还要为人师表,故而诸事都<u>一板一眼</u>,刻板严谨。(方方《定数》)

上述例句中的"一唱一和""一板一眼"的语义分别是"比喻二人互相配合,互相呼应"和"比喻言语行动有条理,合规矩,不马虎"。它们表述的意义是约定俗成的,跟成分A、B或A+B没有直接的关系。再如"一手一足、一朝一夕、一字一板"等无不如此。

四、A、B 的位序原则

"一 A 一 B"框式结构中的 A、B 的位序大部分是固定的,不能任意互换,制约这样的位序主要有以下三种原则:

(一)构词顺序稳定原则

"搭档"等这些已经成词的词语拆开来以后进入"一 A 一 B"框式结构中,变为"一搭一档"。这时 A、B 的顺序一定要跟词语"AB"的顺序一致,而不能换为"一 B 一 A"。这里遵循的是"构词顺序稳定原则",即遵循社会公认的语言习惯,而不是别出心裁,另搞一套。再如:

一模一样、一问一答、一言一行、一草一木、一搭一档

一针一线、一男一女、一高一低、一粗一细、一长一短

(二)时间先后顺序原则

人们在认识世界的时候,往往遵循着时间的先后顺序,从而在语言表达时也反映出这样的顺序,两者应该是呼应、一致的。如先出现的人、物、时间,先发出的动作行为,总是排在前面;后出现的人、物、时间,发生在后的动作行为,就排在后面。这里遵循的就是"时间先后顺序原则"。例如:

一早一晚、一朝一夕、一问一答、一起一落、一升一降、一来一往

一拉一推、一进一出、一攻一守、一退一进、一翻一压、一来一去

（三）语义褒贬倾向原则

在生活中，情感会体现在人们对事物或事情的评价上。一般说来，将评价高的事物、事情或积极的情感放在前面的 A 位置，将评价低的或消极的情感放在后面的 B 位置。如"一美一丑"，先说"美"后说"丑"，这里遵循的是感情的褒贬倾向于前后的原则。再如：

一喜一忧、一强一弱、一喜一悲、一明一暗

一兴一败、一真一假、一好一坏、一正一反

五、A、B 临时换位机制的语用动因

"一 A 一 B"的位序在某些语用动因的影响下，A、B 也可以互换，甚至可以打破一些相对稳定的排列顺序。这主要有以下四种类型：

（一）上下位语境照应的需要

在言语实际表达中，为了与语境中已有的语言信息保持一致性，一些已经约定俗成的排列顺序要重新排列。例如：

(1) 一颗小小的"黄豆"镶嵌在气势壮观的门楣上，这"一小一大"充满了辩证的色彩，仿佛在向人们宣示着这个公司由小到大的秘密。(报刊精选 1994)

(2) 一位著名人类学家和一位正热心于黑人运动的著名作家，一女一男，一白一黑，同是美国人。(《读书》)

上文出现相关事物的顺序把出现频率很高的"一大一小"、"一男一女"、"一黑一白"变为"一小一大"、"一女一男"、"一白一黑"。其主要原因就在于此时 A、B 的位序要跟语境中出现的相关事物

框式结构

的顺序保持一致,是表达信息经济有效的需要。

(二)语句内部语义匹配的需求

为了跟上下文表述相一致,尤其在语义上能够匹配,就需要对某些构式进行变换,使之更加符合上下文语义一致性的需求。例如:

(3)用大量事例从不同的侧面和角度,从一滴一点的小事灌输净化人们的心灵。(人民日报1995)

(4)他们或是一敲一打地在修理支撑着生计的农具,或是一线一针地连着一家人御寒的冬衣,或是一画一笔地写着藏着希望的功课。(人民日报1996)

例(3)的"灌输"显然跟"滴"比跟"点"的语义关联更加密切,例(4)的"连着"显然也跟"线"比跟"针"更有关系。这样,就需要把"一点一滴,一针一线"改造为"一滴一点,一线一针",从而凸显"滴"和"线"。

(三)语言表达跟客观事实一致性的需求

语言要反映客观事实,而某些现成的构式无法反映客观事实时,显然不能让事实迁就语言构式,而必须对语言构式进行改造来反映客观事实。例如:

(5)在这八步当中,呼国庆实质上只走了一步,他不断地重复他走过的那个位置,一进一退,一退一进。(李佩甫《羊的门》)

(6)一对槽脊,一低一高组成一个波动。(《中国儿童百科全书》)

例(5)显然不能仅仅用"一进一退"来描述呼国庆的行走,而必须再用"一退一进",才能准确地对客观事实进行全面描述。例(6)

"一低一高"则客观反映了波动由低到高的进程。

(四)趋新求异的心理需要

追求新颖时尚是人类的共同心理,同样,在言语交际中人们也会自觉或不自觉地运用一些超常规表达方式来表达思想。这些超常规的语言使用反映出了人们趋新求异、挑战权威、期待被关注的心理需要。例如:

(7)我撅着屁股高抬腿<u>一跳一蹦</u>地钻进人群,在每个姑娘的脸上打量察看。(王朔《玩儿的就是心跳》)

(8)一瓶一壶,巧夺天工,<u>一木一草</u>,皆具灵性。(www.wh-sctd.com/index1.asp)

尽管部分"一 A 一 B"的位序在某些语用动因的影响下可以互换,但是其位序稳定的组合还是起主导地位的。我们在北京大学 CCL 语料库中对以下短语的用例进行了穷尽性的搜索及统计,结果也说明了这一点:

一大一小　109条　　一小一大　3条
一男一女　346条　　一女一男　8条
一针一线　100条　　一线一针　2条
一点一滴　358条　　一滴一点　2条

六、结语

本文运用构式语法理论对"一 A 一 B"框式结构进行了描写解释,指出"一 A 一 B"中 A、B 间的语义关系为并列关系、先后关系、配列关系三种,相应的构成联合、连动和主谓结构的句法关系,其构式义也有三种,分别为相加、增值和借喻;并在此基础上重点

框式结构

探讨了制约 A 和 B 位序的三种顺序原则,以及 AB 临时换位的四种语用动因。

"一 A 一 B"式是现代汉语中高频率使用、能产性很强的一种框式结构,成分 A、B 具有开放性和选择性。在语言交际中,还可常见其延展格式"一 A 一 B 一 C"等。显然,研究这一框式结构,对深入了解汉语的结构特点以及表达方式都有一定的启发和帮助,对构式语法理论的中国化有借鉴的理论意义,在对外汉语教学方面也有一定的参考价值。

参考文献

丁声树、李　荣(2002)《现代汉语词典》(增补本),北京:商务印书馆。
邵敬敏(2008)"连 A 也/都 B"框式结构及其框式化特点,《语言科学》第 4 期。
邵敬敏(2007)《汉语语义语法论集》,上海:上海教育出版社。
Goldberg, A. E. 1995 *A Construction Grammar Approach to Argument Structure*. Chicago:University of Chicago Press.

(与硕士生崔少娟合作,原载《当代修辞学》2010 年第 3 期)

语义与结构

从"V 给"句式的类化看语义的
决定性原则*

本文讨论"非给予义 V＋给"结构及其构成的句式,我们关心的问题是语法意义对结构形式的决定性作用。在"V 给"结构中,V 通常有三类:Va(给予义);Vb(制作义);Vc(取得义)。我们重点观察并分析"V 给"结构在构成相关句式的过程中,语义是如何决定形式的,这就表现为语义语法的三个基本原则:语义一致性原则、语义自足性原则和语义互补性原则。

一、V 与"给"的语义匹配要求

朱德熙先生在《与动词"给"相关的句法问题》(1979)一文中指出:带"给"的句式主要有三个,相关的双宾语句一个。它们是:
S1:他送给我一本书。
S2:他送一本书给我。
S3:他给我寄一封信。
S4:他送我一本书。

---

* 本文在"语言教学与研究国际学术研讨会暨《语言教学与研究》创刊 30 周年庆典"(2009 年北京语言大学)上宣读。

语义与结构

朱先生认为,以上这些句式能否成立,主要跟动词的小类有关,而动词的小类说到底是由语义特征来决定的。根据语义特征,可以把有关动词分为四类,它们各自在构成不同句式方面存在的差异参见下表(表中动词的标记,根据我们的需要重新拟定):

			S1	S2	S3	S4
Va1	卖类	[＋给予]	＋	＋	－	＋
Va2	寄类	[±给予]	＋	＋	＋	－
Vb	炒类	[＋制作]	－	＋	－	＋
Vc	买类	[＋取得]	－	＋	＋	＋

其中讨论的重点是 S1(V 给双宾语句),它实际上反映了动词 Va 与 Vb、Vc 的对立。"卖"类 Va1 具有【＋给予】语义特征,这无可争议;而"寄"类 Va2,本身并无【＋给予】义,一旦进入 S1 句式,才获得了【＋给予】义,朱先生解释为这类动词具有"语义的不确定性"。其实"寄"类动词本身由于隐含一个潜在的接受者,所以进入该句式之后,可以激发出"给予"义,而并非是"给"赋予的。

Va1"卖"类动作,从理据上来说,除了动作发出者 A,还涉及两个要素:转移物 C 和接受者 B。这些要素跟 V 和"给"同现的情况是不同的。我们注意到以下语言事实:

S1:他送给我一本书。/小王卖给他一辆车。

S2:他送一本书给我。/小王卖一辆车给他。

S3:他给我送一封信。/小王给我卖一辆车。

S4:他送我一本书。/小王卖他一辆车。

S5:他给我一本书。/小王给他一辆车。

S6:他送一本书。/小王卖一辆车。

S7:? 他送我。/? 小王卖他。

S8:＊他送给一本书。/＊小王卖给一辆车。

S9:(那车)他(把那车)送给我了。/(那车)小王(把那车)卖给他了。

这些语言事实给我们的启示是:

1. Va 和"给"都出现,而且 Va 的语义对象"转移物 C",以及"给"的语义对象"接受者 B"也都出现,语义得到了满足,句式 S1 和 S2 都成立。在这样的句子里,其实"送"和"卖"都只是"给"的方式,语义的重心实际上是"给"。

2. S3 中的"给"表示"为",是另外一个"给",不是我们所要讨论的句式。

3. S4 尽管"给"没有出现,但是由于动词 Va 具有"给予"语义特征,B、C 的语义要求都得到了满足,所以句式依然成立。

4. S5 中,Va 没有出现,但是有动词"给",尽管怎么给的方式没出现,语义重点还在,所以并不影响句子成立。

5. 当"给"不出现时,V 可以跟直接宾语 C 组合,而不必出现接受者 B,比如 S6,因为既然没有出现接受者 B,"给"也就不是必需的。

6. 但是如果没有"给",又没有动作的转移物 C,V 跟 B 直接组合就不大能够成立,比如 S7,起码给人的感觉是不能完句,可见"给"与接受者 B 在语义上要求同现。

7. 当 V 和"给"都出现时,就不能光是出现 C 而没有接受者 B,因为"给"的语义要求接受者 B 与之匹配,所以 S8 不能成立。

8. 但是如果"V 给"都出现,却只有 B 而不出现 C,语义得不到

157

满足,所以需要在句尾加上语气词"了"来完句,实际上 C 在上下文里隐含,比如 S9。甚至于可以直接把主语"他"或者"小王"理解为转移物 C。

以上事实说明:具有[＋给予]语义特征的 Va1 跟转移物 C 的关系更为密切,而"给"则跟获得者 B 关系更加密切。它们在语义上的密切关系往往要求在句法上同现。一旦 Va1 后面出现"给"就要求必须紧跟接受者 B,否则语义就不能得到满足。语义不能自足的句子不可接受,或者不能完句。在这里,语义自足性原则决定了 S7 中 Va1 后面需要有 C 照应,S8 中"给"的后面需要有 B 的照应,否则句子接受度就很低,或者简直无法接受。

二、Vb 与 Vc 的语义特征及其构成句式

"炒"类和"买"类动词("Vb/c＋给")是不是真的不能构成 S1 呢?1978 年以来,现代汉语经过 30 多年的发展、演变,我们发现,这类句子不仅已经类化,而且开始泛化。北京大学 CCL 语料库相关语料逐年增多。例如:

(1)小孩的爸爸为了感谢爱迪生,教给他发电报的技术,并介绍他当车站服务员。(《中国儿童百科全书》)

(2)为此费了许多时候,抄给我数十页有关柳氏祖先最可靠的材料。(柳无忌《〈柳亚子年谱〉后记》)

(3)书上说法国男人可以不吃饭也要用最后一文钱买给情人一枝花。(青年文摘 2003 人物版)

动词"教"和"抄"其实不同:"教他发电报的技术"(双宾语句)成立,说明"教"实际上还是存在一个必然的转移物 C,不过不是具

从"V给"句式的类化看语义的决定性原则

体的物件,而是信息与技术。所以还应该属于Va1。而"抄"则不然,所抄的材料,可能转移,也可能不转移,不是必然需要转移的,所以属于Vb类动词。这一点非常重要,至于"买"类,那就更是典型的具有"获得"义的Vc了。

当我们上google网搜索时,发现由"Vb/c+给"构成的这类例句比比皆是,虽然似乎是在网上使用,其实我们的语感也是完全可以接受的。例如:

(4)楼主的很多碟,可不可以刻给我一些啊?(www.pkucn.com)

(5)我递给他一支烟,姆妈沏给我一杯茶,话头就又红火又滋润了。(www.a88.cn)

(6)我老妹从韩国买给我韩国饰品,开心死!(bbs.cndeaf.com)

(7)爱情不是承诺,是他努力工作,想要赢给我一个安定的家。(www.70s.cn)

前两例的动词是制作类的Vb,后两例的动词属于取得类的Vc。近30年来语言的变化是大大出乎我们意料之外的,开始时,能够构成S1的动词,也许只有"卖"类,但事实上早在20世纪80年代之前就开始扩大化了,"寄"类也能够进入这一句式已经说明S1句式的类化。按照这一发展趋势,"炒"类和"买"类构成S1,也是理所当然的。这基本上属于一种句式的类推、仿拟,类似的情况在语言生活中可以说是一种规律。我们也注意到,部分南方方言早就存在这类句子,比如上海话:

(8)我炒拨侬一只荤菜。

(9) 伊买拨我一套邮票。

　　方言句法当然对普通话会产生一定的影响,但是归根结底还是语义以及表达的需要在起决定作用。

　　首先,Va2 和 Vb 在动作属性上并没有本质的区别,都表示"制作义",我们之所以把它们分为两类,关键是 Va2 往往隐含一个潜在的"接受者"B,物件既然"寄"了,总应该有个"收件人"。相比之下,"写"比"寄"的给予义更为隐含,或者说不明确,因为写的目的既可以给别人看,也可以不给任何人看。但是"写"的对象如果不同,语义上就会显示一定的差异,当"写"的是"信"时,一般就意味着是给别人看的;如果"写"的是"日记",则一般就不是给别人看的了。因此,"写给他一封信"的接受度比较高,"写给他一篇日记"的接受度就比较低了。

　　换言之,凡是 Va2 寄出的东西,不管信、书、礼物,还是包裹,必定有个潜在的"接受者"B;而 Vb"刻"、"沏"、"画"、"炒"则不是必然存在着一个接受者,可以制作了给别人,也可以不给任何人。尽管如此,Va2 和 Vb 还是具有共同的特点,这在它们都不能构成 S4 这一点上得到证明。没有了"给",它们就不可能带上双宾语。同理,Vc"买"类可以为自己买,也可以为别人买,这一语义就决定了这类动词也可以构成 S1 的理据。Vc 还可以构成 S4,因为它的"取得"义决定了"输出者"D 的必然存在。

三、Va"时空合一性"与 Vb/c"时空离散性"的对立

　　在"他送/卖给我一本书"里,"送/卖"和"给"具有"时空合一性",补充和被补充的关系,是不可分割的一个行为,换言之,"送/

卖"这一动作已经包含了"给"的语义。正因为如此,即使去掉了"给",S4 也能够成立;当然出现"给",给予义就更为显豁。

然而,"炒"类和"买"类动词具有"时空离散性",行为动作是加合的。"炒给"、"买给",实际上是由两个分离的动作组成:先炒/买,再给。鉴别的方法是看 V 之后是否可以添加"了",句子的语义虽然有所区别,但是依然成立,换言之,Vb/c 必须实现了,接着才能"给"。

事实上,在 V 和"给"之间出现"了"的句子还真不少,尤其是 Vc,不过表示转移物的 C 通常在动词之前。例如:

(1)求爸爸在国外买一本《超声诊断学》,以便学习使用时,他很快设法买了给孩子,虽然书的价格并不低于一台立体声录音机。(人民日报 1981－2－20)

(2)三虎说:大哥是不是想把她娶了给我们做嫂子?(莫言《红树林》)

显然,Va"卖"类动词就不可以构成这样的句式。试比较下面四个例句:

(3)他把衣服卖给我。

(3')＊他把衣服卖了给我。

(4)他把那本书送给我。

(4')＊他把那本书送了给我。

这更说明"卖给"、"送给"是不可分割的一个行为整体,至于"卖一本书给我",似乎"卖"和"给"可以拆开,其实这是因为"卖"的对象是"书","给"的对象是"我",它们仍然属于一个行为的两个侧面,我们绝对不能颠倒过来说"卖我给一本书"。

语义与结构

在"V给"中能不能插入"了",实际上也就成了检测"V"跟"给"是一个行为还是两个动作的形式鉴别手段。因此,"寄给他"不能说成"寄了给他",而"写给他"则可以说成"写了给他"。根据这一检测方法,我们主张把"寄"、"教"划入Va"卖"类,把"写"、"抄"划入Vb"炒"类。

四、转移物C的位置变化

在"Vb/c给"构成的句式中,转移物C出现的位置是比较灵活的。可能出现在V之前,或者直接做主语,或者做某个动词的宾语,也可以由"把"引进做V的状语,甚至于做中心语,而"V给B"则做它的定语。当然也可能移位到V和给之间。具体情况如下:

1.转移物C可以利用"把"移位到V的前面。例如:

(1)身边的其他人也纷纷把邮箱写给记者,希望能得到照片作为永久保留的纪念。(新华社2004年新闻稿)

(2)把乡愁赢给我,把青春输给你。(www.a.com.cn)

2.转移物C在上文某处先行出现,做话题主语或者上句某个动词的宾语。例如:

(3)这幅鹰因为画给新当选的总统,所以题为"鹏程万里"。(作家文摘1995)

(4)喜欢什么就告诉妈妈,最贵最好的我也买给你。(岑凯伦《合家欢》)

3.转移物C在句法结构里充当的是中心语,"V给B"结构是它的定语。例如:

(5)是佛教举行宗教仪式时,教徒<u>唱给佛与菩萨</u>的颂歌。(新华社2004年新闻稿)

(6)悲喜交织的里面,是印章<u>刻给我</u>的话。(三毛《送你一匹马》)

4.如果由于语义的制约,人们可以理解到,C甚至可以不出现。例如:

(7)寄张空白盘给我,我<u>刻给你</u>。(www.coolunix.com)

(8)让警卫员沏<u>给碾米的乡亲们</u>喝。(2006.yuwen.com.cn)

5.转移物C还可以移位到V和"给"之间。例如:

(9)现在<u>唱歌给我</u>催眠吧。(莎士比亚《仲夏夜之梦》)

(10)每次出去母亲总是要带着孩子,不过现在可不大买<u>东西给他们</u>吃了。(苏青《归宿》)

五、V2隐现规律及其语义解释

"V给"句式谓语中的V2可以有两种类型:V2没出现或者出现。总的来看,出现V2的句子不但数量多得多,而且出现的时代也比较早。而且有部分V1后面必须要求V2出现,否则句子不能成立。

1. V2没出现

V1之后只出现B,即没有出现由B发出的动作V2,V1动作的对象往往出现在上文,例(1)由Vb构成,例(2)由Vc构成。例如:

(1)他把这个想法说给了一位副导演。(卞庆奎《中国北漂艺人生存实录》)

语义与结构

(2)你把她娶给乌兰洪古尔,依我看似乎不大妥当。(www.xj169.com)

2. V2 出现

除了 B,还有由 B 发出的动作 V2,即构成所谓的 V 给兼语句。例(3)由 Vb 构成,例(4)由 Vc 构成。这类句子特别丰富。例如:

(3)这歌唱给孩子听,唱给大人听,唱给时代听,唱给生命听。(报刊精选 1994)

(4)西洋糕则多是老太太叫住,买给她的小孙子吃。(汪曾祺《职业》)

问题在于,同一个动词,有时后面 V2 不同现(例 5、7),有时 V2 同现(例 6、8),尤其是例(9)有 V2 与没 V2 同现在一个句子里。这又是为什么呢?例如:

(5)没问题,明天等你来拜年,煮给你!(www.6park.com)

(6)我母亲做了些菜肉馄饨,要不要我现在煮给你吃?(卫慧《上海宝贝》)

(7)警钟——敲给所有的新传人。(www.cxinw.com)

(8)我们切不可以为,那警钟全是敲给农民听的。(报刊精选 1994)

(9)老婆是娶给自己的,不是娶给别人看的。(www.bgtv.com.cn)

这样,在句式结构上,就形成两种格式的对立:

1."(把)CV1 给 BV2"。句子的信息表示,不仅显示出转移物,而且进一步显示给了 B 之后 B 用来做什么,即目的 V2。V2

从"V给"句式的类化看语义的决定性原则

的同现是很重要的,因为相同的动作,目的可能不同,例如:

(10)我这就去洗给你看,让你无话可说,证明我江晓星不是那种人!(www.xxsy.net)

(11)入睡后要求室友捐个苹果并洗给她吃。(spaces.msn.com)

例(1)"洗"的是衣服,目的是显示自己会洗衣服,让对方看看自己的本领;而例(2)"洗"的是苹果,则是用来"吃"的。

2."(把)CV1给B"。转移物C给了B,句子就结束了,至于B用C去作什么,则没有做进一步的说明,换言之,句子里没有再出现V2。例如:

(12)赶快画给我!(rinzzz.blogspot.com)

(13)我和亢先生抢电视看,逍逍就把我手里的遥控器抢给他爸爸。(baobao.yaolan.com)

从语义信息传递必须充分这一角度看,V2对这类句式是非常重要的,但是客观上有相当多句子的V2不出现,这可能有以下几个原因:

第一,动词V的语义所能够提示的信息比较确定,比如"说"的当然是"话",属于同源宾语,目的是让对方来"听"。正因为如此,就可以省略V2"听"。试比较下面两例(括号内的动词是笔者所加):

(14)孔府家酒"国际金奖"的广告词似乎是说给海外游子或外国人听的。(报刊精选1994)

(15)只好和李洪海回家,并将此事说给周围的人(听)。(报刊精选1994)

语义与结构

(16)那就把晴雯和林黛玉都<u>娶给你</u>(为妻)怎么样?(www.cc.org.cn)

(17)没问题,明天等你来拜年,<u>煮给你</u>(吃)!(www.6park.com)

例(14)显示了目的是让对方"听",例(15)虽然没有把"听"显示出来,但是既然是"说",自然需要对方来听了。(16)的"娶"、(17)的"煮",由于动词的语义明确,即使没出现 V2,意思也是确切无疑的。

第二,由于上下文的语境制约,特别是 C 已经在上文出现,人们明白 B 有了 C 到底可以做什么,所以就没有必要显示 V2。例如:

(18)文忽然变戏法般掏出一只烤红薯:"知道你会冷,特意<u>买给你</u>。"(鹤发渔樵《温情红薯》)

(19)这支歌,<u>唱给英雄的兰新人</u>。(报刊精选1994)

例(18)C"烤红薯"自然是"吃"的;例(19)C"歌"是来"聆听"的。

第三,知识背景提供足够的信息,听话人明白 B 得到以后将会做什么。例如:

(20)最大的大白熊比我还大,是老公在嘉年华<u>赢给我</u>的!(bbs.800buy.com.cn)

(21)只要我相公爱喝,我都<u>买给他</u>!(《武林外传》)

例(20)的大白熊,当然是给"我"来玩的,例(21)的"爱喝"的当然是"酒"。

如果没有出现 V2 的句子,一般都可以补出来,而且句义不变

(括号内的 V2 是笔者所添加,原文没有)。例如:

(22)以下为庞龙唱给你(听)的歌。(www.yue365.com)

(23)这是爸爸第一次买给我(玩)的玩具。(bbs.dmzj.com)

我们发现,这类句子有个共同的特点:"V1 给 B"结构往往是充当定语的,而且中心语恰恰是 C,正因为 V1、B、C 和"给"这四大要素都在一个句子中同现,由于"信息互补"原则在起作用,V2 才可以隐含。当然这里的 V2 也是可以填补出来的,但是根据交际的简约原则,一般情况下,V2 可以不出现,除非是需要强调这一信息。

有时候,动词 V1 是个多义词,孤立地看,可能不明白到底是什么意思,但是在上下文里,即使后面没有出现 V2,句义还是清楚的。例如下面三个例句的"敲"其实各不相同:

(24)警钟敲给谁?(www.cfen.cn)

(25)孙继海贴身逼抢将球断下,脚后跟敲给身后的索梅伊尔。(sports.sina.com.cn)

(26)我把整首"如风"都敲给了她。(club.5fox.com)

(24)"敲"警钟,当然是"听"的;(25)用脚"敲"足球,是让对方"踢"的;(26)在键盘上"敲"出诗歌,是让对方"看"的。

在这里显然是"语义互补原则"在起作用。即句子里显现的词语和结构关系能够提供足够的语义信息,这时有的句法成分可以不在句子里出现,也不会影响到语义的理解。

要特别注意的是,有一部分例句中的 V2 是不能缺省的,如果缺省,句子就不能成立,这显然也是有原因的。关键是这个 C,它实际上可以分为三类:1.物件;2.信息;3.行为展示物。物件是具

语义与结构

体的,具有三维空间;信息是抽象的,虽然摸不着,但是也可以借助于口耳来看或者听。这两个都可以通过某种动作进行转移。至于行为展示物,不是行为本身,而是指通过某种行为展示出来的姿势、能力、技巧、本领等等,这实际上根本无法转移,只能展示。

凡 C 是物件和信息的 V 给句,可以出现 V2,也可以不出现 V2。但是 C 是行为展示物的 V 给句则必须出现 V2。因为很多情况下,如果不出现 V2,整个句子的语义不可理解。例如:

(27)医生驱车到病人家,珍妮当场一步步走给他看。(人民日报 1994)

(28)"你再叫给姐听,哭给姐看,这样好受些……"姑娘哽住了。(冯德英《迎春花》)

以上例句中的"走给他"、"哭给姐",如果缺少后面的动词 V2,单独出现,人们就不能明白该句子的句义,所以句子不能成立。我们发现这里的动词都是不及物动词,它基本上不涉及动作的对象,这时的所谓转移物,实际上只是抽象的"姿势"、"舞步"、"姿态"等,所以必须出现"V1 给 B"的目的 V2。当然,如果有上下文制约,有时候 V2 也不是绝对不能省略的。例如:

(29)跳给神看也跳给自己的戏,是屯堡村寨春节期间独特的娱乐活动。(paowang.com)

由于上文"跳给神看",已经明确点出 V2 是"看",接着的"跳给自己"就不必出现"看"了。

C 如果属于信息,这类宾语往往是同源宾语,比较下面四个例句,我们可以发现 V2 隐现的规律:

(30)没想到上课时,星海还把我的作业唱给大家听。(人民日

报 1995)

(31)他的作品都是用心唱给北国田野的一曲曲深情的颂歌。(人民日报 1994)

例(30)的 V2"听"不能省略,否则句子不可接受;而例(31)却省略了 V2"听",因为这一结构是充当中心语"歌"的修饰语,语义得到了满足。

如果动词 V1 是个多义词,而且搭配的对象也千变万化,这时 V2 也不能省略。例如:

(32)希望有一天能把这些海螺都抓到,然后炒给老婆吃。(www.6park.com)

(33)四川长虹不是炒给管理层看的,又是炒给谁看的呢?(finance.icxo.com)

同样一个"炒",炒海螺是吃的,炒股票是看的。

尤其是 V2 比较特殊时,就更加不能省略了,否则别人根本就不明白你想说什么。例如:

(34)北京人喝酒为了自己高兴喝,喝多喝少喝给自己舒坦。上海人喝酒给别人喝,喝贵了喝便宜了喝给别人看。(home.wangjianshuo.com)

(35)国有企业需要增加的流动资金,就只好挤给银行解决。(www.china-b.com)

例(34)的 V2 是形容词"舒坦",例(35)的 V2 是"解决"。

我们还发现,"V1 给 BV2"结构里,V2 是"看"的最多,从而形成一种特殊的格式"V1 给 BV 看(看)"。需要注意的是"V 给你看"实际上是歧义的。比如"买给你看",就有两种意思:

语义与结构

第一种意思只是让对方看自己"买"的行为,目的是显示自己会买,有能力买。例如:"你说我不会买?我买给你看。"A 通过 V 或者 VC 的动作,不是让 B 看 C,而是向 B 显示自己的某种技术、本事、身手、知识、能力或本领等比较抽象的东西,所以无所谓"C 从 A 到 B"的转移,这里的 V2 绝对不能省略。有些动词,只能够构成第一种意思,包括不及物动词,以及某些及物动词,比如"吃"、"喝"、"骑"、"说"等,不是真正的"制作"意义,即不能产生某种具体事物的动词。再如:

(36)儿子不敢骑,要我先骑给他看。(club.xilu.com)

(37)你怕毒药,我喝给你看。(欧阳山《苦斗》)

例(36)不是给他看自行车,而是给他看自己骑车的技术;例(37)通过"喝"这一动作,给对方证明"无毒"。这里的"给",和"给葡萄"、"给钱"的"给"相比较,显然虚化了。

第二种意思是真的买某个东西,比如衣服、书本,给对方观看。例如:"这本书可好了,我买给你看。"A 通过 V1 动作把 C 给 B 看,这里"看"的是转移物 C。这里的动词往往可以显示通过这一动作,获得或产生某种具体的事物。例如:

(38)树上也有蚂蚁哦,要不要我抓给你看看。(soul.house.sina.com.cn)

(39)范玮琪的好身材洗给你看。(www.mtvchina.com)

因此,这类动词所构成的这类句子可能有歧义。例如:

(40)我写给你看。(www.douban.com)

(41)干吗老拍我啊,抢给你看!(www.xici.net)

(38)可能是指"抓"具体的事物给对方看;也可能只是指让对

从"V给"句式的类化看语义的决定性原则

方观察自己"抓"的样子。"V给B看"格式在书面上有歧义,但在口头上应该是没有歧义的,口头上通常都会通过轻重音来区别这种歧义。通常表示让别人看什么的时候语气比较平缓,"V"和"看"的音强差不多;表示展示或证明某种能力给别人看的时候,"V"重读而"看"轻读(虽然未必念轻声)。闽南方言则可以省略"给",即说成"我买你看。"

(42)这本书很好,我买给你看/我买你看。

(43)你说我买不起,我买给你看/我买你看。

从哲学高度来看,世界上的万物都是内容决定了形式,这是第一位的,当然形式也可以反作用于内容,但那毕竟是第二位的。这就意味着:从本质上讲,是语法意义决定了结构形式,而不是结构形式决定了语法意义。

语义一致性原则,是指句法成分之间的组合在语义上要求保持语义特征的一致性,缺乏一致性的组合是不能成立的。语义自足性原则,是指句法结构必须在语义上自我满足,不能有所欠缺,如果做不到,句子的合法度就要受到挑战,有的甚至于不能成立。语义互补性原则,就是句法成分在语义上是互相补充的,有时候这一语法角色可以由上下文提供,或者由语境承担,甚至于在人的认知结构里找到归宿。如果我们运用语义的这三个原则来解释"非给予义V+给"结构及其构成的句式,也许是比较恰当的。

语义与结构

参考文献

朱德熙(1979)与动词"给"相关的句法问题,《方言》第2期。
赵金铭(1992)"我唱给你听"及相关句式,《中国语文》第1期。

(原载《语言教学与研究》2009年第6期)

从准定语看结构重组的三个原则[*]

所谓准定语,是朱德熙先生在《语法讲义》(1982)里提出来的,这一形似实非的定心结构反映了汉语语法的某些特点,我们拟运用"结构重组"的新观念进行重新分析。朱先生的"准定语"主要有三类:

A. 张三的原告、李四的被告

B. 他的篮球打得好

C. 我来帮你的忙

这三类定心结构与一般的定心结构明显不同,它们的特点是:

1. 结构体本身是黏着的,即不能独立成句,只能是句子中的一部分;即使有时成句,也是有条件制约的,必须是分句或者答句。

2. 一般定心结构里,N1 与 N2 之间不是领属与被领属的关系,就是属性与载体的关系,准定语结构里的语义关系却不属于上述两种,颇为特殊。

3. 形式上两个名词用定语标志"的"连接起来,但是语义上却隐含着一个谓语动词或者介词,构成特定的结构关系,所以跟"定语"是"形似实非",可称为"准定语"。

---

[*] 本文在"第二届汉语语法南粤论坛"(2008 年广东肇庆)上宣读。

语义与结构

一、A类指派性准定语

A类结构"NP1+的+NP2"构成的准定语结构,前面的定语如果是表人的名词或者代词,跟后面的中心语之间的语义关系,通常只能有一种:领属性关系。比如:

A1. 张三的帽子、他的帽子

A2. 张三的学生、他的学生

A1和A2的区别在于中心语名词的类别不同:A1的中心语帽子是物件,跟前面的定语"张三/他"不可能构成等同关系,只能理解为"帽子"是属于"张三/他"的;A2的中心语是指人的,但是跟修饰语也不能构成等同关系,还是领属关系。"诗人的风度"则是歧义的,除了领属关系,还表示比喻性的"像诗人一样的风度",但是不在我们讨论范围内。

然而"张三的原告"就不同了,它是歧义的A2/3。

1. 可以理解为领属性的,是A2类,张三本人是被告,另外一个人,比如王五,就是张三的原告。

2. 张三就是原告,前后名词实际上构成了同位关系。这一用法比较特殊,超出了名词性短语的一般用法,可归为A3。

构成A3特殊准定语结构的条件是:

1. 前后都是指人的名词或者代词。

2. NP1是定指、确指,指代具体某某人,NP2则是不定指、泛指,指代生活中的某种身份、职业、角色,往往是通名,也可以是专名(某类代称)。

3. 前后名词之间排除领属性语义关系,构成同位关系,而且隐含判断词"是"。

我们发现,这一格式的运用实际上受到很大的限制。例如"你的老师"、"我的学生"等单独出现,而且 NP1 和 NP2 都是定指、确指的话,语义优先选择理解肯定是领属性关系 A2,但是,如果 NP2 只是不定指、泛指的话,就有可能构成 A3 类结构。语义上的区别还需要受制约于某种结构成分或者一定的语境。换言之,这一结构在句子中充当的句法成分通常是四种情况:

1. 充当"是"字判断句的宾语。例如:

(1) 明天研讨会是老张的主席。

(2) 一打篮球,就是我的前锋。

2. 作为主谓谓语句的谓语出现。例如:

(3) 今晚这出戏,梅兰芳的苏三。

(4) 整个控制室,李先生的值班主任。

3. 作为前行分句,跟后面的分句构成因果复句关系。例如:

(5) 张三的原告,他先说。

(6) 你的法官,自然你宣判。

4. 两个或者多个平行性结构对举、并举。例如:

(7) 张三的原告,李四的被告。

(8) 他的男主角,你的女主角,我的配角。

我们查阅了北京大学 CCL 语料库,发现 203 条"XX 的被告",没有 1 例属于 A3 这样的结构,62 例"XX 的原告",也只有 1 例是 A3 结构,并且出现在对话中:

(9) 你的原告,你先说!

这实际上是口语表述的方式,书面语里很少出现。

语义与结构

以上四种格式中，A3结构的理解是毫无歧义的。其原因就在于NP2必定是生活中扮演的或者承当的某种角色，比如原告、被告、主席、会长、裁判以及戏剧中扮演的角色等等。所以，我们认为A3结构的语法意义表示的是：指派角色给某人。张三的原告，即在这场官司里，张三充当的是"原告"这一角色。

朱德熙先生试图运用变换式来证明A3跟"我开的灯"结构是一致的：

(10) 张三的原告→是张三的原告→张三是原告

(11) 我开的灯→(是)我开的灯→灯是我开的

朱先生认为，(10)与(11)是一样的，两者形成平行关系。指出这一点确实很有启发，但是，我们不得不指出，在(10)变换时，朱先生有意无意地把十分重要的"的"忽略了，而(11)的变换中，"的"则是保留的。我们认为正确的变换式应该是：

(12) 张三的原告→是张三的原告→原告是张三的

"原告是张三的"这句话好像不太能接受，其实际意思是"原告（这个身份）是张三（拥有）的"。这类句子的深层语义需要添加某些词语才能理解，我们再来观察同类的例句"梅兰芳的苏三"，也许会更加清楚一点：

(13) 梅兰芳的苏三→是梅兰芳的苏三→苏三是梅兰芳的

"苏三是梅兰芳的"的深层意思就是"苏三（这个角色）是梅兰芳（扮演）的"。因此，A3结构里的定语NP1，可叫做"担当某种身份或角色的主体"，而中心语NP2"原告"、"苏三"等则是"指派性角色"。A3结构可称之为"指派性准定语"。

换言之，这一结构的产生，可能经过三个步骤：

176

(14)今晚的演出,苏三是梅兰芳扮演的,诸葛亮是马连良扮演的。

1. 在口语里经过减缩,变换为:

(15)今晚的演出,苏三是梅兰芳的,诸葛亮是马连良的。

2. 再经过移位,就变换为:

(16)今晚的演出,是梅兰芳的苏三,马连良的诸葛亮。

3. 在汉语判断句里,判断词"是"往往可以脱落,这样就进一步变换为:

(17)今晚的演出,梅兰芳的苏三,马连良的诸葛亮。

这样的句式变化,我们可以称之为结构重组,即根据语用的简约原则,可以通过"减缩"、"移位"和"变换"等手段,对原有的结构或者句式重新进行组合,并且尽可能采用现成的结构式,从而产生出一种形似实非的新模式。

二、B 类技能型准定语

B 类结构主要解决的是谓语动词后面同时出现动作的受事宾语以及动作的结果补语,如何在一个句法结构里稳妥安排两者位置的问题。事实上,B 句"他的篮球打得好"常规说法应该是:

B1. 他打篮球打得好。

B1 式是所谓的"重动句",一个谓语里前后重复出现相同的一个动词。前一个 VP(动宾)是指动作及其受事对象,后一个 VP(动补)是指动作及其结果。这一完整表达式既有动作的对象,也有动作的结果。根据语言表达的简约原则,两个相同的谓语动词出现在同一个谓语里,应该尽可能地合并为一个,这就可以变

语义与结构

换为:

B2.他篮球打得好。

在汉语句子里,领属性的主谓谓语句往往可以通过插入"的",变换为一般的主谓句。例如:

(1)老李身体很不错。→老李的身体很不错。

(2)张三弟弟特别聪明。→张三的弟弟特别聪明。

在这样的句子里,NP1 和 NP2 之间本来就有领属关系,可以添加"的"而语义关系基本不变。但是请注意,NP1 和 NP2 之间没有动作性关系,仅仅有领属性关系。可是,"他打篮球","打"跟"篮球"的语义关系,如果单纯理解为"敲打",只是动作跟受事对象的关系;但是如果理解为一种运动,那就需要按照篮球比赛的规则进行比赛了。"打篮球"的语义关系不仅是动作和受事,还包括方式(比赛规则)。所以,凡是比赛、运动、游戏等技能性的都可以构成 B3 结构。

B2 是所谓的主谓谓语句(谓语是主谓短语"篮球打得好"),施事是句子的主语,受事是主谓短语的主语。"他"与"篮球"之间的关系从句法结构来看,是松散的,尽管语义上是密切的。所以如果想把这两者的关系紧密起来,最佳办法就是仿照上述大主语和小主语,利用"的"变换成一般的定心结构,即在 NP1 与 NP2 之间也添加定语标志"的",变换成新的句式 B3:他的篮球打得好。

B3 结构这类 NP1 定语,可叫作"掌控技能性的主体",而 NP2 则不只是一个物体,而是指代一种"技能性行为",B3 结构可称之为"技能性准定语"。其中的动作动词"打"是隐含的,整个句子表示对这类技能性行为的一种评价。我们认为,"他的篮球打得好"

也是结构重组的产物,是"仿造"领属性主谓谓语句的结果:

他打篮球打得好→他篮球打得好→他的篮球打得好

必须说明的是,V 与 NP2 之间的语义关系比较复杂,B3 结构"NP1 的 NP2V 得 C"内部至少应该有三种类型:

B3－1.张教授的汽车开得好。

B3－2.她的毛衣织得好。

B3－3.老李的普通话说得好。

B3－1 中,NP2 不但是 V 动作的受事宾语,而且还可以理解为必须遵循某种规则、方式来做某种行为,但是不表示动作的结果,换言之,V 动作最后并不产生 NP2。例如:

(3)张教授的汽车开得好。→张教授开汽车开得好。

(4)老李的围棋下得很臭。→老李下围棋下得很臭。

(5)他的口琴吹得与众不同。→他吹口琴吹得与众不同。

(6)张三的排球教得很好。→张三教排球教得很好。

B3－2 中,NP2 不仅是 V 动作的受事宾语,而且还可以理解为必须遵循某种规则、方式来做某种行为,甚至于还表示动作的某种结果。即"织"的结果是"毛衣","炒"的结果是"菜","写"的结果是"书"。例如:

(7)她的毛衣织得好。

(8)他的菜炒得好吃。

(9)你的书写得精彩。

例(7)、(8)、(9)是歧义的。一个意思是对事物"她的毛衣"、"他的菜"、"你的书"发表评价,定语和中心语是领属与被领属的语义关系,并不涉及"毛衣"、"菜"以及"书"是谁制作的问题。当然也

语义与结构

可以理解为既是她打的毛衣,也是属于她的毛衣。另外一个意思是"她织毛衣织得好"、"他炒菜炒得好"、"你写书写得精彩",是对某种动作行为的一种评价,NP1 跟 NP2 是施事跟结果的关系。

B3－3 中,NP2 不仅是 V 动作的受事宾语,还包括了方式方法,甚至于还表示动作的某种结果,而且还可以理解为 N1 和 N2 之间存在特殊的不可分割的领属性关系,即动作跟宾语有同源关系。例如:

(10)老李的普通话说得标准。→老李说普通话说得标准。

(11)琳琳的国标跳得漂亮。→琳琳跳国标跳得漂亮。

(12)王老师的课上得特好。→王老师上课上得特好。

例(10)、(11)、(12)都没有歧义,四种语义关系都具备:受事性、结果性、方式性以及领属性。"老李"跟"普通话"之间隐含了动词"说",跟"普通话"之间既有动作跟同源对象的关系,也有动作跟方式的关系(即按照普通话的标准说话)。由于"普通话"是"老李"说出来的,自然也具备了结果关系,而且由于是同源关系,还具有不可分割的领属关系。

我们发现 B3 这类句子有以下几个特点:

1.NP1 都是指人的名词或者代词,而 NP2 都不是指人的名词或代词。换言之,NP2 不能成为 V 动作的发出者,其中都可以理解为隐含了一个同形同义的谓语动词 V,而 V 与 N2 构成一种对象兼结果的语义关系。

2."他的饭吃得痛快"、"他的衣服洗得干净",有人认为不能说,其实都是歧义的,如果理解为领属性关系,可以说;如果理解为 B3－3,他吃饭吃得痛快、他洗衣服洗得干净,也是可以的。

3. 如果 NP2 是有生命力的,则句子可能产生歧义。例如:他的老师当得好。关键就在于凸显的语义关系不同:一个凸显的是 NP1 是 NP2 的领事,强调不是别人的老师,重音在"他"上面;一个凸显的是 NP1 善于做 NP2,强调的是他善于当老师,重音在"老师"上面。

这样,我们也就可以合理解释,为什么下面的句子有的可以成立,有的不能成立:

(13)他的老师当得好。

(14)他的老师骂得好。

"他的老师"既可以理解为领属性关系,也可以理解为"他当老师",所以是歧义的,"当老师"中的"老师"成为技能性角色;由于"老师"通常指一种职业,也可以理解为"指派性角色"。但是"骂老师"的"老师"并非技能性的,也非指派性的,所以无法理解为"他骂老师骂得好","他的老师"只能够理解为一般的领属性偏正结构。

三、C 类关涉性准定语

C 类结构的情况比较复杂,内部的语义关系有好多种。

1. 定语引进的是动作行为(V+NP2)的关涉对象,标志是定语可以用介词"关于"引进。例如:

(1)他在说你的坏话。→他在说关于你的坏话。

(2)他在打你的主意。→他在打关于你的主意。

2. 定语引进的是动作行为(V+NP2)的直接对象,标志是定语可以用介词"拿"、"对"引进。例如:

(3)他在开我的玩笑。→他在拿我开玩笑。

(4)我在革他的命。→我在对他革命。

3.定语引进的是动作行为(V+NP2)的目的对象,标志是定语可以用介词"为"引进。例如:

(5)我来帮你的忙。→我来为你帮忙。

(6)他在理张三的发。→他在为张三理发。

(7)我在担你的心。→我在为你担心。

(8)我在操你的心。→我在为你操心。

其中的"帮忙"、"理发"、"担心"、"操心"都属于动宾式的离合词。这类动宾式动词如果在一个句法结构里还要引入动作的具体对象,通常无法直接再带宾语。如果不借助于介词引进,那么比较有效的办法就是在这一动宾式动词中间插入动作的对象,并且添加结构助词"的"化作定语。

4.定语引进的是动作行为(V+NP2)的原因对象。例如:

(9)他在生你的气。→他因为你在生气。

(10)他在碰你的壁。→他因为你而碰壁。

5.定语引进的是动作行为(V+NP2)的范围对象(从对方那里)。例如:

(11)他在赚你的钱。→他从你(那里)赚钱。

(12)他在挖你的新闻。→他从你(那里)挖新闻。

我们注意到其动作行为通常有两类:一是双音节的离合动词"帮忙"、"理发"、"担心"、"生气"、"碰壁"、"赚钱"等,中间经常可以插入其他成分;二是有惯用语性质的三音节短语,例如:开玩笑、说坏话、打主意、挖新闻等,这一结构的结合也比较松散。当动词本身已经带有宾语的时候,再要引进动作行为有关的对象(尤其是人称代词),通常不是利用介词的接引,就是借助于"的"赋予这个对象一个定语的形式身份。这不能不说是结构重组的妙处。

以上五类共同的特点就是需要引进的某个行为的涉及对象,在句法结构重组过程中,先是省略有关介词,然后对介词宾语(动作行为的对象)进行移位,插入形式上是动宾短语的中间。例如:

他在拿我开玩笑。→他在开我玩笑。

两个宾语"我"和"玩笑"一起出现在动词"开"的后面,构成的是双宾语短语,NP1 和 NP2 之间存在语义上的联系,但是句法上没有直接的关系,因此结构显得比较松散。如果要使得结构紧凑,最佳办法就是在两个名词中间添加定语标记"的",从而使得 NP1 变换角色,变为主要谓语动词的宾语 NP2 的准定语,其结果就是使得双宾语结构变为一般的动宾结构。

他在拿我开玩笑。→他在开我玩笑。→他在开我的玩笑。

至于有的格式本来就存在"的",那就更加简便了,直接省略介词就可以了。例如:

他在说关于你的坏话。→他在说你的坏话。

因此,C 结构里的定语 NP1,可叫作"关涉性主体",而中心语 NP2"玩笑"、"坏话"等则是"目标性角色"。A3 结构可称之为"关涉性准定语"。

我们还发现另外一种格式:定语引进的是动作行为的主体施事,但是这一施事实际上表示的并非施事,而是限定范围,语法意义表示你只管作自己想作的事情,而不必顾及其他。因此可称之为"排他性"结构。它有三种格式:

1. 祈使句,往往紧接否定性的禁止。例如:

183

(13)洗你的澡去!

(14)你吃你的饭,别掺和!

(15)你沏你的茶,别管他们的事情!

(16)你跑你的步!跟你没关系。

2.陈述句,表示跟其他的无关。例如:

(17)我洗我的澡,才不理他呢!

(18)我撒我的谎,跟你没关系。

(19)他发他的呆,关你什么事!

(20)他立他的功,你别眼痒痒的。

3.这类结构往往成双作对的使用,表示各做各的,互不相干,井水不犯河水。例如:

(21)他讲他的话,你吃你的饭。

(22)你结你的婚,我离我的婚。

(23)你鞠你的躬,他道他的歉。

(24)你做你的功课,我画我的油画。

这类动宾短语多数在口语里使用,比较简短,其中部分为离合性的动宾式动词:洗澡、吃饭、沏茶、跑步、撒谎、发呆、立功、讲话、结婚、离婚、下厨、上课、鞠躬、道歉等等。我们认为,C类结构实际上也是结构重组的结果,因为如果用介词引进动作涉及的对象,句子就会显得比较臃肿。

四、结构重组的理论思考

一个自然事件的表述,通常采用一个句子来承担,这个句子就成为表述事件。但是,由于世界上的事件极为复杂,可以说是无限的,而我们语言的表述方式则往往是有限的,要利用有限的结构式来表述无限的自然事件,显然在表述时不能不对原有的句法结构进行必要的调整,这就是"结构重组"的原因。

我们早就指出过:"语义的决定性是起主导作用的,但是,要使变化无穷的种种语义关系纳入有限的句法结构之中,就不能不做出某些调整。"(1997)这一调整不是无序的而是有序的,涉及若干原则与方法。

总的原则是"简约原则",要求口语的表达简单而要约。就是在口语中,由于交际的特定场合需要,说话者往往倾向于选择字句最简略、最常用的格式,而舍弃原先比较繁复的、比较特殊的格式,因而进行必要的结构重组。采取的主要办法是:合并、省略、移位、变换、添加。从而促使口语的句子表达清晰、明快、准确。

具体的原则,可以归纳为三个:

1. 整合原则

所谓整合原则,就是尽可能地把几种表述进行重新整合,化为一个表述。最好的办法就是把原先距离比较远的成分用助词"的"连接起来,构成一个结构紧凑的偏正短语。比如主谓谓语句、双宾语句,变换为一般的主谓句,或者普通的动宾句。

2. 仿造原则

所谓仿造原则,就是尽可能按照现成的句法模式进行仿造,而不是另起炉灶,另外创造新的结构方式。因为对每一种语言来说,结构类型如果庞杂,就会造成学习或者使用的不便。仿造就是充分利用现成的结构模式,发挥最大的效能。

3. 制约原则

语义与结构

　　所谓制约原则就是,该结构模式不能单独使用,必须受到一定的上下文语境的制约,从而保证结构尽管简约,但是绝对不会产生歧义。结构简约和表义准确是一对矛盾,这需要我们寻找一个最佳平衡点。上下文和语境的制约是必不可少的。

　　对这三种准定语,不同的理论可以有不同的解释。解释的成败或是否得当,其衡量标准无非就那么三条:

　　1.简易,道理平易简明,不可非常复杂,让人不知所云。

　　2.明白,符合大部分人的语感和心理,不能牵强附会。

　　3.合理,可以用语言学的基本知识给予解释,不要故弄玄虚。

　　根据以上三条基本标准,我们认为,用"结构重组"及其三条原则来解释现代汉语口语里的 A、B、C 三种准定语,是可取的。当然准定语的类别还有很多,我们相信,运用本文的原则和方法也可以合理解释其他的准定语。

参考文献

朱德熙(1982)《语法讲义》,北京:商务印书馆。
邵敬敏(1997)论汉语语法的语义双向选择性原则,《中国语言学报》第八辑,
　北京:北京语言文化大学出版社。

(原载《山西大学学报》2009 年第 1 期)

制约"NP1 有 NP2 很 AP"理解的认知原则

一、语义一致性原则

"老张有一个女儿很骄傲"这种句式是邵敬敏(1991)在《歧义分化方法探讨》一文中首先提出来的,主要是运用语义指向的理论来进行解释,但并没有进一步从语义特征、语义选择和认知原则上进行更为深入的讨论。

该句式是一个复杂句式,而且是歧义的,它可以分化为两个单义句式:

A:老张有一个女儿,(这一个女儿)很骄傲。

B:老张(因为)有一个女儿,(所以)很骄傲。

该句式可以码化为"NP1 有 NP2 很 AP"。NP2 前面往往有数量短语修饰,否则大多数情况下句子的合法度就会成问题。

为了更好地分化这一歧义格式,先请比较下面三个句子:

a. 这一辆汽车很昂贵。

b. *老张有一个女儿很昂贵。

c. 老张有一辆汽车很昂贵。

a 句的谓语"昂贵"语义指向"汽车",这毫无疑问,因为这是只

语义与结构

有一个谓语的简单句,语义指向别无选择。b、c句都是拥有两个谓语交叠的复杂句,但b句不能成立,因为"昂贵"这一形容词具有[－人类]的语义特征,在语义上不能指向"老张",也不能指向"女儿"。而c句成立,而且没有歧义,属于A句式,因为"昂贵"的语义只能指向"汽车",而绝对不能指向"老张"。

其原因可以用相匹配的两个词语必须符合"语义一致性原则"来进行解释,也就是说,如果两个词语能够组合成一个合格的句法结构,那么说明这两个词语之间必定要有某个语义特征相一致。下面的例句都符合这一原则:

a.老张有一辆汽车很昂贵。老张有一辆汽车。＊老张很昂贵。(这)一辆汽车很昂贵。

b.何平有一套房子很偏僻。何平有一套房子。＊何平很偏僻。(这)一套房子很偏僻。

c.小李有一件衣服很新颖。小李有一件衣服。＊小李很新颖。(这)一件衣服很新颖。

d.王敏有一个戒指很别致。王敏有一个戒指。＊王敏很别致。(这)一个戒指很别致。

因为AP具有[－人类]的语义特征,AP语义不可能指向NP1,而只能指向NP2。可表示为:

<u>NP1</u>　有　<u>NP2</u>　很　<u>AP</u>

该句式中,NP1是人,NP2是物,二者表示一种"拥有"关系。

二、毗邻原则

这种语义特征一致性原则,在处理只有一个谓语的简单句时

制约"NP1 有 NP2 很 AP"理解的认知原则

得心应手,但是当碰到存在两个或多个谓语交叠所构成的复杂句时,问题就不那么简单了。比如下面的句子,就无法用上述原则来进行解释。

a. 老张有一个女儿很聪明。老张有一个女儿。老张很聪明。(这)一个女儿很聪明。

b. 李芳有一个孩子很调皮。李芳有一个孩子。李芳很调皮。(这)一个孩子调皮。

c. 王军有一个对手很潇洒。王军有一个对手。王军很潇洒。(这)一个朋友很潇洒。

d. 孙钱有一个顾客很天真。孙钱有一个顾客。孙钱很天真。(这)一个顾客很天真。

该句式 NP1 是人,NP2 也是人,二者表示一种"领有"关系。AP 具有[+人类]的语义特征,从理论上讲,AP 语义既可以指向 NP1,也可以指向 NP2。从语义一致性原则来讲,"老张很聪明"成立,"(这)一个女儿很聪明"也成立。然而事实上却只能够理解为"NP2 很 AP",应该属于 A 式。"NP1 很 AP"与"NP2 很 AP"都可以成立,为什么 AP 只指向 NP2 而没有歧义呢?可见语义特征的解释有其局限性,这需要我们从另外的角度去寻找出路。我们必须引进另外一个更有解释力的认知原则:毗邻原则。

所谓毗邻原则,就是指某个谓语在存在两个不同层次主语的复杂句法结构的情况下,首先根据句法结构中位置最为接近的成分进行语义选择,如果这一选择符合语义一致性原则,那么这一选择就成立。证明方法有两个:

1. 正面论证:该句子可以变换为"NP1 的 NP2 很 AP":

老张有一个女儿很聪明。→老张的一个女儿很聪明。

李芳有一个孩子很调皮。→李芳的一个孩子很调皮。

2.反面论证:该句式不能变换为"因为 NP1 有 NP2,所以 NP1 很 AP":

＊因为老张有一个女儿,所以老张很聪明。

＊因为李芳有一个孩子,所以李芳很调皮。

该论证过程可表述为:

若:NP1 有 NP2 很 AP、NP1 有 NP2、NP1 很 AP、NP2 很 AP,句式都成立。

且:因为 NP1 有 NP2,所以 NP1 很 AP,不成立。

则:AP→NP2。

由于 NP2 与 AP 在句法的自然位置上的毗邻性和深层语义指向的排他性,我们把支配 A 式的规则称之为"毗邻原则"。"毗邻原则"是认知方面最基本也是最自然的原则,保证了谓语形容词在语义上优先指向同一句法结构内相匹配的主语,整个句式义表示 AP 对引入的新信息 NP2 进行追加性的描写或评价。由于 AP 的这种后补性,所以在语气上具有一定的强调意味,音节上有时会有不同程度的停顿,书面上可以用逗号分开,例如"老张有一个女儿,很聪明"。显然,这一毗邻原则同样也适用于"老张有一辆汽车很昂贵"这类句子。

三、推理原则

其实,毗邻原则也存在着一定的局限性,因为它无法解释下面的例句:

a.老张有一辆汽车很骄傲。老张有一辆汽车。老张很骄傲。*(这)一辆汽车很骄傲。

b.老张有一个女儿很骄傲。老张有一个女儿。老张很骄傲。(这)一个女儿很骄傲。

a、b两个句子中NP1、AP是一样的,只有NP2不同。但为什么a句没有歧义而b句有歧义呢?语义特征的一致性原则是最简便的解释,因为"骄傲"具有[+人类]这样的语义特征,所以在a句中无法指向"汽车",而只能够指向大主语"老张"。这一关系可表示为:

NP1 有 NP2 很 AP

而对b句的分析,既可以遵循毗邻原则,得出"骄傲"的语义指向相邻同现的小主语"女儿",句式分解为:老张有一个女儿,(这)一个女儿很骄傲。也可以遵循语义一致性原则,认为"骄傲"的语义就像a句一样指向大主语"老张",句式可分解为:老张有一个女儿,老张很骄傲。可见,语义一致性原则和毗邻原则二者存在着一定的矛盾性,都可以用于对b句的分析,却得出不同的结论,为此,我们还需要引进具有验证功能的"推理原则"。

我们发现,a和b中的AP都可以指向NP1,整个句式可以转换为:"因为NP1有NP2,所以NP1很AP":

a.老张有一辆汽车很骄傲。→因为老张有一辆汽车,所以老张很骄傲。

b.老张有一个女儿很骄傲。→因为老张有一个女儿,所以老张很骄傲。

语义与结构

从认知上说,"NP1 有 NP2"是"NP1 很 AP"的原因,AP 是"NP1 有 NP2"的结果,这一句式表示因果解释义。AP 内涵的"有因性"在语义上可以促使 AP 跨过 NP2 指向 NP1。由于在揭示和验证 AP 与 NP1 之间的语义指向关系时,既不是毗邻原则起作用,也不是单纯的语义一致性原则起作用,而必须借助于认知上的推理,所以称之为"推理原则",这一推理过程可以表示为:

若:NP1 有 NP2 很 AP,句式成立。

且:NP1 有 NP2 很 AP=因为 NP1 有 NP2,所以 NP1 很 AP。

则:AP→NP1

四、A 式与 B 式的比较分析

为了更进一步揭示问题的实质,有必要把上述 A 式和 B 式作进一步的比较。

A1.老张有一辆汽车很昂贵。

A2.老张有一个女儿很聪明。

A3.老张有一辆汽车很骄傲。

比较 A1 式和 A3 式,其他成分都一样,区别只是 AP,根据语义一致性原则以及毗邻原则,"昂贵"只能指向最接近的句法成分"汽车",而"骄傲"则只能指向"老张"。其理由最为明确,没有任何的疑惑或不解。

比较 A1 式和 A2 式,两者都符合毗邻原则,也都符合语义一致性原则。区别只是在于:"汽车"与"昂贵"都具有[-人类]语义特征,语义选择没有问题;而"女儿"、"老张"与"聪明"都具有[+人类]语义特征,但我们只能理解为"女儿很聪明",这不但是由于毗

制约"NP1 有 NP2 很 AP"理解的认知原则

邻原则发挥作用,也由于推理原则不能发挥作用,即"因为老张有一个女儿,所以很聪明"不能成立。所以,这是两个认知原则从正反两方面起到制约作用。

我们确立了"毗邻原则"和"推理原则"以及"语义一致性原则",就可以比较合理地解释同类的其他句子。结果,我们发现大部分句子都属于 A 句式。

1. 有一些 AP,同时具备[＋人类][－人类]语义特征,即从理论上讲,它既可以指向 NP1,也可以指向 NP2。例如:

a. 老张有一辆汽车很出色。老张有一辆汽车。老张很出色。(这)一辆汽车很出色。

b. 何平有一套房子很干净。何平有一套房子。何平很干净。(这)一套房子很干净。

虽然我们既可以说"老张很出色/干净/不错/一般/时髦",也可以说"(这)一辆汽车很出色/干净/不错/一般/时髦",但是事实上,在理解这些句子时,却只能够理解为 A"老张的一辆汽车很出色",不能理解为 B,因为不存在"因为老张有一辆汽车,所以老张很出色"。即在这样的句式中,老张不会因为有一辆汽车而显得出色。也就是,在语义特征都能够匹配的情况下,首先是毗邻原则发挥作用,其次,还要求推理原则不起作用,这样,就保证了句子语义的单一性。

2. NP1 是人,NP2 是人体的一部分。NP1 和 NP2 构成"生有关系",即 NP2 是 NP1 的不可分割的有机组成部分。例如:

a. 老李有两颗牙很黑。老李有两颗牙。老李很黑。(这)两颗牙很黑。

193

b. 小孙有一只耳朵很小。小孙有一只耳朵。小孙很小。（这）一只耳朵很小。

该句式中，"NP1 很 AP"与"NP2 很 AP"虽然单独都能够成立，但是"老李黑"（一般指皮肤黑）跟"牙齿黑"，完全是两回事。变换式"老李的两颗牙齿很黑"可以成立，但是"因为老李有两颗牙，所以老李很黑"则不能成立，所以应该属于 A 句式。

3. NP1 是处所或者事物，NP2 也是处所或者事物，只是 NP2 属于 NP1 的一部分，两者为整体与部分的关系：

a. 里边有一个车库很潮湿。里边有一个车库。

里边很潮湿。（这）一个车库很潮湿。

b. 前边有一条路很平。前边有一条路。

前边很平。（这）一条路很平。

c. 桌子有一条腿很短。桌子有一条腿。

桌子很短。（这）一条腿很短。

d. 自行车有一个轮子很旧。自行车有一个轮子。

自行车很旧。（这）一个轮子很旧。

该句式中，"NP1 很 AP"与"NP2 很 AP"虽然单独都能够成立，但是"里边很潮湿"跟"车库很潮湿"并不等同，"桌子很短"跟"（这）一条腿很短"也不等同。该句式可以变换为"里边的一个车库很潮湿"以及"桌子的一条腿很短"，而"因为里边有一个车库，所以里边很潮湿"以及"因为桌子有一条腿，所以桌子很短"都不能成立。该句式应该属于 A。

4. NP1 是总量，NP2 是分量，二者之间是总分关系：

a. 五个人有四个（人）很高。＊五个人有四个人。五个人很高。四个人很高。

b. 四盘菜有三盘（菜）很辣。＊四盘菜有三盘菜。四盘菜很辣。三盘菜很辣。

c. 三道题有一道（题）很难。＊三道题有一道题。三道题很难。一道题很难。

d. 三天有两天很凉快。＊三天有两天。三天很凉快。两天很凉快。

该句式 AP 是毗邻原则起作用，语义必然指向 NP2。尽管 NP1 和 NP2 都能和 AP 具有语义选择关系，但是如果 NP1 与 NP2 的语义关系是数量上的总分关系，则 AP 的语义必然指向分量 NP2 而不是总量 NP1。该句式跟其他句式相比，有一个特殊点，即"NP1 有 NP2"不能成立，而且不能变换为"NP1 的 NP2 很 AP"，而必须添加"中"才可以成立。如：

五个人有四个（人）很高。→＊五个人的四个（人）很高。

四盘菜有三盘（菜）很辣。→＊四盘菜的三盘（菜）很辣。

五个人有四个（人）很高。→五个人（中）的四个（人）很高。

四盘菜有三盘（菜）很辣。→四盘菜（中）的三盘（菜）很辣。

这说明 NP1 与 NP2 之间不存在"领有、存有"关系。总量 NP1 与分量 NP2 在深层语义结构上是从数量范围上对 NP2 进行限定，NP2 是一种比较特殊的中心语，因此，AP 必然指向 NP2。我们还可以运用"推理原则"来进行反证：

＊因为五个人（中）有四个（人），所以五个人很高。

＊因为四盘菜（中）有三盘（菜），所以四盘菜很辣。

由于"NP1 有 NP2"本身就不成立，转换后当然也不成立，这说明NP1与NP2之间不存在"因有"关系，AP也显示了[－有因]特征，故此，根据"毗邻原则"，AP只能指向NP2。

5. NP1为处所词或时间词，NP2是存在的主体，二者表示"存有"的语义关系：

a. 前边有一个姑娘很紧张。前边有一个姑娘。＊前边很紧张。（这）一个姑娘很紧张。

b. 湖边有一栋别墅很豪华。湖边有一栋别墅。＊湖边很豪华。（这）一栋别墅很豪华。

c. 晚上有一个歌星很漂亮。晚上有一个歌星。＊晚上很漂亮。（这）一个歌星很漂亮。

d. 周末有一场球赛很激烈。周末有一场球赛。＊周末很激烈。（这）一场球赛很激烈。

该句式为A句式，可以变换为："前边的一个姑娘很紧张"、"湖边的一栋别墅很豪华"；但是不能变换为"因为前边有一个姑娘，所以很紧张"、"因为湖边有一栋别墅，所以很豪华"。

五、造成C句歧义的原因

"老张有一个女儿很骄傲"，既可以理解为A句式，也可以理解为B句式，所以是歧义格式C。首先，"骄傲"跟"老张"、"女儿"都具有[＋人类]的语义特征，所以存在语义选择的基础。

a. 老张有一个女儿很骄傲。老张有一个女儿。老张很骄傲。（这）一个女儿很骄傲。

b. 小李有一个哥哥很幸福。小李有一个哥哥。小李很幸福。（这）一个哥哥很幸福。

NP1与NP2都为人,该格式符合"毗邻原则",可以变换为:

老张有一个女儿很骄傲。→老张的一个女儿很骄傲。

小李有一个哥哥很幸福。→小李的一个哥哥很幸福。

同时,它们还符合"推理原则",可以变换为:

老张有一个女儿很骄傲。→因为老张有一个女儿,所以老张很骄傲。

小李有一个哥哥很幸福。→因为小李有一个哥哥,所以小李很幸福。

问题在于,为什么同样具有[＋人类]语义特征的AP,进入该句式,有的产生歧义,有的却不产生歧义呢?例如:

A. 老张有一个女儿很聪明。

C. 老张有一个女儿很骄傲。

比较A式和C式,前者是毗邻原则起作用,后者是推理原则起作用;然而从语义特征角度讲,"聪明"与"骄傲"都具有[＋人类]语义特征,"聪明"不选择"老张",却选择"女儿","骄傲"则可以选择"女儿",也可以选择"老张",这里肯定有某种原因。比较"聪明"与"骄傲",参照一个能够进入推理程序,另一个不能进入推理程序的事实,就可以发现:"聪明"类形容词的属性不是后天获得的,而是先天具备的,其语义特征为[－有因],我们称之为"无因形容词",而"骄傲"类形容词则是后天获得的,事出有因,具有[＋有因]这一语义特征,我们称之为"有因形容词"。能够替换"聪明"的形容词有:可爱、漂亮、俊秀、天真、活泼、幼稚、老实、坦诚、丑陋、无能……能够替换"骄傲"的形容词有:自豪、得意、开心、高兴、幸福、快乐、激动、懊丧、生气、悲伤……

语义与结构

在C式中,"骄傲"这类形容词除了遵守"毗邻原则"指向NP2以外,还可以遵循"推理原则"指向NP1,就会造成歧义。即"老张有一个女儿"与"老张很骄傲"在认知上就会产生因果关联,"骄傲"就会受"老张有一个女儿"这一原因的吸引隔着"一个女儿"而指向"老张"。该类形容词的语义特征则是[＋有因],这样,我们在认知原则解释的同时,也从语义特征上找到了原因。A式"老张有一个女儿"与"老张很聪明"不存在因果关系,所以"聪明"没有理由跨过"女儿"指向"老张"。可见,AP具有[－有因],是对NP2的描写或评价,"有"就包含了"领有"之义;B式中,AP语义指向NP1,句式义就是解释"NP1很AP"的原因,这样"有"就有了"因有"的含义,而AP就成了这一因果关系的结果,显示[＋有因]的语义特征。

总之,AP在句式中所具有的双重指向性是导致句式产生歧义的重要因素。可把AP的语义指向表示为:

$$\underline{NP1}\ \underset{\uparrow}{有}\ \underline{NP2}\ \underset{\uparrow}{很}\ \underline{AP}$$

从句法结构层面分析,A式可以看作"兼语"句式,"老张"是全句的大主语,"一个女儿"既是谓语动词"有"的宾语,又是"很聪明"的主语,属于"兼语",也可以称之为小主语;当然也不妨把"聪明"看作是对"女儿"的补充说明。B式则可以看作"连动"句式,"老张"既是"有一个女儿"的主语,又是"很骄傲"的主语,这类句式从语义上分析,实际上是一种因果复句的紧缩格式。为了保证句法分析的前后一致性,如果把A式看作兼语句,那么B式也应该看作连动句;如果把B式看作因果复句的紧缩格式,那么就应该

198

把A句看作补充复句的紧缩格式。

六、制约认知规律的三个原则

人们的认知规律,要受到诸多因素的制约。

1.受到语义特征的制约。从本质上说,只要句法格式适合,并且符合语义一致性原则,即形容词谓语跟相匹配的名词都具有[+人类]语义特征,例如A式和C式,那么所有的可作谓语的形容词都优先遵循"毗邻原则";另外,还有一部分形容词则可遵循"推理原则",例如B式和C式,当[+人类]语义特征具备时,还要看这类形容词是否具有[+有因]的语义特征。可见,能否造成歧义,首先要受到形容词语义特征的制约。例如:"骄傲"在A式"老张有一辆车很骄傲"里就没有歧义,而在C式"老张有一个女儿很骄傲"里就有歧义,原因是"骄傲"具有[+人类]以及[+有因]的语义特征。

2.受到名词与名词关系的制约。即跟NP1和NP2的语义关系有关。换言之,所谓的"有因"还是"无因"是相对的,看在什么格式里出现。例如:"漂亮"在"老张有一个女儿很漂亮"里不产生歧义,即该形容词具有[-有因]语义特征;但是在"卧室里有一盆花很漂亮"里就产生歧义,即具有[+有因]语义特征。这显然跟认知原则有关。

3.根本一条是"毗邻原则"还是"推理原则"在起作用。试比较:

A.楼上有一间房间很凉快。楼上有一间房间。楼上很凉快。(这)一间房间很凉快。

B.楼上有几扇窗子很凉快。楼上有几扇窗子。楼上很凉快。*（这）几扇窗子很凉快。

C.楼上有一个空调很凉快。楼上有一个空调。楼上很凉快。（这）一个空调很凉快。

这三个句子的 AP 都是"凉快",但是语义上却分属三个句式,可见关键在于 NP2 以及它跟 NP1 的关系有区别。A 式"凉快"尽管可以指向"楼上"和"房间",但是由于不存在推理关系,不存在"因为楼上有一间房间,所以很凉快",语义只能够指向"一间房间"。B 式"凉快"不能够指向"窗户",只能够指向"楼上","因为楼上有几扇窗子,所以很凉快";而 C 式的情况比较特殊,毗邻原则和推理原则都起作用,因此,形成了同源歧义。

参考文献

奥田宽(1982)论现代汉语形容词的强制性联系和非强制性联系,《南开大学学报》第 3 期。
蒋　平(2000)论汉语相互句中名词短语的语义特征,《语言研究》第 1 期。
吕叔湘(1981)试论非谓形容词,《中国语文》第 2 期。
史有为(1984)关于"动＋有",《语言学论丛》13 辑,北京:商务印书馆。
邵敬敏(1991)歧义分化方法探讨,《语言教学与研究》第 1 期。
谭景春(1992)双向和多指形容词及相关的句法关系,《中国语文》第 2 期。
袁毓林(1993)《现代汉语祈使句研究》,北京:北京大学出版社。
周国光(1995)现代汉语形容词配价研究述评,《汉语学习》第 2 期。

（与博士生赵春利合作,原载《语言研究》2007 年第 2 期）

建立以语义特征为标志的汉语
复句教学新系统刍议

一、现代汉语教材通行复句类型分析

（一）现代汉语的复句类型及其分句关系，除了少数学者，例如邢福义（2001）、王维贤（1994）的研究比较深入之外，在汉语语法学界一直没有引起足够的重视，尤其是教学上更是一贯沿用传统旧说，几十年都没有什么大的突破。我们考察了一下目前通行的几本现代汉语教材，发现大部分大同小异，详见下表：

主编	书名	出版社	第一层	第二层
胡裕树	现代汉语	上海教育出版社 1995 增订本	联合 偏正	并列、连贯、递进、选择 因果、条件、让步、转折
黄伯荣 廖序东	现代汉语	高等教育出版社 2002 增订三版	联合 偏正	并列、顺承、解说、选择、递进 转折、条件、假设、因果、目的
钱乃荣	现代汉语	江苏教育出版社 2001 修订本	联合 偏正	并列、连贯、递进、选择 转折、因果、顺推、让步、条件、目的
张　斌	现代汉语	复旦大学出版社 2002 第一版	联合 偏正	并列、顺承、递进、选择、解注 因果、假设条件、转折、让步、目的

语义与结构

刘叔新	现代汉语理论教程	高等教育出版社2002增订三版	联合偏正	并列、连贯、递进、选择因果、条件、让步、转折
邢福义汪国胜	现代汉语	华中师范大学出版社 2003 第一版	因果并列转折	因果、目的、假设、条件并列、连贯、递进、选择转折、让步、假转
邵敬敏	现代汉语通论	上海教育出版社2001第一版		并列、连贯、递进、选择、补充、因果、条件、转折、让步、目的

(二)比较各家的分类,我们可以发现几个有意思的特点:

1.前面五家的第一层分类都是相同的:"联合"与"偏正"。这说明,复句两大分野的习惯思维方式根深蒂固,一时很难消除。虽说大多数教材第一层次的复句名称相同,实际上分类的理据却是不同的。第一种,主要是依据"语义关系",例如黄伯荣和廖序东(2002)认为"联合复句内各分句间意义上平等,无主从之分",而"偏正复句内各分句间意义有主有从"。第二种,主要从结构功能上考虑,例如胡裕树(1995)认为联合复句内部如果扩展,不仅增加了分句,而且延长了结构,但分句之间的关系并没有改变,即具有"封闭性"特点;偏正复句虽然内部也可以扩展,但分句增多了,结构却没有延长,因此具有"非封闭性"的特点。

分类的目的是要显示事物的异同,因此,科学意义上的分类,必须遵循一个基本原则,就是在一个层次上只能够运用一个标准,即不能对 A 用这个标准,对 B 却用那个标准,这样得出来的类别虽然处于同一个层次上,却可能发生交叉。而"联合"与"偏正",恰恰违背了分类的同一律,因为"联合"强调的是并列事物之间的"相加",跟"分离"相对应;"偏正"强调的是"主次"(轻重),应该跟"平等"相对应。可是事实上,所谓"联合"内部的小类往往没有"相加"的语义特征,比如"并列"、"选择";而且"联合"复句内部的小类也可以分出轻重或主次,比如"层递"、"补充",以及部分"选择"(有定选择)。另一方面,"偏正"复句的内部小类也不一定是先偏后正,反而是先正后偏,更为重要的是,"偏正"无法揭示"因果"、"条件"等复句的本质特点。

可见,"联合"和"偏正"的命名首先是违背了逻辑分类的基本原则,而且无法概括内部各个分句之间的类型本质共性,因此我们就需要重新思考,重新建构,重新予以命名。

2. 邢福义(2001)的"复句三分"有他自己的学术上的独特思考,这一试图打破二分旧思维的尝试是很有价值的。表面上看,只是把一般的"偏正"分为"因果"与"转折",但实际上,他认为:"因果"与"并列"两者相对,这是事物之间的根本关系,而"转折"则是前后分句之间存在着与前者对立的"逆转性",换言之,在这个三分系统里,"因果"和"并列"是主要的基本的关系,而"转折"只是因果和并列的例外。其关系如下图:

因果	并列
转折	

可惜的是,这样的区分没有能从语言哲学的背景上加以剖析,在逻辑语义上也论证不够,所以给人的印象似乎分类的依据不大充分。作为学术研究,不失为一家之言,可是拿来进行语法教学,未免显得有点儿理据不足,难以接受。

至于邵敬敏(2001)主编新教材的一下多分,主要是出于教学的简便,他认为:"取消了……两大类型这一层次,主要是因为这样

语义与结构

的区分不是非常科学,例如'递进复句'很难说是'联合'的;其次,这样的区分对复句的分析和理解没有实际作用。"这样的处理,实际上是回避问题,省略了一个层次或步骤,但在学理上却有所欠缺。

3.传统复句系统基本上只有两个层次,第二层次的类型更是比较单一,基本框架是黎锦熙《新著国语文法》(1924)一书奠定的基础,以后各种教材的说法多为大同小异。20世纪80年代之前通常采用四四制:"联合复句"包括"并列、连贯、递进、选择";"偏正复句"包括"因果、条件、让步、转折"。90年代以后,多数在这一基础上增加了"目的"和"补充"两个小类,从而形成五五制的新格局。其他也还有一些小小的变化,例如"连贯"改名"顺承","补充"改名"解说"等。

4.旧有的分类其根本性问题还在于命名,第二层次的复句类型,少数采取"双视点"命名,比如说"因果"就是双视点,前因后果,两两呼应,也揭示了前后分句之间的语义关系,是比较准确的名称;可是绝大多数都是采取"单视点",比如"条件"、"假设"、"让步"、"转折"就都是单视点了,前三个立足于前一分句,而且角度不同,后一个却立足于后一分句。但是,"假设"可以是让步,也可以不是让步;"条件"可以是转折,也可以不是转折;这样就导致同一个复句,如果视角不同,结论就会不同,必然带来归类的混乱。关键是这样的类型命名违背了逻辑上的同一律。例如:

(1)如果天下雨了,我们就不出去了。
(2)即使天下雨了,我们还是要出去。

例(1)着眼于"如果",可以说它是"假设",也可以说是"条件",

204

如果着眼于后句"就",也可以看作"顺承性推理",因为从"天下雨",按照常理很容易推出"不出去"的结论;例(2)着眼于"即使",可以看作是"让步",也可以看作"假设",甚至于看作"条件",如果着眼于后一分句,则又由于"天下雨"按照常理不可能推出"要出去"的结论,所以可以看作"逆承性转折"。因为旧的复句命名多数采用的是"单视点",这样不但给命名带来许多不确定因素,而且也给语法学习者带来诸多不便,更损害了复句本身的科学性和系统性。

5.复句的命名还涉及层次,因为某一种复句可能同时具备几种语义特征,不同的语义特征在不同层次上跟其他的复句形成区别或对立,这就需要我们作出取舍。例如:

(3)如果天下雨了,我们就不出去了。

(4)既然天下雨了,我们就不出去了。

例(3)和例(4)的前一分句都表示"条件",而且从前后分句关系看,也都是"顺承性推理",但前者"如果",表示的是"假设条件",并不"让步";后者"既然",表示的是"事实让步",它们实际上就在不同层次上显示出差别。因此,层次对复句系统来讲也是相当重要的。

(三)关于现代汉语复句的类型、层次及其命名,这几年的研究表明,总的来讲,变化不是太大,也没有明显的突破。因此,我们需要对这一问题进行再思考,尝试提出新的分类标准,并建立有层次的复句新系统。

二、现代汉语复句新系统构拟的思考

（一）我们认为：复句的关系，同样应该遵循意义和形式相结合的基本原则，即以逻辑语义为基础，以形式标准为手段。重要的是，语义关系如何提取，形式标准如何确定。就复句的分类而言，语义关系的确定更为复杂，形式标记由于汉语关联词语比较丰富，相对地反而显得比较显豁。

（二）作为语言，一个单句，它对应于一个现象或者事件，而不是一个事物（即使是一个独词句，表现的也不是事物，而是事件，比如"蛇！"表述的是"发现了蛇"这样一个事件）。一个单句单独表述，往往描述一个现象，或者陈述一个事件，它在逻辑关系上是孤立的，与其他现象或事件无关。如果表述两个现象或事件的联系，这就形成了一个语义关系，这时单句就无法表达了，必须借助于复句形式。

假设一个最简单复句，由两个分句构成，我们不仅需要确定这两个分句之间的语义关系，而且还需要在整个复句系统中给予定位，包括它所处的层次和同层次的兄弟类型的对立互补的关系。我们采取的办法就是逐层运用语义特征的对比鉴别法，简称"语义特征对比法"。

（三）从哲学高度来看，我们整个世界是由客观世界与主观世界共同构建的。语言的功能就是用来表述这两个世界的，但是，我们的语言不可能直接来表述这两个世界，换言之，中间必须借助于我们的认知。即认知是两个世界（客观世界与主观世界）跟"语言表述"之间的桥梁、中介与过滤器。

建立以语义特征为标志的汉语复句教学新系统刍议

1. 作为客观世界,离不开两大基本要素:"时间"与"空间"。我们观察一切客观世界里的各种事物、现象或事件之间的联系,都离不开这两大要素,这是一个最基本的观察坐标。时间是纵向的,构成了"顺承关系";空间是横向的,构成了"并列关系"。但是,在语言表述时,无论空间因素,还是时间因素,都是时隐时现的。换言之,有时这一因素比较突出、显现,有时又比较隐蔽、含蓄。

2. 在主观世界里,一个现象或一个事件可以作为认知的出发点,与另外一个现象或事件形成一定的语义联系。这个联系主要有两类:

第一,比较关系,人们看待两个现象、事件,必然会进行比较,并且会得出一个结论,那就是两者或者是"平等"(均衡),或者是"轻重"(主次)的关系。如果是平等,前后实际上是无序的,可以互换位置;如果前后属于或轻或重,则一般情况下不可以换位。由于语言是线性排列的,所以,可能是"前轻后重",也可能是"前重后轻"。比较的结果,形成了"平等关系"与"轻重关系"。

第二,事理关系,也就是两个现象、事件内在的逻辑事理关系,可能是符合事理的,也就是说,按照常规、常理、常态、常识,从 X 可以推导出 Y 的结论;也可能是违反事理的,即按照常规、常理、常态、常识,从 X 推导不出 Y 的结论,却出现了 Z 的反结果。这就构成了"推理关系"和"违理关系"。

3. 因此,要建立现代汉语的复句类型新系统,前提是需要依据逻辑语义来进行分类。从语言哲学高度来看,应该有两个基本出发点:第一,客观世界的形态,无非是"空间"与"时间",这实际上是个"背景信息",任何现象或者事件都离不开时间和空间,但是运用语言表述时则有所侧重。第二,主观事理的判断,从空间角度观察,无非是"平等"与"轻重";从时间角度观察,无非是"推理"与"违理"。一个着眼于对立的比较,一个着眼于联系的事理,出发点是不同的。

所谓"事理",我们指的是两个事件之间存在的联系及其背后的逻辑关系。从理论上来说,事理可能是客观的,也可能是主观的。单纯空间关系,或者单纯时间关系,其实都属于"客观事理",是不以人的主观愿望为转移的一种关系。而对两个现象或事件比较以后得出的结论是"平等"还是"轻重",实际上正反映了人们对这两个现象或事件在自己心目中地位重要与否的看法。至于逻辑上的"符合推理"以及"违反推理"则更是一种主观的事理。一般地说,符合推理的顺承关系都是前因后果,跟时间的顺承保持一致;而违反推理的逆承关系,却可能跟时间有关也可能跟时间无关,换言之,在这里,时空关系实际上已经不凸现了。所以,我们如果仅仅按照时空观念来对复句进行分类,表示逆承转折的复句就可能没有着落;如果仅仅按照逻辑事理来给复句分类,同样也可能把没有事理关系仅仅只有客观时空关系的复句打入另类。

4.除此之外,复句还应该是一个有层次的系统,第一层是大类,它的区分是比较宏观的,应该以认知为背景的逻辑语义分析作为总原则;第二层是中类,则应该注重于前后分句之间的逻辑语义关系;第三层次的小类区分,则以语义关系及其形式表现(关联词语和语序及其移位)来进行鉴别,无标记复句也以能否添加同类型复句的关联词语为辅助标准。

(四)综合上述分析的语义要素,在"空间"与"时间"这样两大

建立以语义特征为标志的汉语复句教学新系统刍议

因素的背景下,我们提取出四个基本语义特征:基于空间范畴的【平等】【轻重】,以及基于时间范畴的【推理】【违理】。这样就构成了现代汉语复句系统基本类型最主要的语义特征。如果有两个相连的分句,它们所表述的是某种语义关系,从认知角度,我们可以运用以上这四种语义特征进行观察。我们必须特别指出,大的语义特征里面实际上常常还包含着一些小的语义特征,只是大的语义特征并不一定都含有这些小的语义特征。例如【轻重】里面包含了【选择】【补充】,【推理】里面包含了【因果】【目的】【假设】等,【违理】里面包含了【转折】【反转】等。

我们准备建立一个由三个层次组成的复句类型新系统。我们分析的原则主要有以下几条:

1.以逻辑语义关系为纲,以形式标记为鉴别标准。划分复句类别的主要方法就是"语义特征对比法",同时,这也是描写复句特点的主要手段,从而建立一个现代汉语复句有层次的新系统。

2.语义关系,以认知的逻辑关系为基础,以"并列"(空间)与"顺承"(时间)构成一个客观世界的观察坐标,以"平等"与"轻重"构成的"比较关系",跟以"推理"与"违理"构成的"事理关系"一起建立起主观世界的观察坐标。

3.根据形式标记的有无,分为有标记和无标记两大类。有标记,以关联词语为主,同时参考分句的次序以及换位的可能性;无标记,则以分句中某些词语对应、对称,或者并列为参考,同时辅之以关联词语的添加。

三、新的现代汉语复句类型系统

（一）平等复句 A。所谓"平等复句"，是指两个或两个以上的现象或事件所构成的单纯的空间关系。前后分句的关系是平等的，即两个（或者更多）事件（分句）的地位是基本平等的，基本上排除了时间顺承的因素，如果不考虑语用上的特殊需求，并列项原则上可以互换位置，不但句子成立，而且句义不变。语义特征是【平等】，这又可以分为两个类型：

1. 平等并列复句 A1：几个分句并列，不分前后、轻重，在认知上属于等距离的分布，从而构成一种平等的并列关系。语义特征是【平等】【并列】，它又可以分为三个小类：

A11 平等分布复句：【平等】【并列】【分布】。例如：

(1)书房里一边放着书桌，另一边放着四把椅子。

(2)他不是张三，而是李四。

A12 平等共进复句：【平等】【并列】【共进】。例如：

(3)她一边哼着曲子，一边打电脑。

(4)我们时而观海，时而睡觉。

A13 平等加合复句：【平等】【并列】【加合】。例如：

(5)我们心里既高兴，又忐忑不安。

(6)中秋的月亮又大，又圆，又明亮。

2. 平等选择复句 A2：几个分句并列，不分前后、轻重，没有倾向性的显示选择的可能性，构成一种平等的选择关系，也可叫"无定选择"。语义特征是【平等】【选择】，它又可以分为两个小类：

A21 平等任选复句：【平等】【选择】【任选】。例如：

(7)我们或者去上海,或者去广州。

(8)北方人要么吃馒头,要么吃面条。

A22 平等必选复句:【平等】【选择】【必选】。例如:

(9)这鬼地方不是刮风,就是下雨。

(10)我们不去泰山,就去青岛。

(二)轻重复句 B。所谓"轻重复句",是指两个(或者更多)现象或事件的地位虽然没有时间因素,只有空间关系,但是地位不是平等的,分句与分句之间隐含着某种比较关系,也就是有轻重主次之分,从前句可以推导出后句来。并列项原则上不可以互换位置,如果换了前后位置,句子就可能不成立,或者句义变了。语义特征是【轻重】,这又可以分为三个类型:

1.轻重递进复句 B1:前后分句的关系,或者递进,或者反递,所以形成前轻后重,或者前重后轻的格局。前后分句不能颠倒,否则句子不成立,或者句义改变了。语义特征是【轻重】【递进】,它又可以分为两个小类:

B11 正面递进复句:【轻重】【递进】【顺承】。例如:

(11)我们不但要学好,而且还要学精。

(12)他不认识我,甚至连我的名字都不知道。

(13)你们小伙子都咬不动,何况我们老头子呢!

B12 反面递退复句:【轻重】【递进】【转折】。例如:

(14)他不但没学好,反而学坏了。

(15)别说北京没去过,连县城也是上月才第一回去。

2.轻重定选复句 B2:两个或几个选择项并列,但是说话者实际上已经有了明确的目标,表面上是并列的选择,实际上是可以分

出轻重主次的,也可叫"有定选择"。语义特征是【轻重】【定选】,它又可以分为两个小类:

B21 先取后舍复句:【轻重】【定选】【前选】。例如:

(16)宁可睡觉,也不出门。

(17)宁可输掉几千元,他也要试一试。

B22 先舍后取复句:【轻重】【定选】【后选】。例如:

(18)与其睡觉,不如出门。

(19)与其你去,不如我去。

3.轻重补充复句 B3:前后分句明确分工,前句为主要句,比较重要,后句为次要句,只是一个补充说明,属于注解式的补充,所以也有人称之为"解说"或"解注"。语义特征是【轻重】【补充】,它又可以分为四个小类:

B31 指代补充复句:【轻重】【补充】【指代】。例如:

(20)我买了一本好书,这让我的孩子很高兴。

(21)门口站着个小伙子,我们好像在哪里见过他。

B32 总分补充复句:【轻重】【补充】【总分】。例如:

(22)"原谅"是儒家精神,"忘掉"是道家境界,两者都不容易。

(23)老头儿有两个儿子,一个已经工作,一个还在读大学。

B33 连锁补充复句:【轻重】【补充】【连锁】。例如:

(24)正确的步骤来源于正确的决心,正确的决心来源于正确的判断。

(25)村子靠着山,山脚下有个大龙潭,龙潭的水流到村前成了小溪。

(三)推理复句 C。所谓"推理复句",是指如果有两个在时间

建立以语义特征为标志的汉语复句教学新系统刍议

上属于前后发生的现象或事件,既有时间因素,又有事理关系。从前者 X,可以推导出 Y 来。或者说,先有了 X,就可以按照常规、常理、常态、常识,得出 Y 的结论。语义特征是【顺承】【推理】,这又可以分为五个类型:

1. "顺承－连贯"复句 C1。两个现象或事件的关系是线型的,时光流逝,无法倒退。并且前后分句之间只有时间顺承关系,没有其他特定的事理关系。表现为单一的"前事－后承"的流水关系。语义特征是【顺承】【推理】【连贯】。例如:

(26) 足球在空中画了个漂亮的弧线,直入网底。

(27) 他敲了敲铁门,接着又敲了敲窗户。

(28) 一听到钟声响,他立刻就起床了。

2. "原因－结果"复句 C2。语义特征是【顺承】【推理】【因果】,它又可以分为两个小类:

C21 说明因果复句:【顺承】【推理】【因果】【说明】。例如:

(29) 因为天下雨,所以我们不能出门。

(30) 由于天气不好,飞机必须推迟起飞。

C22 推断因果复句:【顺承】【推理】【因果】【让步】。例如:

(31) 既然你答应了,那就给我签个字。

(32) 你既然不愿意去,那就让他去。

C23 无奈因果复句:【顺承】【推理】【因果】【无奈】。例如:

(33) 连着下了一个月的雨,以致农田都被淹了。

(34) 由于她老低着头,以至于我们看不清她的表情。

3. "目的－方式"复句 C3。语义特征是【顺承】【推理】【目的】。例如:

语义与结构

(35)为了买一辆进口汽车,他省吃俭用了好几个月。

(36)我们轻一点,以便他们好好休息。

4."一般条件－推理"复句 C4。语义特征是【顺承】【推理】【假设】【一般条件】,它又可以分为两个小类:

C41 可能条件复句:【顺承】【推理】【假设】【可能】。例如:

(37)如果天下雨,我们就不出门了。

(38)要是你同意,那我们就这么办。

C42 违实条件复句:【顺承】【推理】【假设】【违实】。例如:

(39)要是昨天没下雨,我们肯定会去的。

(40)如果你爹能够活到今天,他一定会同意的。

5."特定条件－推理"复句 C5。语义特征是【顺承】【推理】【假设】【特定条件】,它又可以分为五个小类:

C51 充足条件复句:【顺承】【推理】【假设】【充足条件】。例如:

(41)只要你去,我就一定出席。

(42)天只要一放晴,我们马上就出发。

C52 必要条件复句:【顺承】【推理】【假设】【必要条件】。例如:

(43)只有你也去,我才会出席。

(44)大家只有齐心协力,才能完成这个任务。

C53 无条件复句:【顺承】【推理】【假设】【无条件】。例如:

(45)无论你说什么,我们都不会相信。

(46)不管别人怎么看,反正我是下定决心了。

C54 意外条件复句:【顺承】【推理】【假设】【意外条件】。例如:

(47)万一他也去,你就尴尬了。

(48)万一出了问题,我们会负责的。

C55 倚变条件复句:【顺承】【推理】【假设】【倚变条件】。例如:

(49)孩子们成绩越好,我们就越开心。

(50)年龄越大,记性越差。

(四)违理复句 D。所谓"违理复句",是指前者 X 的存在(不论真伪),本应该按照推理可以推断出 Y,但是却违背推理、常规、常态、常识,得到相反的结论 Z。这类的特点是跨时空的,换言之,有的跟时间有关,有的跟空间有关。语义特征是【违理】【转折】,可以分为三类:

1."事实—转折"复句 D1。语义特征是【违理】【转折】【让步】【事实】。例如:

(51)虽然天下雨了,但是我们还是要出门去。

(52)她尽管口头答应了,可是心里并没有把它当一回事。

(53)她人很漂亮,就是不太聪明。

(54)钱我们肯定会付的,只不过要稍微晚两天。

2."假设—转折"复句 D2。语义特征是【违理】【转折】【让步】【假设】。例如:

(55)即使天下雨,我们还是要出门去。

(56)就算你是个总统,也不能胡作非为!

3."前提—反转"复句 D3。语义特征是【违理】【转折】【假设】【前提】。例如:

(57)你绝对不能答应,否则后果不堪设想。

(58)幸亏你晚点了,要不就赶上这次车祸了。

四、新复句系统的特点

(一)我们把新的复句系统作一个整理,得出一个有三个层次构成的包括 4 大类 13 中类 27 小类的现代汉语复句新系统,并跟目前现代汉语教材通行的说法进行对照(用【】附加说明):

大类	中类	小类
A.平等复句	A1.平等并列复句　【并列复句】	A11:平等分布复句
		A12:平等共进复句
		A13:平等加合复句
	A2.平等选择复句　【选择复句】	A21:平等任选复句
		A22:平等必选复句
B.轻重复句	B1.轻重递进复句　【递进复句】	B11:正面递进复句
		B12:反面递退复句
	B2.轻重定选复句　【选择复句】	B21:先取后舍复句
		B22:先舍后取复句
	B3.轻重补充复句　【补充复句】	B31:指代补充复句
		B32:总分补充复句
		B33:连锁补充复句
C.推理复句	C1.顺承－连贯复句【连贯复句】	C11.顺承连贯复句
	C2.原因－结果复句【因果复句】	C21:说明因果复句
		C22:推断因果复句
		C23:无奈因果复句
	C3.目的－方式复句【目的复句】	C31:目的方式复句
	C4.一般条件－推理复句【条件复句】	C41:可能条件复句
		C42:违实条件复句

建立以语义特征为标志的汉语复句教学新系统刍议

	C5.特定条件－推理复句【条件复句】	C51:充足条件复句
		C52:必要条件复句
		C53:无条件复句
		C54:意外条件复句
		C55:倚变条件复句
D.违理复句	D1.事实－转折复句　【转折复句】	D11:事实转折复句
	D2.假设－转折复句　【让步复句】	D21:假设转折复句
	D3.前提－反转复句　【转折复句】	D31:前提反转复句
4 大类	13 中类	27 小类

(二)归纳起来,我们这一新的复句系统主要有这么几个特点:

1.建立起现代汉语复句的多层次系统,划分出三个层次等级:

第一层次根据我们的认知,以"空间"和"时间"为背景,区分出侧重于空间域的"平等"、"轻重",以及侧重于时间域的"推理"与"违理"这四个基本类别,建立第一层次的复句类型,有着比较坚实的哲学基础,比较符合认知规律,也比较容易接受、理解和操作,从而分出 A、B、C、D 四个复句大类。

第二层次主要根据前后分句之间的语义关系和区别性的语义特征,分出 13 个类型:A1、A2、B1、B2、B3、C1、C2、C3、C4、C5、D1、D2、D3。

第三层次则根据各类复句内部类型的不同语义特征以及形式标志,再细分为 27 个类型。

其中,A 类分为 2 个中类型,5 个小类;B 类分为 3 个中类型,7 个小类;C 类分为 5 个中类,12 个小类;D 类分为 3 个中类型,3 个小类。

语义与结构

2.改变了以往单视点的命名,强调双视点的命名,特别是"推理复句"与"违理复句"两个类型内部小类的名称,只有前后分句互相照应的命名,才能真正揭示该复句类型的语义关系,显示其区别性的语义特征。例如都属于"违理"语义特征的复句,都具有前后分句"转折"的语义特点,我们再分为"事实-转折"、"假设-转折"以及"前提-反转"这么三个小类型,就把它们区别开来了。

3.我们的命名还考虑到一个极为重要的因素,就是语义特征的区别,这样有助于认清该复句的特点以及语义关系的内涵。例如把"选择复句"进一步分为"平等选择"(无定选择)与"轻重选择"(有定选择),前者再分为"平等任选"与"平等必选",后者再分为"先取后舍"与"先舍后取"。

4."顺承连贯"跟时间范畴关系密切,同时也显示出一种推理关系,即单独前一个动作,并不构成一个完整的行为,它必须出现紧接着进行的第二个动作才能完句,否则句子无法成立。比如"足球在空中画了个漂亮的弧线",可能是"直入网底",也可能是"结果把邻居的玻璃窗给打破了",还可能是其他,但是不管如何,必定可以推导出有第二个动作。因此归入"推理复句"类型,也是有道理的,此外还有一层因素,就是这一类复句有的实际上还隐含着某种因果关系,例如"一听到钟声响,他立刻就起床了"。既可以理解为一种纯粹的时间先后发生的连动语义关系,也可以理解为"因为听到钟声响",所以导致"他立刻就起床了"这样一种结果。可见把它归入C类,并且放在"推理复句"的最前面,正体现了空间和时间的一种转换。

5.所谓的"条件"也分为两类:"一般条件"与"特定条件",因为两者实际上都是"假设条件",区别只是在于前者是普通的没有特定含义的假设条件,后者则是有特定含义的假设条件。其中"特定条件"内部的情况比较复杂,根据不同的语义关系以及关联词语的不同,再分为五个小类。

6. 现代汉语复句的各种类型基本上都可以在这个类型系统中找到自己的位置,换言之,类型比较齐全。而且由于显示了各自的形式标记,所以,可以比较方便地对号入座。这对现代汉语语法的教和学都带来便利。由于每一个小类的复句的形式标记,包括关联词语,以及语序、对应词语或短语等,比较复杂,在例句里也已经有所表现,本文不再一一列举。

7. 根据研究的需要,我们还可以对其中的小类进行再分类,比如同样是"平等分布复句",可以再分为"平行"、"对立"、"差异"等小小类;但是在语法教学上,尤其是对母语是汉语的学生,实际上只需要掌握第二层次的 13 类就可以。对于外国学生来说,则最好是掌握到第三层次 27 个小类,包括它们的形式标记。一句话,要对症下药,针对不同对象制定教学的范围和要求,切忌"一刀切"。

(三)总之,我们认为,我们这一新的复句类型系统,符合认知,层次分明、命名准确、特征清晰、标志鲜明、易于操作。比较适合语法教学,尤其是对外汉语教学的需要,因为外国人,特别是外国的成年学生,他们的认知水平并不低,缺乏的只是对汉语的感性认识,所以如果从人类普遍的认知关系入手,学生们理解起来就比较容易,而重点就是要他们掌握某一类复句的语义特征,并进而推导出属于什么样的语义关系,其形式标记到底是什么。即以认知为基础,从分句之间的逻辑语义关系入手,运用语义特征的对比方法

语义与结构

进行鉴定,再用形式标记来进行验证。

  我们希望,这一新的复句类型系统能够比较准确地揭示现代汉语复句的语义关系,也能够比较好地解决汉语复句的认定、分类和鉴别,从而解决复句教学中长期存在的不和谐的情况。

参考文献

胡裕树主编(1995)《现代汉语》(第六版),上海:上海教育出版社。
黄伯荣、廖序东主编(2002)《现代汉语》(增订三版),北京:高等教育出版社。
黎锦熙《新著国语文法》(1924),上海:商务印书馆。
李振中(2001)"逻辑语义"——汉语复句划分的原则依据,《喀什师院学报》第4期。
林裕文(1956)《偏正复句》,上海:新知识出版社。
吕叔湘(1982)《中国文法要略》,北京:商务印书馆。
吕叔湘(1979)《汉语语法分析问题》,北京:商务印书馆。
全立波(2004)现代汉语复句研究述评,《株洲师范高等专科学校学报》第6期。
邵敬敏主编(2001)《现代汉语通论》,上海:上海教育出版社。
王维贤等(1994)《现代汉语复句新解》,上海:华东师范大学出版社。
邢福义(2001)《汉语复句研究》,北京:商务印书馆。
张拱贵(1983)关于复句的几点分析,《语言教学与研究》第1—2期。

(原载《世界汉语教学》2007年第4期)

功能与认知

"幸亏"类副词的句法语义、虚化轨迹及其历史层次[*]

现代汉语的副词相当活跃,不仅数量众多,而且使用频繁,语义和功能相近的若干副词更因为历史层次、语体不同、方言影响等因素交叉重叠,形成一个个"聚类",大体相同却又有某些差异,有的还处于演变过程之中,这就必然成为汉语语法研究和对外汉语教学的难点、重点,乃至于焦点。

本文尝试对表示"庆幸"语法意义的"幸亏"类副词及其句法语义进行考察,试图从"幸亏"类副词内部小类的横向比较上,探究其句法上的特点跟其语义的匹配关系,重点是考察其虚化轨迹及其历史层次。

"幸亏"类副词,大致可以分为三类:

1."幸"类:幸亏、幸而、幸好、所幸;
2."亏"类:幸亏、多亏、亏得;
3."好"类:好在、还好。

这三类词语尽管语义大体相同,但是用法上以及词语选择上存在某些差异。现代汉语中,"幸亏"出现的频率最高,兼属1、2

---

[*] 在"第四届虚词研究与对外汉语教学研讨会"(2010年上海师范大学)上宣读。

类,是这一聚类词语的典型代表。相关研究并不很多,主要有杨亦鸣与徐以中(2004)、于峻嵘(2005)、聂丹(2009)等。

一、"幸亏"词义解释匡正

《现代汉语词典》(第 5 版)认为"幸亏"的词义是:"表示由于偶然出现的有利条件而避免了某种不利的事情。"(P1527)《现代汉语八百词》也认为是"指由于某种有利条件而侥幸避免不良后果"(P514)。"幸好"、"幸而"的注释都是"幸亏",这说明该词典认为三者完全同义。经过我们对语料的多方位考察,发现这一解释不仅不够准确,而且存在比较大的缺陷。

(一)条件还是原因?

"幸亏"是个典型的副词,引进的是所谓"有利条件",其实不仅是"条件",也可能是"原因"。例如(括号内的连词是实际未出现但可以补出来的):

(1)当时幸亏(因为)有目击者,所以很快就将凶手捉拿归案了。(森村诚一《人性的证明》)

(2)幸而因为年轻,(所以)恢复得快才幸免残疾。(陈大鹏《刘诗昆再婚前后》)

以上两例各有"所以"、"因为"而彰显其因果关系,可见,"条件"说起码不够全面,而且该条件和原因,必须是一个动作、行为或事件,换言之,必须是动词或者动词性短语,乃至小句,但是不能是个事物或实体,所以不能由名词或名词性短语构成,这就证明"幸亏"是典型的副词,跟"多亏"、"亏得"不大一样。比如:

(3)*幸亏他,我才通过了考试。(自拟)

(4)*幸亏吴县长,否则就遭殃了。(自拟)

(二)偶然还是常规?

所谓的有利条件,不一定就是"偶然出现",而可能是常规条件、普通条件,或者根本无法判断这是不是"偶然出现"的条件。例如:

(5)幸亏当时室内没人,否则非出人命不可。(人民日报 1995)

(6)幸亏有孩子照看,不然,你回来后就见不着我了。(人民日报 1994)

我们无法判断"当时室内没人"和"有孩子照看"一定是"偶然出现"的。因为完全可改写成:

(5')幸亏当时室内有人,否则非出人命不可。(自拟)

(6')幸亏不是孩子照看,不然,你回来后就见不着我了。(自拟)

可见,这一限定性解释显然不够准确,完全没有必要。

(三)不利还是有利?

更为关键的是,其结果也不一定就是"避免了某种不利的事情",而完全可能相反,出现的恰恰是某种有利的事情。例如:

(7)幸亏他迅速起身冲刺,才以小组第二的成绩出线。(人民日报 1993)

(8)他们幸亏得到一个名叫斯科特的土著人帮助,才学会了种庄稼。(人民日报 1993)

谁都无法否认"以小组第二的成绩出线"以及"学会了种庄稼"对说话人来讲,都是属于"有利的事情",可见有关解释是以偏概

225

全了。

(四)"不利"与"有利"存在着互动关系

所谓"庆幸",既指在不利的情况下,避免了某种不利的后果,也指得到了某种好处。正如老子指出的那样:"祸兮福所倚,福兮祸所伏。"避开不利以及得到有利,是两个既矛盾又统一的对立面,从而构成了一个从不利向有利转化的动程。只要在这一动程中,就都值得庆幸。

1. 避免不利的结果,以及获得有利的结果,本来就是相辅相成的两个方面,问题在于说话者观察问题的视角。比如同样一个赶火车的事件,就可能有正反两种不同的表述方法:

(9)幸亏我们及时赶到,否则就错过这班火车了。(自拟)

(10)幸亏我们及时赶到,才赶上了这一班火车。(自拟)

2. 不利后果跟有利结果之间没有截然的界限,凡是处于这个从不利向有利转化进程中的,都可以看作是值得庆幸的。例如(11)到(13)就是从不利逐渐向有利过渡:

(11)幸亏医生抢救及时,他才脱离了生命危险。(自拟)

(12)幸亏医生抢救及时,他才没留下后遗症。(自拟)

(13)幸亏医生抢救及时,他才很快就康复了。(自拟)

因此,"幸亏"的词义解释应该是:在不利的情况下,由于存在或出现了某种有利的条件或者原因,促使不利向有利方面发展,并为此感到庆幸。

二、"幸亏"句式的句法特点

"幸亏"构成的句式,有三种类型:完整式、前省式、后省式。

(一)完整式:Z,幸亏 X,( )Y

作为对一个完整事件的认知,"完整式"在语义表述上最齐全,一般由三部分构成:前发句 Z 通常表示不利的情况,"幸亏"句显示有利的条件或原因,后续句 Y 则表示避免了不利后果或获得了有利结果。其中"( )"是出现与前句呼应的关联词语的位置,可能有,也可能没有(下同)。例如:

(1)不多时,敌人包上来。幸亏群众已给他换上老百姓衣服,没被查出来。(冯德英《苦菜花》)

(2)这一来,得罪了肃宗,亏得有人在唐肃宗面前说了好话,才把他放回家去。(曹余章《中华上下五千年》)

(二)前省式:幸亏 X,( )Y。

表示不利情况的前发句尽管没有出现,其内容实际上在上下文中已经存在,否则,"幸亏"就无从说起。后续句有两种类型。

1.后续句使用连词"否则、不然、要不"呼应,不可或缺,引出完全可能出现但是实际上正是因为 X 而没有出现的不利后果 Y,显示庆幸口吻。例如:

(3)幸亏我是男的,要不早被你们逼良为娼了!(张欣《今生有约》)

(4)多亏刚才你把枪藏起来,不然今天就坏事了!(关捷《"阿庆嫂"与谭震林一家》)

"否则"与"不然"、"要不"都表示"如果不是这样的话",区别在于"否则"书面语色彩比较浓;"不然"、"要不"比较口语化,还可以说成"要是"、"要不然"。

2.后续句如果使用关联性副词"才",这时强调导致幸运结果

功能与认知

Y 的条件或原因 X 的唯一性。这里可能有正反两种表述方式,但是,不论正面表述,还是反面表述,只是观察的角度不同而已,本质上是一致的,即结果都是有利的。

A. 正面表述,Y 指的是发生了幸运事情。例如:

(5)幸亏被及时送往医院,她才从死神身边转了回来。(人民日报 1995)

(6)亏得她父亲挣扎得快,才算逃出活命。(俞立钧《暴力电视害得她不可救药》)

B. 反面表述,Y 是没有发生的不幸的事情,通常用"避免、幸免、免遭"等;而副词多用"幸亏"、"幸而"、"幸好",基本不用"多亏"、"亏得"。例如:

(7)幸亏车站工作人员及时发现,才避免了一次偏载脱轨事故的发生。(人民日报 1994)

(8)幸好房副队长抓住缆绳,才避免了一次艇翻人落水的事故。(人民日报 1994)

(三)后省式:Z,幸亏 X。

后面尽管没有后续句 Y 照应,但是实际上这里有利的结果是隐含的,可以从上下文或者按照常理、常规推导出来。例如:

(9)他们躲进一座土围子里,幸亏没被元兵发现。(曹余章《中华上下五千年》)

(10)一辆汽车爆炸,14 人受伤,多亏此时学校还没放学。(人民日报 1995)

三、"幸亏"句法语义特点

从后续句的语义来看,显然正面反面的语义都有,关键是说话者观察问题的视角。从句子类型上看,完整式在实际使用中比较少见。有上下文语境的提示,完全用不着方方面面都说全了,否则不符合交际的精简原则。

(一)"幸亏"类副词的使用倾向

"幸亏"、"多亏"、"亏得"的前省式或后省式都比较常见,不过前省式更为常见。换言之这几个副词主要引进导致有利结果的条件或原因。例如:

(1)[幸亏]有传媒的恳切呼吁,社会才援手相助,旅费终于有了着落。(人民日报1994)

(2)[亏得]朱元璋得到消息,把郭子兴救了出来。(曹余章《中华上下五千年》)

"幸而"、"幸好"、"所幸"的使用特点是前省式或后省式都比较常见,不过后省式更为常见,往往直接显示庆幸的结果。例如:

(3)一架台湾客机在启德机场降落时堕入海中,[幸而]无人死亡。(报刊精选1994)

(4)以色列情报部门这次发生低级错误,[幸好]未造成严重后果。(新华社2004年新闻稿)

"好在"显得更加口语化,前省式和后省式几乎平分秋色。例如:

(5)[好在]大家都累散了架,冲了冲凉水澡便倒在床上睁不开眼了。(卞庆奎《中国北漂艺人生存实录》)

功能与认知

(6) 过去的事情让人回想起来并不开心，[好在]我们总算熬过了那段时光。(新华社2004年新闻稿)

"好在"的完整式比较多，使用频率最高的是报道体育比赛的文字。例如：

(7) 最后一发，单红有些大意，仅打出8.3环，[好在]加尔金娜也只打出了9.8环，单红以0.4环的优势险胜。(新华社2004年新闻稿)

(二)"多亏"与"亏得"的词性

"幸亏、幸而、幸好"这几个都必须带动词性词语，不能带名词性词语，可见副词性比较强。"多亏、亏得"却不仅可以带动词性词语，也可以带名词性词语。"多亏"还能带助词"了"，更说明它还具有动词的属性。例如：

(8) 多亏了[吴县长]，咱不用出村就把苹果都卖了。(人民日报1993)

(9) 左宗棠因祸得福，亏得[潘祖荫、郭嵩焘]。(高阳《红顶商人胡雪岩》)

"亏得"有一种比较特殊的用法，好像是表示庆幸，实际上是指责对方的意思，或者表示不满、讽刺、嘲笑。这实际上是一种"反语"，也可以单独用"亏"。例如：

(10) 亏得[她能睡这么久，还连一点知觉都没有]。(于晴《红苹果之恋》)

(11) 亏[你还是个演员呢]！怕什么，跳，跳！(顾也鲁《"干净"的英茵》)

这种用法，历史上就有，只不过，用的只能是"亏"，最早的例句

230

是元代杂剧里的。例如：

(12)张千,亏你也睡的着!快起来,有鬼,有鬼。(关汉卿《感天动地窦娥冤》)

(13)爷爷呀!这般重,亏你怎的拿来也。(《西游记》(上))

(三)前发句的语义倾向

前发句通常都表示不利的情况,一种困境,再用"幸亏"等来引进原因,这时庆幸的结果其实也已经在原因里体现出来了。例如:

(14)孩子多病,父母年迈,多亏[他辛劳操持]。(报刊精选1994)

(15)上去勉勉强强,下山就不行了,亏得[乡政府派人打着手电寻上山来接应]。(何登选《中国首家囚犯子女"儿童村"》)

有时前发句也可以表示某种好的结果,后续句再用"多亏"引进原因。这实际上是一种因果倒装句,不过这个原因是值得庆幸的。这类句子,用"多亏"尤其多。例如:

(16)还多次找老顾道谢:"我致富,多亏[您]。"(人民日报1993)

(17)我现在还能工作,多亏[徐县长救了我一条命]。(报刊精选1994)

(四)"幸喜"与"所幸"的词性

"幸喜"在北京大学CCL语料库才出现33次。这个词语比较特别,它的语义比较实在,应为形容词,可以后附"的",构成"幸喜的"。例如:

(18)幸喜的是,1992年11月7日,全国人大常委会审议通过了我国第一部有关法律。(报刊精选1994)

功能与认知

因为幸喜凸显的就是有利的结果,而非强调有利的条件或原因,所以往往没有必要再跟着后续句。例如:

(19)回到金鑫里三号,幸喜[没有一个人看见]。(欧阳山《苦斗》)

(20)黄蓉看了看武三通腿上的剑伤,幸喜[并无大碍]。(金庸《神雕侠侣》)

即使有后续句,也多是有利结果的一部分。例如:

(21)幸喜[帐单未及送到他手里,胡小姐抢去自己付了]。(杨绛《洗澡》)

(22)幸喜[新雨之后,炎热顿消,清风徐来]。(姚雪垠《李自成2》)

"所幸"近年来书面上使用频率颇高。表示值得庆幸,感到幸运,主要做状语。例如:

(23)月光已经被阴云遮住了,所幸道路还算平坦。(李英儒《野火春风斗古城》)

(24)一架伊朗直升机十八日坠入泥沼,所幸机上全部人员安然无恙。(人民日报 1996)

"所幸"功能上接近形容词,可以跟"的"组成"的字结构",并且形成惯用语"所幸的是"。例如:

(25)他趁茫茫的夜色,拼命逃命。所幸的是他终于找到了自己的部队。(朱永安译:《戴红玫瑰的丑女人解答世纪之谜》)

(26)让我们的民族变得高雅起来,要靠熏陶。所幸的是,我们看到了希望。(市场报 1994)

或者跟"者"构成"所幸者"。例如:

(27)北京大热。编完这期,已是大汗淋漓。所幸者朋友帮忙,还有存稿。(《读书》)

(28)凡是恶人所能想到的,他全施用过。所幸者,张教授一味冷静不和他惹气。(老舍《赵子曰》)

后面两种用法是无法用"幸亏"替代的,只有用作状语的"所幸"才可以用"幸亏"替代。不过"所幸"与"幸亏"的语义仍有所区别,"所幸"可能是在不利情况下的"庆幸",也可能是非不利情况下的"庆幸",如例(26)。"幸亏"只能是在不利情况下感到庆幸。

(五)"还好"的使用特点

"还好"在北京大学CCL语料库里有三千多条,不过大多数不是我们这里所讨论的副词,而是"副词+形容词"的结构,主要出现在比较句和对比句里。例如:

(29)你的演唱,比我们功勋演员唱得还好。(人民日报1994)

(30)夏天还好,冬天就太糟糕了。(报刊精选1994)

这说明,"还好"是个多义格式,有时是副词"还"加上形容词"好"的短语,有的则接近表示"庆幸"的副词,还处于语法化的演变之中。

"还好"往往单独使用,是对某种情况表示庆幸的表态说法。例如:

(31)还好,中国男篮在最后时刻战胜塞黑队进入八强。(新华社2004年新闻稿)

(32)还好,刚开张就有生意了,画像的是个年纪不大的女生。(卞庆奎《中国北漂艺人生存实录》)

四、"幸亏"类词语的虚化轨迹

(一)"亏"的历史考察

考察历史语料,我们发现,"亏"本来是动词,《说文》解释为"亏,气损也"。段注引申为"凡损皆曰亏",再引申为"欠缺、短少",与"盈"、"满"相对。例如:

(1)天道亏盈而益谦,地道变盈而流谦。(《周易》)

(2)日极则仄,月满则亏。(《管子·白心》)

先秦以下,直到汉唐,乃至宋代,"亏"都表示这种意义。例如:

(3)四德流芳,三从作则,执心恭谦,节行不亏。呜呼!(周绍良、赵超主编《唐代墓志汇编续集》)

(4)易消释,空中雪。多亏缺,天边月。(《全宋词·满江红(王炎)》)

在元杂剧中则出现了大量的表示"庆幸"义的"亏"、"多亏"、"全亏"、"亏的"等词。其中出现频率最高的是"多亏",不过,这里的"多"用来修饰"亏",还未凝固成词。其特点主要有两个:

1. 这时"亏"、"多亏"所带的基本上都是名词性词语。例如:

(5)小生多亏[这白马寺长老]:一日三斋,未尝有缺;每谈清话,甚得其清致。(关汉卿《山神庙裴度还带》)

(6)你专医人那枕冷衾寒,亏了[姑姑]!(关汉卿《望江亭中秋切鲙》)

不过,也发现"亏"、"多亏"带动词性宾语的情况,主要是小句的实例。例如:

(7)幼小父母双亡,多亏[邓大户家中抚养成人]。(关汉卿《山

神庙裴度还带》)

(8)你畅好是吃赢不吃输,亏的[我能说又能做]。(关汉卿《温太真玉镜台》)

名词性宾语后面往往跟着动作行为,如果去除中间的停顿,就变成小句了。例如:

(9)此一场大功,多亏了[大夫也]。(郑廷玉《楚昭王疏者下船》)

(10)秀才,多亏[你也,寄书到此,远路劳神]。(尚仲贤《洞庭湖柳毅传书》)

(11)非小官之能,多亏[大夫用计也]。(高文秀《保成公径赴渑池会》)

例(9)"多亏"带名词性宾语,用"也"煞句;例(10)也带名词性宾语,也用"也"煞句,接着还有动词性的下文;例(11)则干脆带了动词性的宾语,最后也用"也"煞句。这两个例句似乎正好反映了从名词性宾语到动词性宾语的演变过程。

2."亏"、"多亏"可以后附"了"、"着",说明动词属性还比较强。例如:

(12)学士,这多亏了你也!(关汉卿《温太真玉镜台》)

(13)想您孩儿多亏着阿妈、阿者抬举的成人,封妻荫子。(关汉卿《山神庙裴度还带》)

(二)"亏"语义反转的动因

"亏"的语义的演变,我们怀疑这是反训的结果。因为"亏"和"盈"是相对的。你亏则我盈,亏盈相辅相成。古人很早就认识到这一哲理。例如:

功能与认知

(14)入人园圃,窃其桃李,众闻则非之,上为政者得则罚之。此何也?以亏人自利也。(《墨子·非攻》)

(15)妇,养姑者也。亏姑以成妇,逆莫大焉。(《左传·襄公二年》)

当说某人"亏"时,实际上就可能对其他人产生有利的情况。因此,表示庆幸的"幸亏"、"多亏"、"亏得"等词语,最早应该是从"亏"发展而来。

(三)"亏"词性转变的关键时期

根据历史语料考察,我们认为,明代是"亏"从动词向副词演变的关键时期。明代的文学作品语言里,"亏"的动词属性还未消失,所以,常常后附"了"、"着"。明代"亏了/亏着"常常直接带名词宾语,其词义更加接近本义:在亏损对方的同时,也给说话人带来了好处。例如:

(16)又亏着那老妪这几钱银子,将就半饥半饱,度到临洮府。(《醒世恒言》)

(17)郓哥道:"……我便一头顶住那婆子,你便奔入房里去,叫起屈来。此计如何?"武大道:"既是如此,却是亏了兄弟……"(《金瓶梅》)

到了清代,此类用法仍然存在。例如:

(18)那老头儿道:"儿啊,千亏万亏,亏了这位姑娘救了我的性命!不然此时早已闷死了!"(《儿女英雄传》)

(19)他日后的军功就全亏了这匹马,此是后话。(《儿女英雄传》)

然而动词"亏"在双音节化的过程中,结合为幸亏、幸而、幸好、所幸、多亏、亏得等,并且常常出现在动词或动词性结构前面充当状语,从而完成了副词化的进程。

五、"幸亏"类副词的三个历史层次

我们对"幸亏"类副词在明代以来小说中的分布情况做了不完全的统计,见表1:

表1 "幸亏"类副词在明代以来小说中的分布情况

	亏	幸亏	多亏	亏得	幸而	幸好	所幸	好在	还好
《水浒传》	12	0	2	0	0	0	0	0	0
《西游记》	54	14	12	1	3	0	0	0	0
《儒林外史》	18	2	4	3	0	0	0	0	0
《醒世恒言》	29	1	2	2	3	0	0	0	0
《金瓶梅》	27	0	14	0	1	0	0	0	0
《醒世姻缘传》	1	0	1	0	6	0	0	0	0
《红楼梦》	74	38	4	13	38	0	0	0	0
《儿女英雄传》	28	3	4	4	32	0	1	6	1
《老残游记》	2	1	0	2	3	0	0	5	0
老舍作品	0	0	0	0	1	0	0	7	0

表示"庆幸"语义的副词从历史上看,实际上有三个来源:

(一)古代汉语层次

先秦的"幸"是第一个来源,除了"幸运"义,还表示"庆幸"义。这时"幸"可以单用,也可以构成"侥幸"再使用。例如:

(1)羁旅之臣,幸若获宥,及於宽政,赦其不闲於教训,而免於罪戾。(《左传·庄公二十二年》)

237

功能与认知

(2)民知有辟,则不忌於上。并有争心,以徵於书,而徼幸以成之,弗可为矣。(《左传·传六·三》)

不过,最常见到的是"幸"跟着连词"而"。本来"幸"与"而"是两个词,而且不能组成一个结构,但是由于常在一起使用,词汇化的结果,就变成一个副词了。例如:

(3)韩简退曰:"吾幸而得囚。"(《左传·传十五·四》)

(4)妾不才,幸而有子。将不信,敢徼兰乎?(左传·传三·六)

"幸"还常常跟着"以"、"於",到了两汉,更是和"得"、"赖"同义连用。例如:

(5)斧钺之人也,幸以获生,以属其腰领,臣之禄也。(《管子·小匡》)

(6)妾幸得执巾栉以侍王,非不欲专贵擅爱也。(刘向《新序》)

"幸而",从先秦到汉代文献里都可以发现。在《醒世姻缘传》、《儿女英雄传》中出现的频率最高。在《红楼梦》里数量也不少,仅次于"亏",跟"幸亏"相等,可看作古代汉语的遗留和发展。

(二)近代汉语层次

第二个来源是近代才出现的"亏"。它是如何从动词演变为副词的,上文已经阐述,这里着重指出的是:"亏"表示庆幸的意义,在明清以来几乎是主流用法,《水浒传》、《西游记》等无不如此。

"亏"还构成了"多亏"、"全亏"、"甚亏"、"得亏",乃至"幸亏"等双音节词语。"幸亏"在明代早期用例很少,如《三国志演义》、《水浒传》以及话本《二拍》里都未出现,在《醒世恒言》里有1例,《今古奇观》里有2例(其中1例重复)。不过《西游记》里倒有14例。有

238

的"幸亏"还能带"了",如例(8)。例如:

(7)柳氏一脉想还未该绝灭,我此身幸亏你扶持出了虎穴。(《今古奇观·柳春荫百磨存气骨》)

(8)师父在洞,幸亏了一个救星,原是宝象国王第三个公主,被那怪摄来者。(《西游记》)

可见,"幸亏"是第一层次"幸"和第二层次"亏"相结合的产物。从现有语料判断,"幸亏"应产生于明代,并一直沿用至今。

"亏得"和"得亏"是"倒序词",在《儿女英雄传》里就有"得亏",例如:

(9)是呀,是呀!得亏你提神我。(第十五回)

(10)得亏太太给遮掩过去了。(第三十三回)

今普通话里"亏得"明显占据了上风,"得亏"只保存在某些北方方言里。例如:

(11)谈起村里的巨大变化,村民们无不交口称赞:得亏党的政策好!(报刊精选1994)

(12)得亏小燕有胆量,有智谋,一头是针一头是线。(李英儒《野火春风斗古城》)

(三)现代汉语层次

现代汉语应该从清军入关建立清王朝算起(邵敬敏、马喆2008),第三个来源就是现代北方口语。这里以"好在"为例进行说明。

直到宋代,"好在"还未出现副词的用法。到了明代,开始出现类似用法,但是"好"和"在"明显仍是两个词语。"好"表示"可以",或者跟其他语素组成"恰好"、"正好"、"只好"等;"在"则往往先与

功能与认知

后面的处所词相组合。例如:

(13)恰好在青牛背上,驮的也是一条牛,只是颜色是个纯白的。(《三宝太监西洋记》(四))

(14)老奴又是下人,只好在旁说话,难好与他抗礼。(《今古奇观》(下))

(15)公公!你莫走,好在家中护我!(《醒世姻缘传》)

但是,到了清代,情况就发生了显著的变化。清代小说里"好在"明显是个副词了,而且主要修饰小句。例如:

(16)好在胜爷是有工夫的人,年轻时人称胜昆仑,力大绝伦,要不然……(《三侠剑》(中))

(17)好在夜间还不甚凉,尚可以将就。(《七侠五义》)

这一用法在老舍作品里也得到印证,显然这些都是现代汉语的例子。

至于"所幸",查考历史语料,似乎早就有了,不过跟现在的"所幸"意思不同。古代的"所幸"指的是帝王接近、宠爱的人或物。《世说新语》里就有一例:

(18)后阳眠,所幸一人,窃以被覆之,因便斫杀。(《世说新语·假谲第二十七》)

至于表示庆幸、幸运的"所幸",近代汉语里未见,仅在《儿女英雄传》里发现1例:

(19)无端的官兴发作,弄出这一篇离奇古怪的文章!所幸今日安稳到家,你我这几个有限的骨肉不曾短得一个,倒多了一个,便是天祖默佑。(《儿女英雄传》)

可见,这是两个不同的"所幸"。

(四)三个历史层次的叠加

表示庆幸义的副词,实际上存在着三个历史层次:一是古代层次,例如"幸而";二是近代层次,例如"亏"(幸亏、多亏、亏得);三是现代层次,例如"好在"。"所幸"和"还好"则仍处于演变过程之中。

现在我们使用的"幸亏"类副词,实际上是三个不同历史层次的累积和叠加,因此也就呈现出语义相近而用法有异的特点。分清类聚中各个副词的历史层次,就可分辨出它们之间的纠葛,也能给对外汉语虚词教学带来新的思路。

参考文献

聂　丹(2009)"幸亏"类词语与"幸亏"成词的关系,《贵州师范大学学报》第3期。
邵敬敏、马　喆(2008)网络时代汉语语法嬗变的动态观,《语言文字应用》第3期。
杨亦鸣、徐以中(2004)副词"幸亏"的语义、语用分析——兼论汉语"幸亏"句相关话题的形成,《语言研究》第3期。
于峻嵘(2005)"幸亏"探源,《河北师范大学学报》第1期。

(原载《语言教学与研究》2011年第4期)

"不是 A,而是 B"句式假性否定的
功能价值*

一、"不是 A,而是 B"的真值否定与假性否定

(一)"不是 A"的否定类型

如果事实上,C≠A,那么命题"C 不是 A"即为真值否定。例如:

(1)这一次的发现不是数学上的,而是物理学上的。(《钱锺书杂文精选·上帝的梦》)

(2)这些人不是同学,而是朋友。(普罗旺斯《深春花房》)

(3)美媒称现在最棘手的国家不是中国而是日本。(环球网)

如果事实上,C=A,那么命题"C 不是 A"即为非真值否定。可是在语言表达层面上,尽管 C=A,还是会出现"C 不是 A"的否定句,目的是引出延续的另一个更高层次的"C 是 B"肯定句。关键是"C 不是 A"并非真的是否定,而只是一种话语策略,是在语言运用过程中的一种以退为进的手法。我们把这种具有特定功能价值的否定,叫做"非真值策略否定",或者叫做"假性否定",这应该

---

* 在"句子功能国际研讨会"(2009 年华中师范大学)上宣读。

属于语用否定特殊的一类。例如：

(4)刘翔用网络流行语形容自己："我跨的不是栏,而是寂寞。"(搜狐体育)

(5)哥们儿我卖的不是面条,而是文化。

兄弟我吃的不是面条,而是眼泪。(南方都市报2009－08－11)

(6)在当地人眼里,夜幕下的泰山,不是山,而是一个顶天立地的武士。(郭鹏《塔里木行》)

通过上面例子的对比,我们可以看到"真值否定"与"假性否定"这两种否定存在一系列的区别点：

1.命题的分解结果不同

从命题分解结果来看,真值否定可以分解成两个命题,即"C不是A"和"C是B",而且两者不是矛盾命题。假性否定分解之后的两个命题,或者自身矛盾,或者与事实(或语境)矛盾。如"这个电视剧不是枯燥"和"这个电视剧是很枯燥"自身矛盾,"夜幕下的泰山不是山"与事实矛盾。

2.A和B的语义关系不同

真值否定的命题中,A和B之间多是一种并列式反对关系,而且两者包含于同一个属概念之中,如例(1)"数学上的"和"物理上的"包含于同一个属概念"自然科学上的"之中。假性否定的命题中,A和B往往是一种递进关系或修辞关系。如例(4)是程度上的递进,例(5)(6)是比喻性修辞关系。

3 语用效果上的差别

真值否定命题往往只是对某一事物从肯定和否定两方面进行

断定,是一种纯粹的命题判断。假性否定命题并非如此,该命题在逻辑上具有矛盾性,但语用上产生和谐性。一来显示话语的使用技巧,产生幽默性效果,二来获得更高程度的修辞性效果,三来获得更高程度的焦点强调性效果。

(二)假性否定与深层肯定

国外对这种假性否定也早就有研究。Horn(1999)认为这是一种对之前发话人的话语方式或隐含意义的否定,不是对一个命题真值的否定。比如说:

(7) Max doesn't have three children——he has four. (Max 不是有三个孩子,而是有四个。)

(8) The queen is not happy——she is ecstatic. (女王不是高兴,而是狂喜。)

(9) Around here we don't like coffee——we love it. (我们不是喜欢咖啡,而是爱咖啡。)

"Max 不是有三个孩子"并不是对"Max 有三个孩子"这个命题的否定(即便 Max 有四个孩子,但是从逻辑上说"Max 有三个孩子"还是一个真命题),而是对"Max 有三个孩子"这句话的隐含意义的否定(通常我们说"Max 有三个孩子"就隐含着"Max 有且只有三个孩子")。同理,"高兴"、"喜欢"等涉及等级(scalar)问题,"高兴"是"不高兴—比较高兴—高兴—狂喜"这个等级链条中的一个处于中间的环节,在无标记用法中,"高兴"总是与"不高兴"对立,对"高兴"的否定隐含着"不高兴",即面向下面的一端,但是在这种有标记的否定中,对"高兴"的否定还可以指向"狂喜",即面向上面的一端。"喜欢"亦然。

"不是A,而是B"句式假性否定的功能价值

事实上,这种否定不是语义否定,而是一种语用否定,并且认为这是一种有标记的否定(marked negation),其实这种否定Ducrot在1972年就已提出,并称之为"元语言否定(metalinguistic negation)",Horn认同"元语言否定"这一名称,因为这种有标记的否定都出现在答语中,一定是有人说"Max有三个孩子",才会有人回答"Max不是有三个孩子——他有四个"。表示答话人不愿意接受发话人的说法,这是一种对之前话语的否定,所以称之为元语言否定。

元语言否定的名称,比较费解。我们根据这一否定的焦点其实不是指向命题本身,而是指向其隐含的意义,故命名为"假性否定"。其关键是这些否定句的后面都必须加上一个延续句,才能做元语言否定处理,这是通过对格莱斯会话原则中数量准则的违反来达到对前面话语否定的目的。汉语里,"而是"就承担了这一任务,引出某个肯定判断,可叫作"深层肯定"。

二、假性否定"不是A,而是B"的类型

假性否定中A与B之间的关系比较复杂,根据其特点,可以从修辞手段、语义程度、关注焦点三个角度进行分类:首先依据A与B之间是否通过修辞手段来表现,分出修辞性假性否定,再根据修辞手段的差别分为"比喻性假性否定"和"象征性假性否定"两类。其次,根据A与B之间的语义程度,分为"递进性假性否定"和"提升性假性否定",相同点在于B的语义程度都要高于A,区别点在于递进性通过A、B本身具有的客观性程度差别或添加程度副词等体现,提升性则通过说话人的主观性而赋予B以代表性

或特别地位。再次,根据关注焦点的转移,分为"本质性假性否定"和"关系性假性否定"。这两个类型的 A 和 B 只是一体两面的具体体现不同,或为现象和本质,或为不同属性或身份。

基于此,假性否定句式"不是 A,而是 B"的类型主要有以下六种。

(一)递进性:通过否定程度低的 A,凸显程度高的 B

递进性类型,通过否定兼具一般程度属性的 A,来凸显程度较高的 B,但肯定 B 又反向包含着对 A 的肯定,从而造成前后逻辑表面上的矛盾。也就是,由于受到焦点肯定项的反向制约,使得整个判断成了一种非本体否定。因此,整个判断并不是真的否定属性 A,而是通过肯定 B 项来反向凸显说明 A 的程度性不够。

1. A 和 B 是具有程度之别的形容词性词语,B 往往是 A 与程度性较高的副词"很、非常、相当"等搭配形成的。例如:

(1)由于照片里的不少造型都是李大齐为她设计,周迅也甜蜜地宣称:"大齐不是好,而是很好。"(百度)

(2)现在做个好网站不是很难而是非常的难。(Ijiaocheng.com 爱教程 2009.12)

例(1)并非真的否定大齐"好"的这一属性,如若真的是否定其属性的话,后句就应该说"而是坏",因此"大齐不是好"是对"大齐好"这一零形式命题的否定。因为说话者认为仅肯定大齐"好"的这一属性还不够,更重要的是强调大齐"好"得"很"。例(2)也不是说"不难",而是说"非常的难",着重显示现在做个好网站是"难"上加"难"。

2. A 和 B 是具有程度之别的动词性词语。例如:

"不是 A,而是 B"句式假性否定的功能价值

(3)郭芙蓉:她没有欺负你吧!

佟湘玉:不是欺负,而是虐待!(宁财神《武林外传》)

(4)他不是犯错误,而是犯罪。给汉奸祝寿,这是个原则问题。(徐贵祥《历史的天空》)

例(3)肯定"虐待"实际上就包含着"欺负",这里并不是否定"她没有欺负我"这一命题,也不是说这种行为不是"欺负",只是说"欺负"一词已经无法表示其行为所达到的"虐待"的程度。例(4)也不是说"他没犯错误",而是已经达到了"犯罪"的程度。

由以上可以看出,否定以后,与之相反的命题可以有三种方向:一是反向,表示相反的属性,如"好与不好"、"欺负与没欺负";二是横向,表示同类却不同的情况,既"客气"、"和善"、"温柔"等。三是顺向,表示程度的递进,即"由好到很好"、"由欺负到虐待"。不过,要注意的是,这个递进,也可以是递退。比如:

(5)他不是很好,而是比较好。

(6)他不是犯罪,而是犯错误。

(二)提升性:通过否定指代 A,凸显提升 B 的程度

1.把 A 提升到能够代替 B 的高度看

称代性提高并不是否定已经存在的事实,而是把 A 提升到能够代替 B 的高度,实际上是在突出 A 的重要性。一般是把个人上升到集体甚至国家的高度,或者把事物从一般上升到特殊的高度。例如:

(7)屈原:(不加理会,愤愤走至亭阶前停步)哼,真没有想出,你会这样的陷害我!可你陷害的不是我,是我们整个儿的中国啊!(郭沫若《屈原》)

功能与认知

(8)她失去的不是一个儿子而是生命的一切。她的命运为何如此悲惨?冥冥中真有主宰吗?谁这般忍心?(刘心武《曹叔》)

(9)可悲的是他那时还认识不到那样作,不是对不起我,而是对不起党。(知侠《铁道游击队》)

(10)唐石青:我批评的不是你,而是官僚主义!(老舍《西望长安》)

例(7)并不是否定"你没有陷害我",而是说"陷害我"就等于"陷害我们整个儿的中国",把"我"提升到可以称代"整个儿的中国"的高度来认识。例(8)并不是否定"她没有失去儿子",而是说"儿子就是她生命的一切",从而把她生命中其他的东西给忽略了,只强调儿子的重要性。

2. 把关系 A 提升到关系 B 看

否定 A 并不是否定 A 本身,而是把 A 提升到 B 来看,强调说话者主观认定 B 的重要性要大于 A。例如:

(11)我呢,还会想到我的母亲……不,她甚至不是一个母亲,而是推心置腹的朋友。我想,这多半就是我那么爱她,一想到她已经离我远去便悲从中来的原因吧!(张洁《爱,是不能忘记的》)

(12)感激最好的朋友钰,每一次问候与关心都让我感觉到温暖,感觉到亲情的存在,在我心中她不是朋友,而是亲人。(百度)

(13)这个孤单的老人就只有和他的狗消遣寂寞。对他来说,这不是一条狗,而是他身边的一个亲人。(张贤亮《邢老汉和狗的故事》)

例(11)"母亲"是真实存在的,这里并不是否定"她不是我的母亲",而是强调说话者心里看重的是"朋友"关系,才会把"母亲"看作"推心置腹的朋友"。例(12)是说"我"和"钰"不是一般的朋友关系,"我"把"钰"当作我的亲人来看。例(13)是说虽然它是"一条狗",但由于这条狗在他心里地位十分重要,他把它当作了自己的亲人来看。

(三)本质性:通过否定现象 A,凸显本质 B

任何一个事实总是包含现象和本质。两者密切相关,而且相联系,但是并不相同。当否定某一现象时,就有两种可能性:一是否定的就是事实本身;二是仅仅否定现象,但是却肯定本质。因此,这里的否定 A 项并不是否定事实本身,而是否定某一事实的现象来揭示其本质属性。可以转述为"透过现象 A 来看本质 B"。例如:

(14)种的不是菜,而是开心。(红袖添香—假语村言)

(15)买的不是彩票,而是希望。(www.lottery.gov.cn/)

(16)我们看的不是电影,而是童年。(河南商报 2009—10—22)

(17)小贝:嫂子,我跟你说,这不是刀,而是我的第一份礼物。(宁财神《武林外传》)

例(14)表面看否定的是"种菜",但种菜行为背后蕴藏的是"开心"。例(15)买的当然是"彩票",可是否定就显示了一种策略,彰显买彩票的真实目的就是买"希望"。这里否定的其实都不符合事实,但是从说话人看来,通过否定现象,引起听话者的警觉,重要的是本质的揭示。

(四)关系性:通过否定关系 A,凸显关系 B

关系性凸显指通过否定一种关系,来凸显另一种关系。具体来说,一是否定自然属性来凸显社会属性,二是否定一种社会身份来凸显另一种社会身份。

1. 否定基本的自然属性,强调依附的社会属性

A 表现为基本的自然属性,B 的社会属性依附于 A,A 是 B 存在的根本条件。一般而言,否定基本属性就意味着依附属性失去依托,所以一边否定基本属性,另一边又肯定依附的社会属性,这似乎在逻辑事理上构成了矛盾,实际上是说话者主观上把社会属性看得比自然属性更为重要,也是为了追求思想的深刻性而对语言进行地一种积极驾驭的结果。例如:

(18)她几乎可以不要个丈夫,她懒,她爱睡觉。假若她也要个丈夫的话,那就必须是个科长,处长或部长。她不是要嫁给他,而是要嫁给他的地位。最好她是嫁给一根木头,假若那根木头能给她好吃好穿与汽车。(老舍《四世同堂》)

(19)就是偶然的上一趟街,她也总是低着头,直来直去,不敢贪热闹。凭她的年龄,她应当蹦蹦跳跳的,但是,她必须低着头;她已不是她自己,而是小崔的寡妇。(老舍《四世同堂》)

例(18)"嫁给他"是获得"他的地位"的首要前提。因此,她并不是说不嫁,而是说在"她"眼里只有"他的地位",尽管"他的地位"是一个没有生命的附属成分。因此,只要"那根木头能给她好吃好穿与汽车","嫁给一根木头"又有何不可呢? 例(19)"小崔的寡妇"是以"她自己"为存在前提。作为一个自然属性的人,她应该对自己人格的存在有明确的意识。但是,自从成了寡妇之后,"她"已经对自我的存在没有什么意识了,已失去自我,被"小崔的寡妇"这一"社会标签"所禁锢。如果依附属性凌驾于基本属性之上,基本属

性也就变得扭曲、甚至一文不值。

2.否定一种身份,彰显另一种身份

A、B两种身份属于同一个人,否定 A 身份并不是否定其人,而是通过否定该人的一般身份 A 来彰显另一种更为重要的身份 B。例如:

(20)我并不很认识这个孟先生——或者应说孟秘书长——我前几天见过他一面,还是由宋伯公介绍的。我不是要见孟先生,而是必须见孟秘书长;我有件非秘书长不办的事情。(老舍《听来的故事》)

(21)在日本人眼前,他不是处长,而是工友。他给他们点烟,倒茶,找雨伞,开汽车门。(老舍《四世同堂》)

(22)现在,院里没有任何声音!学生们——不,不是学生们,而是亡国奴们——也和他一样因羞愧而静寂!这比成群的飞机来轰炸还更残酷!(老舍《四世同堂》)

例(20)"孟先生"与"孟秘书长"同指一人,这里并不是说我不要见姓孟的这个人,而是说姓孟的"先生"身份无法解决我的事情,而只有秘书长身份才行。例(21)"处长"、"工友"皆指"他",这里是说在日本人眼前,他失去了"处长"身份,只是被看作"工友"身份。例(22)"学生"仍然是那一群人,只是国家的灭亡使其成为了"亡国奴"。

(五)比喻性:通过否定本体 A,凸显喻体 B

A 是本体,B 是喻体。比喻性凸显就是通过否定本体形象,来凸显其喻体形象,并以此突出特有的主观化情感色彩。形式上可以转换成"把 A 比喻成 B"。例如:

功能与认知

(23)那里每年流出的数十亿吨不是黄土,而是大地母亲身上的血。(报刊精选1994)

(24)家里的不是个老婆,而是个吸人血的妖精!(老舍《骆驼祥子》)

(25)参加游行的青年学生门德斯说:"这不是在下雨,而是马德里在哭泣。"(新华社2004年新闻稿)

(26)佟:你记住,你扫的不是地,而是你那颗蒙尘的心!(宁财神《武林外传》)

例(23)黄河是中国的"母亲河",那流出的黄土已经不是黄土了,而是"大地母亲身上的血"。例(24)在祥子眼里,家里的老婆没有老婆应该有的知冷知暖,完全就是个"吸人血的妖精"。

(六)象征性:通过否定象征本体A,凸显象征意义B

A是象征本体,B是A的象征意义。象征性强调是通过否定象征本体,来强调事物的象征意义,即把A作为B的象征来看。形式上可以转换为"把A作为B的象征来看"。例如:

(27)王昭君已经不是一个人物,而是一个象征,一个民族友好的象征;昭君墓也不是一个坟墓,而是一座民族友好的历史纪念塔。(新华社2004年新闻稿)

(28)他只是忏悔对那个男孩的残杀,他感到自己杀死的似乎不是那个男孩,而是自己的童年。(余华《难逃劫数》)

(29)而孙子对祖父说,"刘沉草给了你什么?给你的不是土地而是魔咒,你被它套住再也无法挣脱,直到血汗耗尽老死在地里。你应该恨他,你为什么直到现在还念念不忘1948年?"(苏童《罂粟之家》)

"不是A,而是B"句式假性否定的功能价值

(30)可是,越想得远,心中就越渺茫而也就越害怕。她不是怀着一个小孩,而是怀着一个"永生"的期望与责任!(老舍《四世同堂》)

例(27)不把"王昭君"当作"一个人物"看,而是看作"民族友好"的象征。(28)不把自己杀死的"那个男孩"当作男孩看,而是"看作自己的童年"的象征。同理,"土地"象征着"魔咒","怀着的小孩"是"'永生'的期望与责任"的象征。

三、假性否定"不是A,而是B"的语用效果

非本体否定类型的"不是A,而是B"相比较本体否定,具有特殊的语用效果。逻辑上看似矛盾,但语用上适应和谐。这不仅体现了语言运用的策略性,而且还透露着说话者的主观化情感,也就是运用"话语策略",表现"主观化"情感。

(一)制造"话语陷阱",获得幽默性效果

表示递进性强调义的"不是A,而是B",以退为进,往往暗藏着一个"话语陷阱",利用"认知误导性"来获得出其不意的幽默性效果。"不是A,而是B"在否定以后,存在三个发展方向:反向、横向和顺向,反向走向A属性的对立面,横向走向同类,而顺向则走向高层、深层、或者里层。根据我们运用北大CCL语料库的统计,16,667条语料中,只有80多例表示假性否定,仅占0.5%。由此看出,"不是"表示属性的真值否定是该句式的主要用法。

这也说明了人类在认识事物时,首先是对该事物整体属性的判定,就好像往往把人分为好人和坏人,"如果不是朋友,那就是敌人"一样,这种"二元对立"是最主要的,占主导地位的认知模式。

功能与认知

虽然"不是 A"否定后的认知走向存在着三种情况,但从人们认知选择看来,显然主要倾向于属性的正负判定或者同类判断。从这个意义上说,真值否定的"不是 A,而是 B"更合常理,更符合人们的常规认知选择。因此,当说话者说出"不是 A"时,听者的认知轨迹往往循着选取否定属性来推导,预设对方将说出反向性或横向性的"而是 B",而这也正是说话者"故意设计"的一个结果。继而,当说话者说出的却是顺向递进性的"而是 B"时,听者会觉得原来的"预设"落空,进而领会出说话者的真实意图,从而获得一种幽默诙谐的言语效果。因此,与其说是认知的优先选择"误导"了听者,还不如说是说话者利用认知选择倾向设置了"话语陷阱"而达到意料之外的话语效果,所以,这也是话语的一种策略。递进性假性否定和本质性假性否定往往就会收到这样一种效果。比如最近"不是 A,而是寂寞"这一格式就因此种效果而大为流行:

(1)专家,折腾的不是汉字,而是寂寞

哥玩的不是游戏,而是寂寞

姐跳的不是舞,而是寂寞

我发的不是帖子,而是寂寞

我走过的不是青春,而是寂寞

国有铁矿非法排放的不是尾矿浆,而是寂寞

…………(以上来自百度搜索)

(二)进行"话语智辩",达到主观化目的

有时,假性否定"不是 A,而是 B"也被作为"话语智辩"的一种方式。"话语智辩",也可以说是"话语狡辩",关键是看你是欣赏还是批判,其实都是为主观化目的服务的。一般来讲,说话者的确做

"不是 A,而是 B"句式假性否定的功能价值

过某事,但面对听话者的质疑而不予承认并看成其他事;或者说话者内心也认为某物就是某物,但为了一己之利而看成其他物。例如"我骂的不是你,而是官僚主义"。"我"的确骂过你,但面对"你"的质疑或责备,"我"不予承认并智辩说"我是在骂官僚主义"。再如"哥们儿我卖的不是面条,而是文化"。"我"内心明明知道那是面条,但面对顾客对其高价面条的质疑,便以自己摊位所在地"故宫"的文化性辩解说"我卖的是文化"。因此,这类句子的特点是具有目标明确的针对性,往往根据对方的话语来进行反驳,是对话中的一种相当有效的辩论手段。网上有一个有趣的"段子",说明现在的年轻人是多么钟爱这一种格式:

(2)病不是生出来的,而是想出来的;
　　文章不是写出来的,而是抄出来的;
　　歌星不是唱出来的,而是(追星族)追出来的;
　　朋友不是处出来的,而是(酒)喝出来的;
　　孩子不是教出来的,而是(棍棒)训出来的;
　　捐款不是捐出来的,而是摊(派)出来的;
　　干部不是当出来的,而是跑出来的;
　　政绩不是干出来的,而是造出来的;
　　文凭不是考出来的,而是人民币换来的;
　　决策不是集体研究出来的,而是"一把手"拍(脑袋)出来的;
　　贪官不是查出来的,而是(小偷)偷出来的;
　　数字不是下面统计出来的,而是上面压出来的;
　　经验不是总结出来的,而是(笔杆子)凑出来的;

功能与认知

公司不是儿子凭本事开起来的,而是官爸爸赞助出来的;

贫困帽不是上级配发的,而是找关系戴上的。(以上来自百度搜索)

这种"话语智辩"如果通过比喻、象征等修辞手法予以表现,就使得该物被附加上了主观化的情感色彩。例如"塔里木河,那不是一条河,而是一条无缰的骏马"。通过否定"塔里木河"的一般属性,来强调其被主观化为"无缰的骏马",从而表现了人们对"塔里木河"的特殊情感。比喻,或者象征,能够更形象更生动地表现事物的本质和特点。

(三)凸显"话语焦点",获得凸显性效果

整体上看,假性否定最终都是为了获得更高程度的焦点凸显性效果,否定项只是一个铺垫,一个衬托,一个前提,重要的是后句"而是"引出的肯定项,这是"结构焦点"、"语义焦点"以及"话语焦点"的集中体现。这种效果的实现主要是通过否定低程度来突出高程度,通过否定基本关系来突出依附关系,通过否定现象来突出本质,通过否定低层次来肯定高层次,通过否定本体来突出喻体,通过否定象征本体来突出象征意义,一句话,是通过用假性否定处于次要位置的 A,来凸显具有递进意味处于焦点位置的 B。下面的例句前面一连串的"不是 A1,不是 A2,不是 A3……",目的就是推出最后一个"而是 B":

(3)不是车船,不是酒店,不是度假,不是景点,不是纪念品,不是拍照,不是到此一游,不是奔波和走马观花,不是乘坐飞机花大把的钱然后回到原点,而是一种生活态度。(宝贝亚亚《早安,第一眼丽江》)

"不是 A,而是 B"句式假性否定的功能价值

四、结语

(一)真值否定与假性否定

从逻辑上看,"不是 A,而是 B"的真伪值取决于对客观世界的思维对象认识的一致性。真值否定与客观世界的思维对象具有一致性,往往是对客观世界的客观化;假性否定与思维对象不具有一致性,往往是对客观世界的主观化,表面上好像逻辑是矛盾的,但在主观化上则是和谐的。两种判断方式的区别主要体现在:命题分解结果的不同,A、B 之间语义关系的不同以及语用效果的不同。

(二)假性否定的类型

假性否定"不是 A,而是 B"的类型,可以分为三个角度:修辞的、语义的、语用的。具体而言,按照 A、B 之间的修辞手段、语义程度以及关注焦点三个角度进行分类,主要有递进性、提升性、本质性、关系性、比喻性、象征性六种类型。其实质是以否定项来凸显肯定项,即否定次要的,凸显主要的;否定现象的,凸显本质的;否定低级的,凸显高级的;否定表层的,凸显深层的;否定本体的,凸显修辞的。

(三)假性否定的语用效果

逻辑上矛盾的假性否定,在语用上具有别样的和谐性。运用假性否定类型的"不是 A,而是 B"句式,可以制造"话语陷阱",来获得幽默性效果;进行"话语智辩",来达到主观化目的;进行"话语修饰",来获得修辞性效果;从而凸显"结构焦点"、"语义焦点"、"话语焦点",达到凸显性效果。就整体句式而言,可以看作是一种带

有主观性的话语策略性手段。

参考文献

吕叔湘(1987)疑问・否定・肯定,《语文近著》,上海：上海教育出版社。
沈家煊(1994)"语用否定"考察,《中国语文》第 4 期。
王维贤(1994)《现代汉语复句新解》,上海：华东师范大学出版社。
邢福义(2001)汉语复句研究,北京：商务印书馆。
余晓环(2004)"不是……而是……"格式新论,南京邮电学院学报第 1 期。
Ducrot, O(1972)Dire et ne pas dire. Paris: Hermann.
Horn, L. R. (1985) Metalinguistic Negation and Pragmatic Ambiguity. Language, Vol. 61(1):121—174.
Horn, L. R. (1989) A Natural History of Negation. Chicago: University of Chicago Press.

(与博士生王宜广合作,原载《世界汉语教学》2010 年第 3 期)

"动+介+宾"结构的语义模式及认知场景

语义表达的无限性和形式载体的有限性,语义模式的复杂性和形式标记的简约性,是制约句法结构变化的主要动力之一。介词在句子语义结构中的功用是介引与核心谓词有关的间接题元(刘丹青 2003)。现代汉语构成"动+介+宾"结构的介词主要有"于、自、到、至、向、往、在、给"等八个[1],它们实际上是动词和宾语语义关系的"标记"(陈昌来 2002)和枢纽。

"动+介+宾"这一句法结构由于它形式的特殊性和语义的复杂性,引起了语法学家的密切关注。以往的研究多侧重形式,很少涉及语义,主要讨论该结构到底是"动宾结构"还是"动补结构","介"到底属于什么词类,以及"介+宾+动"与"动+介+宾"语序的变化等等。我们认为,形式分析固然重要,但是从语义出发的分析以及沟通语义和形式的对应关系更为重要。因此,本文将以介词的语法意义为纲,结合动词和宾语的语义特征对该结构内部的语义模式做一整体的系统性考察。

"动+介+宾"结构的存在,主要是为了补充说明动作、行为、事件的运动轨迹。我们归纳出的该结构的 22 种语义模式,都与时处范畴以及模拟时处的范畴密切相关。事物的运动,除了运动的物体以及动作本身之外,从运动的轨迹看,离不开起点、过程(场景)、方向和终点,其中"终点"是最重要的,其次是相关的起点、方向和场景。我们可以把"动+介+宾"结构的语义模式相应地分为四个大类:起点模式、终点模式、方向模式和场景模式。

一、起点介词及其语义模式

介引起点的介词是"于"和"自",该结构内部可以分为三小类:当事来源型、受事转移型以及施事转移型。

(一)当事来源型

句法形式:动+于+宾,动词主要是"发源、开始、来源、起源、发自、来自、出自、萌发、萌芽、出产、出身"等,语义特征是[+源点][-移动][+当事];介词宾语可分为"处所源点"、"时间源点"、"模拟时处源点"三类。例如:

(1)尼罗河发源于东非高原上的卡盖拉河。(处所源点)

(2)《马氏文通》诞生于1898年。(时间源点)

(3)当然,先哲们的见解来源于他们的经验观察。(模拟时处源点)

(二)受事转移型

句法形式:动+自+宾,动词主要是"寄、发、汇、嫁"以及"选、摘选、引、转、转引、摘引、摘录"等,语义特征是[+源点][+移动][+受事];介词宾语也可分为"处所源点"、"时间源点"和"模拟时处源点"三类。例如:

(4)此时,她打开了那封寄自本市的长信。(处所源点)

(5)星贤在信箱里发现了一封寄自1999年署名恩澍的信件。

(时间源点)

(6)……防务对比数据<u>引自伦敦战略所</u>《军事力量对比》。(模拟时处源点)

(三)施事转移型

句法形式:动+自/于+宾,动词只能是"来"和"出",语义特征是[+源点][+移动][+施事];介词宾语也可分为"处所源点"、"时间源点"、"模拟时处源点"三类。例如:

(7)梁斌曾多次说过"我<u>来于自然</u>,回归自然"。(处所源点)

(8)刀杆节相传<u>出于明代</u>。(时间源点)

(9)人有时候需要一份这样的自信,自在<u>来于自信</u>。(模拟时处源点)

以上三种类型的异同可以归纳为:

语义模式	介词	动词语义特征	宾语语义类型		
			处所	时间	模拟时处
1.1 当事来源型	于	[+源点][-移动][+当事]	+	+	+
1.2 受事转移型	自	[+源点][+移动][+受事]	+	+	+
1.3 施事转移型	于/自	[+源点][+移动][+施事]	+	+	+

二、终点介词及其语义模式

介引终点的介词是"到、至、在",该结构内部可以分为五类:处所终点型、时间终点型、量度终点型、方向终点型以及对象终点型。

(一)处所终点型

处所终点型可再分为三类:延伸性处所终点型、延续性处所终点型和位移性处所终点型。

功能与认知

1.延伸性处所终点型。句法形式:动+到/至+宾,动词主要有两类:一类是表示延伸义的动词,如"追溯、推广、扩展、扩张、伸展、延长、波及、通"等,语义特征是[+延续][+移动][2][+扩展][+致果];介词宾语可分为处所、距离、范围三类。例如:

(1)有一条标志赤道方位的白线,一直延伸到碑底的石阶上。(处所)

(2)它的下限约在800—1000千米,上限可伸展到3000千米。(距离)

(3)以这个跨越为基础,冷冻技术可以推广至细胞组织和器官移植上。(范围)

另一类是表示动作的动词,如"修、铺、挖、架、盖、打"等,当其结果宾语的语义表示线性状态时,由这些动词构成的"动+到/至+宾"结构也具有一定的延伸性(郭熙1990),所以这些动词在这类结构中临时性获得了上述语义特征,宾语只能是表示处所、距离的名词性词语。例如:

(4)这条铁路从北京开始一直修到广州、深圳。(处所)

(5)布里克曼挖至12英尺深以后,就关掉了机器。(距离)

2.延续性处所终点型。句法形式:动+到+宾,动词有"踢、看、吃、吐、喊、闹、笑、陪、骂、打"等,语义特征是[+延续][+移动][-扩展][-致果]。宾语只能是处所词语,表主体的动作行为在达到某个处所终点的过程中一直延续着,但该终点并非主体动作行为的结果。例如:

(6)你踢球怎么踢到我家里来了,快回到操场上去!

(7)他老婆闹到单位去了。

3. 位移性处所终点型。句法形式:动+到/至/在+宾,动词主要有两类:一类是表"施事/当事位移"的动词,主要有"走、撤、行、攀、进、跌、掉、摔、回、下、跳、掉、漂散、运行"等;一类是表"受事位移"的动词,主要有"递、拉、引、排、迁、带、扶、搀、扛"等。语义特征是[+延续][+移动][-扩展][+致果];表"施事/当事位移"时常用于一般主谓句,表"受事位移"时常用于"把"字句或"被"字句。介词宾语只能是处所词语。例如:

(8)金兵追至海上,被宋军的水师打败,于1130年初北撤。(施事转移)

(9)部长大人一下子从半空中跌到冰窖里去了。(当事转移)

(10)他把纸条递到了指导员手里。(受事位移)

在表示"施事/当事位移"的动词中,像"住、躺、站、坐、跪、躲、挤、凑、撞、踢、啃、碰"等,单独看虽然"位移"义不是很明显,但当它们处于该结构中时,其位移特征就会立即显现出来。这是句式对词语语义制约的结果[3],也是具有明显位移义的介词"到/至"影响的结果,如"写"本身没有"给予"义,但一旦进入"写给他"结构,就临时获得了"给予"义。

在该结构里,有两种情况"到"可以用"在"来替换,值得注意:一是在"跌、跳"等表示下降语义的动词句里;二是宾语是方位结构"名词+上"。尽管如此,介词"到"和"在"还是存在差异:"到"所凸显的是接触前的动态过程,而"在"所凸显的是接触后的静态事况。例如:

(11)跳到水里。→跳在水里。

(12)船撞到冰山上。→船撞在冰山上。

功能与认知

这一区别,我们可通过它们与关联格式"一……就……"和趋向动词"来/去"的共现特征而得到验证。例如:

(13)我一挨到她裙子上,她就叫起来了。→ *我一挨在她裙子上,她就叫起来了。

(14)他的手指到我鼻子上来了。→ *他的手指在我鼻子上来了。

另外,有些动词如"坐、躺、停、挂、贴、养"等在这一结构中是有歧义的。当它们呈现出[+位移]特征时,应归属第3类;当它们呈现出[-位移]特征时,应归属表示"场景"的类型(见下文第四节)。例如:

(15)你坐在(到)椅子上吧,别老在我身边晃来晃去。
(在=到)

你就坐在椅子上,不用站起来。 (在≠到)

这三种类型的异同可以归纳为:

语义模式	介词	动词语义特征	宾语语义类型		
			处所	距离	范围
2.1 处所终点型					
2.1.1 延伸性处所终点型	到/至	[+延续][+移动][+扩展][+致果]	+	+	+
2.1.2 延续性处所终点型	到	[+延续][+移动][-扩展][-致果]	+	-	-
2.1.3 位移性处所终点型	到/至/在	[+延续][+移动][-扩展][+致果]	+	-	-

(二)时间终点型

时间终点型的句法形式:动+到/至+宾。它又可分为两类。

1.续变性时间终点型。是动作或状态退化或者发展一定时段后所达到的时间终点。该类动词主要有"长、发育、发展、演变、演化、倒退、退化"等,语义特征是[+延续][-移动][+变化]。宾语是表示时点的名词。其特点是:时点不同,事状亦不同,即随着时间的推移而发生了变化。例如:

(16)蚕发育到一定时期,停止吃东西,爬到蔟上吐丝做茧,叫作上蔟。

2.续常性时间终点型。是动作或状态追溯或持续一定时段后所达到的时间终点。该类动词主要是"追溯、持续、提前、保持、坚持、沿用、喧闹"等,语义特征是[+延续][-移动][-变化]。宾语也是表示时点的名词。其特点是:时点不同,事状相同。例如:

(17)中国的日晷有文字记载的可以追溯到隋朝年间。

这两种类型的异同可以归纳为:

语义模式	介词	动词语义特征	宾语语义类型
2.2 时间终点型			时点
2.2.1 续变性时间终点型	到/至	[+延续][-移动][+变化]	+
2.2.2 续常性时间终点型	到/至	[+延续][-移动][-变化]	+

(三)量度(程度)终点型

"量度"与"程度"是息息相通的(吕叔湘 1944)。量度(程度)终点,是事状沿着一定方向变化后所达到的程度或量度。句法形式:动+到/至+宾,可分为两类。

1.当事量度终点型。当事状态变化,动词主要有"涨、升、增、添、降、跌、增加、衰退、衰败、发展、密集"等。语义特征是[＋延续][＋变化][－受事]。宾语是表示程度或量度的名词或动词性词语。例如：

(18)这种菜一到夏天就涨价了,有时<u>涨到两块一斤</u>。(当事)

2.受事量度终点型。受事状态变化,动词主要有"堆、拉、追、打、删、增加、删减、加热、调升、放宽"等。语义特征是[＋延续][＋变化][＋受事]。宾语是表示程度或量度的名词或动词性词语。例如：

(19)减少失误,坚定不移地一个球一个球地争夺,一口气把比分<u>追至11平</u>。(受事)

这两种类型的异同可以归纳为：

语义模式	介词	动词语义特征	宾语语义类型
2.3量度(程度)终点型			度量
2.3.1当事量度终点型	到/至	[＋延续][＋变化][－受事]	＋
2.3.2受事量度终点型	到/至	[＋延续][＋变化][＋受事]	＋

(四)方向终点型

方向终点指事物改变朝向后所面对的方向或方面。句法形式:动＋到＋宾,动词仅限于"转、扭、望、拐、指、投、吹、旋"等,语义特征是[＋延续][＋移动][＋变化]。宾语是表示方位、方向或方面的处所名词。例如：

(20)头发被风<u>吹到一边</u>,有一缕儿高高地翘起来了。

(五)对象终点型

"对象介词"只有一个"给",介引的"交付对象"实际上也是终点。动词主要是"卖、寄、赏、献、传、输、嫁、归还、遗传"等,语义特征是[＋给予][＋移动][＋变化],宾语是表示人或事物、机构、处所的名词。朱德熙(1979)在描述"给予"义时,指出"A 主动地使 C 由 A 转移到 B"。这一"转移",实际上也就是一种位移。例如:

(21)那个盛有放射性同位素铯－137 的圆罐,被当作废铁卖给了一家工厂。

这两种类型的异同可以归纳为:

语义模式	介词	动词语义特征	宾语语义类型	
2.4 方向终点型/2.5 对象终点型			处所	对象
2.4 方向终点型	到	[＋延续][＋移动][＋变化]	＋	－
2.5 对象终点型	给	[＋给予][＋移动][＋变化]	－	＋

三、方向介词及其语义模式

方向介词指能介引方向型的介词,介词是"向"和"往",句法形式:动＋向/往＋宾。首先可以分为"单纯方向"和"方向兼终点"两类。

(一)单纯方向型

句法形式:动＋向＋宾,又可分为"位移方向型"和"非位移方向型"两类。

1. 位移方向型。表示"施事/受事位移",动词主要有"走、流、退、撤、跑、飞、冲、窜、游、爬、追"等,语义特征是[＋方向][＋位移][－终点]。介词宾语是表示时间、处所、事物的名词。例如:

(1)我们希望两国以更加密切的关系走向未来。(时间)

(2)她把篮球投向篮筐。(处所)

(3)安晓宁喊一声"接住",右手一扬,一个白乎乎的东西飞向

功能与认知

小船来。(事物)

2.非位移方向型。动词主要有"伸、指、扑、努、侧、踢、扭、斜、偏"等,并没有具体的位移动作,仅仅表现为一种倾向,语义特征是[+方向][-位移][-终点]。介词宾语是表示处所、方位、人或物的名词。例如:

(4)右岸的公路现在渐渐斜向南方,终于钻进了大片的灰绿色。(处所)

(5)湖南路场景地区的居民……购物需求偏向中高档。(方位)

(6)四川的军阀已经纷纷易帜,倒向了北伐军。(人物)

(二)方向兼终点型

句法形式:动+往+宾。又可分为两类:"施事有向型"和"受事有向型"。

1.施事有向型。动词主要有"逃、追、赶、撤、驶、跑、转、移"等,语义特征是[+位移][+方向][+终点][+施事]。宾语是处所名词。例如:

(7)铁路沿线的人民,受不了"国军"的屠杀抢掠,都纷纷逃往解放区。

2.受事有向型。动词主要是"派、遣、汇、发、带、运、传、输、销、售"等,语义特征是[+位移][+方向][+终点][+受事]。宾语是处所名词。例如:

(8)阿香和我回厨房去,把馒头、稀饭、咸菜、开水等放在推车上,送往菜园。

在这一结构里,我们应注意"向"、"往"以及它们跟"到/至"之间的联系和差异。这几个介词常常可以互换,但是语法意义略有区别。"向"和"到/至"的区别在于:前者的宾语只表方向,不表终点,后者只表终点不表方向。例如:

(9)a. 冬季风由大陆吹向海洋,天气寒冷干燥。

　　b. 冬季风由大陆吹到/至海洋,天气寒冷干燥。

(9a)只表示风往海洋的方向吹;(9b)却表示吹到了那里。

"向"和"往"的区别在于:前者只是显示方向,并不意味着到达终点;后者不但显示了方向,而且暗示必将到达终点。例如:

(10)a. 他们转向欧洲求援。

　　b. 他们转往欧洲求援。

(10a)只是改变了求援的方向和对象,人不一定去欧洲;(10b)却表示人也去了欧洲。

至于"往"和"到/至"的区别,主要在于心理视点的差异。在介引位移终点时,前者视点在"起点",是从起点的角度透视位移的方向和终点;后者视点在"终点"。这种视点的差异,可从例(11)的比较中得到证明:

(11)他现在正飞往巴黎。→ *他现在正飞到/至巴黎。

这四种类型的异同可以归纳为:

语义模式	介词	动词语义特征	宾语语义类型			
3.1 单纯方向型/3.2 方向兼终点型			处所	时间	事物	方位
3.1.1 位移方向型	向	[+方向][+位移][−终点]	+	+	+	+
3.1.2 非位移方向型	向	[+方向][−位移][−终点]	+	−	+	+

功能与认知

| 3.2.1 施事有向型 | 往 | [+方向][+位移]
[+终点][+施事] | + | — | — | — |
| 3.2.2 受事有向型 | 往 | [+方向][+位移]
[+终点][+受事] | + | — | — | — |

四、场景介词及其语义模式

"场景介词"介引表示动作发生的时间、处所或范围的场景。它可以分为三类:时间场景型、处所场景型和范围场景型。

(一)时间场景型

句法形式是:动+在/于+宾。可分为两类:事件发生时间型、人为设定时间型。

1. 事件发生时间型。动词主要有存现动词"生、死、发生、诞生、出现、流行"和建造动词"写、建、洒、创建、组建、安装、绘制"等,语义特征是[-主观][+致果],宾语是时间名词。例如:

(1)我国的南京紫金山天文台创建于1934年。

2. 人为设定时间型。动词主要有"放、改、定、固定、确定、安排"等,语义特征是[+主观][+致果],宾语是时间名词。介宾结构不能移位到动词前面,因为宾语所代表的时间是动作实施以后才确定的结果,如果在动词之前出现,就违背了时间顺序原则。例如:

(2)第九届龙庆峡冰灯艺术节定于1月17日至2月28日举办。

(二)处所场景型

句法形式:动+在/于+宾。可分为四类:事物存在处所型、事件发生处所型、事件进行处所型、范围场景处所型。

1.事物存在处所型。动词主要有"待、坐落、矗立、分布、雄踞、附着、存在[4]"等,语义特征是[＋存在][－移动][－致果],宾语是处所名词,句法特点是介词"在"不能换为"到","在＋处所"也不能置于动词之前。例如:

(3)民航的疗养院<u>坐落在/于风景区</u>。

2.事件发生处所型。动词主要是"摔、出生、发生、出现、生活、消失、逞能、怒放"等,语义特征是[＋活动][－致果][－移动],宾语是处所名词。特点是介词"在"不能换为"到",但"在＋处所"可以置于动词之前。例如:

(4)当它在日落后<u>出现于东方星空</u>时,说明播种的季节快到了。

3.事件进行处所型。动词主要是"漫步、行走、陨落、出入、来往、遨游、穿行、盘旋"等,语义特征是[＋活动][－致果][＋移动],宾语是处所名词。特点是介词"在"不能换为"到",但"在＋处所"可以置于动词之前。例如:

(5)它1976年3月8日<u>陨落在我国吉林省</u>。

4.范围场景处所型。动词主要有"控制、限制、局限、保持、限定"等,语义特征是[＋限制][＋存在][－移动],宾语是表示范围的处所名词。例如:

(6)消费者把生产者的数量<u>控制在非生物环境所能承载的范围内</u>。

这六种类型的异同可以归纳为:

功能与认知

语义模式	介词	动词语义特征	宾语语义类型		
4.1时间场景型/4.2处所场景型			处所	时间	范围
4.1.1 事件发生时间型	在/于	[−主观][+致果][−移动]	−	+	−
4.1.2 人为设定时间型	在/于	[+主观][+致果][−移动]	−	+	−
4.2.1 事物存在处所型	在/于	[+存在][−致果][−移动]	+	−	−
4.2.2 事件发生处所型	在/于	[+活动][−致果][−移动]	+	−	−
4.2.3 事件进行处所型	在/于	[+活动][−致果][+移动]	+	−	−
4.2.4 范围场景处所型	在/于	[+限制][+存在][−移动]	−	−	+

五、理论探讨

现代汉语"动+介+宾"结构的语义模式总共有4大类22种：起点类3种；终点类9种；方向类4种；场景类6种。它主要有四大特点。

（一）从结构变化上看，"动+介+宾"是否可以变换为"介+宾+动"涉及多种因素。

1. 跟该结构的语义模式有关。表终点的第2类，由于"介+宾"显示的是动作发生后达到的结果，因此，出现在动词之前就违背了人的认知顺序，绝大部分句子不能说。例如：

(1) 他老婆闹到单位去了。→? 他老婆到单位闹去了。

(2) 蚕发育至一定时期。→* 蚕至一定时期发育。

(3) 这种能力还可以遗传给幼鼠。→* 这种能力还可以给幼鼠遗传。

有的"介+宾"虽然可以前移，但是变化前后两种句式的语法意义存在区别。例如：

(4)已确定于7月中下旬在北京举行。→已于7月中下旬确定在北京举行。

(5)它陨落在我国吉林省。→它在我国吉林省陨落。

2.跟动词的特点有关。动词如果是双音节的,或者是动补结构,"介+宾"比较容易前移,可以前移的主要是表起点的1类、表方向的1、2类,以及表场景的1、2类。例如:

(6)《马氏文通》诞生于1898年。→《马氏文通》于1898年诞生。

(7)故事发生在很久以前。→故事在很久以前发生。

(8)浅色的楼群矗立在长江边。→浅色的楼群在长江边矗立。

可见,即使可以前移,成句的功能显然不足,似乎话语还没有说完。单音节动词就更难这样变化了,往往要添加"来"、"去"。例如:

(9)一个白乎乎的东西飞向小船。→一个白乎乎的东西向小船飞来。

(10)这里的鱼类从不游往外国的海域。→这里的鱼类从不往外国的海域游去。

3.跟介词本身的特点有关。表示起点的介词,出现在动词之后选用"自",出现在动词之前则选用"从"。例如:

(11)摘选自茅于燕、周志芳:从初生到三十六个月儿童智能发展的追踪研究。→从茅于燕、周志芳:从初生到三十六个月儿童智能发展的追踪研究摘选。

此外,起点介词"在"和"于"虽一般可换用,但"于"带有明显的文言色彩,且通常出现在动词之后。例如:

(12)《马氏文通》诞生于1898年。→《马氏文通》在1898年诞生。

有的介词跟单音节动词紧密结合,已有成词的趋势,"介宾"就更难前移了。例如1.3类的"来自、出自"。这样的结构还可以再用"于",说成"来自于、出自于",就是一个证明。

(二)从语序角度看,上述22种组配模式,除起点的1类和场景类的4类之外,其余都是可以从"时序的象似性原则"(戴浩一1990)上找到理据的。至于表起点的1类和表场景的4类不符合"时序象似性原则",有的甚至还与"时序象似性原则"相反,主要原因有二:

1.汉语表达的重点在句尾,介宾结构出现在动词之前做状语的重要性,显然比不上出现在动词之后更能够显示说话的焦点场景。

2.介宾结构出现在动词之前,动词后又无其他成分,往往不能煞句,动词呈现"无界"状态,似乎句子还没有结束,而出现在动词之后,就有煞句的功能,动词呈现"有界"状态。例如:

(13)小猴在马背上跳。(不成句,无界)→小猴跳在马背上。(成句,有界)

(三)对"终点"可以有多种理解。时间、处所、量度,甚至于转向的终点都比较显豁,只有"对象"终点比较费解。一件事物,从甲的手中递交到乙的手中,实际上已经完成了一个"转移",接受者乙也就是终点,只不过这应该理解为"接受"的终点。

终点与方向息息相关,两者所指一致,但又不是一码事。方向的最后,实际上就是终点,终点意味着到达;方向,却可能永远只是一个趋势,并不一定到达。

(四)从认知上看,这 22 种语义模式与时空范畴关系非常密切,主要涉及以下五种认知场景：

1. 回溯式:由现状(A)回溯到起点(A')。1.1、1.2、1.3 语义类型涉及此认知场景。

2. 位移式:由起点(A)位移到终点/方向(A')。这是 2.1.1、2.1.3、2.3.1、2.3.2、2.5、3.1.1、3.2.1、3.2.2(包括终点类、方向类中的绝大部分)语义模式的认知场景。当然,这里的"位移"既包括自移,也包括他移;既包括空间的位移,也包括时间和程度的位移;既包括延伸性位移,也包括非延伸性位移。

3. 倾向式

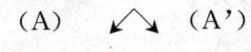

    (A)   (A')

   原有倾向 现有倾向

这是终点类、方向类中 2.4 和 3.1.2 这两种语义模式的认知场景。

4. 背景式

A/A'

这是终点类 2.1.2 以及场景类 4.1.1、4.1.2、4.2.1、4.2.2、4.2.3、4.2.4 语义模式的认知场景。

5. 延续式:由起点(A)延续到终点(A')。这是终点类 2.2.1、2.2.2 这两种语义模式的认知场景。

附注

[1] 有人认为,"以"也是可直接位于动词之后的,但由于"V 以"大多已经词

化,例如"给以"、"予以",我们不予讨论。

[2]所谓的"移动",实际上还可以细分为:平移、斜移、上下移动、曲折移动、旋转移动、波浪移动、原地转动以及整体移动、部分移动、内部移动、外部移动等等。本文不做区分。

[3]郭熙(1990)认为,这类词在"动＋到＋处所词语"中没有"位移"义,这是没有考虑到句式对动词语义的制约关系的结果。当然,"住"类词和我们前面所提到的"走"类词还是有区别的,其中最根本的就是前者没有明显的"动程"(移动的过程),而后者有明显的"动程"。

[4]受词义的制约,"存在"不可跟"在"组合,只能跟"于"组合。

参考文献

陈昌来(2002)《介词与介引功能》,合肥:安徽教育出版社。
戴浩一(1990)以认知为基础的汉语功能语法刍议,《国外语言学》第4期。
郭　熙(1990)"动词＋'到'＋处所词语"的十二种句式,《语言学与汉语教学》,北京:北京语言学院出版社。
刘丹青(2003)《语序类型学与介词理论》,北京:商务印书馆。
吕叔湘(1944)《中国文法要略》,北京:商务印书馆。
朱德熙(1979)与动词"给"相关的句法问题,《方言》第2期。
朱德熙(1981)"在黑板上写字"及相关句式,《语言教学与研究》第1期。

(与博士生周娟合作,原载《语言教学与研究》2008年第3期)

制约移动动词"来"的会话策略
及其虚化假设[*]

关于移动动词"来"的研究,近年来比较引人注目,论文相继问世,主要有齐沪扬(1996)、辛承姬(1998)、潘文与申敬善(2002)、鲁晓琨(2006)、陈贤(2007)、王凤兰(2008)、相原真莉子(2010)等,尤其是齐文有独到的分析,例如关于实在位置与虚拟位置、当前位置与遥远位置、自身位置与他身位置的论述相当不错。有关研究主要从句法与语义分析入手,本文试图变换一个角度,探求一个新思路,那就是重点考察其会话策略及其制约条件。

一、心理视角策略

当我们描述一个人或物体移动时,是选择"来"还是"去",如果仅仅局限于孤立的静态的动词词义本身,那就可能越说越复杂,越说越糊涂。因为在这里起决定作用的是会话策略,其中最重要的是"心理视角策略"。

"来",作为移动动词,和"去"相对,影响其选择使用的要素主要有三个:

---

[*] 本文在"第三届汉语语法南粤论坛"(2010年澳门大学)上宣读。

功能与认知

第一,移动主体,即移动动词的实施者,可能有三类:第一人称A,也是发话者;第二人称B,也是听话者;第三人称C,属于第三者。

第二,移动目标,也是移动的方向,可能有三种:发话者A以及A所处的位置;听话者B以及B所处的位置;第三者C以及C所处的位置。

第三,移动参照点,也就是观察移动行为的一个参照坐标。如果是对话,那只有两个参照点:发话者A,或者听话者B。如果是叙述语言,虽然也只有两个,但是内涵却不同:主体和客体。

这三个要素都重要,但是参照点尤为重要。因此,我们必须根据参照点区分出两种不同的语体:"会话语体"和"叙述语体",两者在观察动作行为时的视角是有区别的。影响会话语体对移动动词选择的因素主要是"主观视角",而影响叙述语体的因素则主要是"客观视角"。

(一)会话语体与主观视角

会话语体里的发话者,必然采用主观视角。即使叙述语体里如果用第一人称,那其实可以理解为"独白",应该属于会话语体的特殊形式。(除了特别注明之外,所有例句均引自北京大学CCL语料库)

1. 移动主体是B或C,并向A所处位置移动,这当然以发话者A为参照点,只能选择"来",这是不言而喻的。需要特别指出的是,在将来时态中,A说话时可能并没有在该地,但是他仍然可以用"来",那是他以将来的可能性作为参照的。例如:

(1)可是今天是星期天,你明天来吧。(《读者(合订本)》)

(2)你明天来我家坐坐,有些事麻烦你。(《罗瑞卿最后的日子》)

例(1)(2)说话时,A可能在家里,也可能不在家里,但是预设"明天"会在家里。

2.移动主体是B,而且不是向A当时所处的位置移动,这时虽然还是以发话者A为参照点,可是似乎选择"来"和"去"都有可能。例如:

(3)你来中国学版画,版画也有黑白二色,你就叫黑白吧。(人民日报1993—3)

(3')你去中国学版画,版画也有黑白二色,你就叫黑白吧。(自拟)

例(3)说话时"我"在不在中国,只根据句子本身无法判断,必须结合上下文才可以判断,如果说话者当时在中国,那没问题。但是也可能"我"当时不在中国,但是用"来"显示说话人跟"中国"的一致性。例(3')用了移动动词"去",说明说话当时"我"一定不在中国。

3.如果移动主体是C,情况有些变化:

(4)他来广州找我,(我接待过他)。(自拟)

(5)他去广州找我,(自然找不到我)。(自拟)

例(4)移动主体是C"他",移动目标是"广州"(A所处的位置),移动参照点是A。例(5)移动主体还是C,移动目标也还是"广州",但是却不是A所处的位置,换言之,这时A肯定不在广州了,因为根据移动参照点A,句中的移动动词应该选用的是"去"。

(二)叙述语体与客观视角

功能与认知

所谓叙述语体,不包括第一人称的自叙,只限于第三者角度来进行叙述,常见到的是两种类型:

1. S＋来/去＋处所词＋VP

这样的句子里,用"来"还是"去",似乎都可以,但是明显有区别。关键在于以哪个为参照点。如果从叙述主体S进行观察,在NP之前通常都是用的"去",因为从句子的行为主体的角度出发,我们把这叫作"主体视角"。例如:

(6) 几乎所有受骗者都去银行查询广宗公司的"电汇"。(人民日报1993-3)

(7) 小周出院后休息了十来天,便去厂里上了班。(人民日报1993-7)

(8) 他却喜欢京戏,时不时地爱去公园里票上一次。(石新茂《谈歌印象》)

(9) 北大毕业后,张香桐去美国攻读博士学位,从此开始了科研生涯。(《中国儿童百科全书》)

如果从"处所"NP位置这个角度出发来叙述,这就叫作"客体视角"。例如:

(10) 后付款单位业务员来银行要求将汇票退回,理由是汇票密押编制错误。(人民日报1993-7)

(11) 于是,钟沛一次半夜起床来厂里察访。(报刊精选1994)

(12) 各个公司车水马龙地来学校介绍其公司情况。(MBA宝典)

(13) 山外有人来台儿沟探亲访友吗?(铁凝《哦,香雪》)

比较例(6)(7)的"去银行"、"去厂里"跟例(8)(9)的"来银行"、

"来厂里",就会发现关键在于叙述的参照点是主体还是客体。我们专门比较了 NP 是"家里"的例句,根据北京大学 CCL 语料库,"来"跟"家里"组合有 120 例,"去"跟"家里"组合只有 38 例,相对前者要少得多。为什么"家里"倾向于用"来"而不用"去",而其他的 NP 则主要用"去"不用"来"? 这可能是因为"家里"这个客体处所对叙述主体来说,优势倾向于理解为自己家里。尽管如此,用"来"还是"去",给人的感觉还是不同的。试比较下面两例:

(14)但她也很难常请自己的中国朋友来家里玩,她丈夫不懂中文。(钱宁《留学美国》)

(15)当乡亲们知道丁玲和陈明同志要走时,都请他们夫妇去家里吃饺子。(人民日报 1996-5)

这里可能是叙述者的客观视角在起作用:例(14)叙述主体"她"通常就在客体"家里",就选用"来";而例(15)叙述主体"乡亲们"当时是跟"丁玲"在一起,并不在"家里",所以用"去"。

2. 来/去+VP

这其实也可以看作"来/去"后面隐含或者省略了处所词 NP,导致"来/去"直接衔接 VP。那么 VP 之前到底是用"来",还是"去",似乎两可。起决定作用的还是叙述的客观视角:如果站在发出动作 VP 的主体角度,那就选用"去"。例如:

(16)她真想去看看毛主席,给毛主席熬一碗山药汤。(王蒙《风筝飘带》)

(17)佳原准备明年去考研究生,他鼓励着并无信心的素素。(王蒙《风筝飘带》)

(18)香雪没有住,更不打算去找"北京话"的什么亲戚。(铁凝

《哦,香雪》)

(19)凤娇好像是大家有意分配给那个"北京话"的,每次都是她提着篮子去找他。(铁凝《哦,香雪》)

如果叙述的角度是站在动作 VP 的对象(宾语)角度,即使这个宾语是隐含的,或者承上下文省略了(如例 23),那也用"来"。例如:

(20)一个老大妈,一个汉子,一个媳妇前来找他,后面跟着看热闹的小孩。(王蒙《名医梁有志传奇》)

(21)此后工作团团长与县委书记都来找梁有志诊治过疾患。(王蒙《名医梁有志传奇》)

(22)于是有大量的青年人来找他。(王蒙《名医梁有志传奇》)

(23)他们最后又请社会学家来调查。(《哈佛经理的能力》)

总之,考察一个句子的移动动词到底是选择"来"还是"去",我们认为,主要取决于观察动作行为不同的视角:在会话中最主要的是"主观视角"和"客观视角";在叙述语言里,最主要的是"主体视角"和"客体视角"。"来"的核心意义应该描述为:会话中向发话人移动,或者叙述中向叙述客体移动。

二、选择移动动词"来"的补充性会话策略

制约移动动词"来"还是"去"选择的决定性作用首先当然是"心理视角策略"。除此之外,还有另外三种补充性会话策略也很重要:"前后一致照应策略"、"语用含义理解策略"以及"保持中性平衡策略"。

(一)前后一致照应策略

制约移动动词"来"的会话策略及其虚化假设

如果移动主体是 A,而且是向 B 移动,这通常都是在 A 跟 B 会话时使用,比如有人在喊 A 过去,或者门口有人敲门:

(1) B:老张,请来一下,帮帮忙!

　　A:好,马上就来。(自拟)

(2) B:(门口敲门)老张,快来开门!

　　A:来了,来了! 请等一等。(自拟)

作为 A 的回答,如果采取"主观视角策略",好像这里应该选用"去",可是为什么从来也不用"去",却一定要用"来"呢? 齐沪扬(1996)认为"来"的这种用法是:"把参照点转移到听话人所处的位置上,'我去'变成了'我来',是敬重对方的说法。"陈贤(2007)则认为:"如果是参照点的问题,此时的'来'应该可以换为'去',但是实际上不能这么说。'来了,来了'只能看作是动词'去'的代替用法。"不管是"敬重"说,还是"代替"说,都不是很有说服力的。因为,我们完全可以看到有人也用"来"回答,却是怒气冲冲的样子:

(3) B:老张,请来一下,帮帮忙!

　　A:我自己的事情都来不及做,来什么来!(自拟)

(4) B:(门口敲门)老张,快来开门!

　　A:来了来了! 你乱敲什么!(自拟)

以上两例 A 的回答都是很没有礼貌的,甚至于是态度粗暴的。可见"敬重对方"的礼貌原则无法解释这样的语言事实。而且我们也从来没有发现过用"去"的实例,因为既然说是用"来"代替了"去",那么必然还存在着,或者存在过"去"的原型用法,否则这一"代替"又从何说起? 可惜从来也没有发现过用"去"回答的说法,可见这一解释是没有任何事实依据的,我们不能用语言事实来

功能与认知

迁就主观决定的所谓规则。

其实,问题并不复杂,这只是在一定的语境中顺应上下文照应的说法而已。在这个话轮里,B开口请老张(A)"来"(向B靠拢)帮帮忙。这个"来"显示完全符合B的主观视角策略。接着A老张回答,他必须顺应对方的话语要求"来"做出反应,所以唯一的选择也是"来"。等于说是"你要我来,我就来"。因为如果换个动词,回答也是类似的:"你要我吃,我就吃。"可见,这属于会话中的"前后一致照应策略"。对方要求的是"来",你却回答说是"去",听的人就会一头雾水,交际行为发生断裂。"前后照应策略",实际上也是顺应B的主观视角策略,在这一语境条件下起到主导作用,是对"主观视角策略"的一个重要补充。

(二)语用含义理解策略

在语言实际使用中,情况可能更为复杂。我们先来看两个实例:

(5)林树桐:(在门口喊)栗主任,电话!

栗晚成:来了!(老舍《西望长安》)

(6)甲:你什么时候放假啊?

乙:别着急,我下个月就来广州看你。(长途电话实录)

例(5)中的林树桐尽管只是说"栗主任,电话!"可是其语用意义实际上是"请你来接电话",栗晚成的回答显然是针对对方的语用意义,所以必须符合上下文的照应策略,用"来",而绝对不能用"去";例(6)我们将其设定为一对恋人的长途电话通话语境,甲表面上问的是"你什么时候放假啊?"其会话含义实际上是"你什么时候可以来广州看我啊?"显然,这时乙不在广州,而且乙也完全明白甲的真实意思,所以他的回答是"我下个月就来广州看你"。显然,这里是"语用含义理解策略"在起作用了,这是对"前后一致照应策略"的一个重要补充。我们就这两个例句普遍征求了汉语使用者的语感,结果表明:在例(5)的场景下,几乎所有的被调查者都会毫不犹豫地使用"来了",没有用"去"的情况;而在例(6)的场景下,有的被调查者选择"来",也有的选择了"去",并表示两者都可以使用。

(三)保持中性平衡策略

例(6)的回答似乎既可以用"来",也可以用"去",具有一定的随意性。这主要是出现在 A 和 B 相隔比较远的距离,比如打电话,或者不是即时的交际,比如写信的时候,例如:

(7)B:礼拜六是不是我到深圳去看你?

A:哦,还是我去广州(看你)吧。(自拟)

(8)B:礼拜六是不是我到深圳去看你?

A:哦,还是我来广州(看你)吧。(自拟)

(B的语用含义是希望A到广州来,A用"来"显示向B靠拢)(自拟)

有趣的是,A回答时两种说法都可以成立。根据我们调查,两种说法几乎势均力敌,难以取舍。其实,这里是两种不同的会话策略在起作用。用"去"符合"主观视角",也是"前后一致照应策略"在起作用;用"来"照应的是潜在的语用含义,采取的是"语用含义理解策略",感觉语气似乎更为亲近一些。也许因为人们觉得这里不论用"来"还是用"去",都会给人有言外之意的感觉,都不太合适,所以就会有意识地回避使用"来"或者"去",而选择第三种说法：

(9) B：礼拜六是不是我到深圳去看你？

A：哦，还是我到广州(看你)吧。(自拟)

显然，这里起决定作用的是第四个会话策略："保持中性平衡策略"。目的是感情不外露，保持一种中立的理性态度。

在这四种会话策略中，第一种"心理视角策略"是最重要的，也是最基本的，适合于一般的交际场合。第二种"前后一致照应策略"适应于回应对方提出"来"的移动要求的交际场合，是对第一种策略的补充。第三种"语用含义理解策略"更是对第二种策略的补充，适用于对方虽然没有明确提出"来"的移动要求但是实际上包含有这一要求的场合。至于第四种"保持中性平衡策略"是对前面三种策略的总体补充。可见，在会话中，很多情况下，是一种"移动视角"，"来"、"去"均可，但因视角不同，语义有异。

三、重新认识"来"的其他引申义

根据《现代汉语词典》(第5版)，"来"作为动词使用时，第一个义项也是核心义项，表示"从别的地方到说话人所在的地方"。在第一节，我们已经分析了"来"的基本用法，可见词典里的这一义项的解释是不够准确的。这里，我们主要分析它的引申义，第二个义项："(问题、事情等)发生；来到"。

上面分析的例句中，移动主体都为[+有生]个体，其动作行为一定具有[+自主]特征。那么如果移动主体为[-有生]个体时，"来"的情况会发生怎么样的变化呢？这里起码有几种类型：

（一）自然路径

[−有生]个体的移动实际上是由[＋有生]个体（主要是人）操纵的,且二者是同时移动的,这一情况与人作为行为主体时表现基本一致,有个主体的移动过程,这属于显现的"自然路径"。例如：

(1)火车来了,不要过铁路！（人民日报1994）

(2)第三天傍晚,又来了一条船。（老舍《鼓书艺人》）

（二）隐蔽的自然路径

[−有生]个体的移动也是[＋有生]个体（主要是人）操控的,但二者是分离的,移动的只是物件或者信息,人本身并没有移动,例如：

(3)我前些时候发了一个小说,使一些年轻人很激动。纷纷来信问到底是怎么回事,我是谁？有个人已经来过三封信了……（王朔《浮出海面》）

(4)回家时,又是大半天没吃东西了,进门就嚷嚷饿,所以妻子每天要来一次电话让他点夜宵。（《人民日报》1993）

这里移动的主体种类有限,一般为传递信息的工具,如:信、电话、通知、消息等等,这些移动主体的路径比起"车"、"船"、"飞机"等,就显得不那么清晰了,充其量只能说是可以理解的,所以,我们称之为隐蔽的"自然路径"。

（三）混合路径

[−有生][＋具体]个体发生移动,是一些自然现象,是[−可控]的；这时的"来",实际上是一种隐喻,传统修辞上指的是拟人,好像[＋有生]个体人一样地会自主移动。例如：

(5)海啸来了,狂风来了,大树刮走了,小草依然在那里。……

强烈的大地震来了,摩天大楼倒塌了,小平房还在……(姚淦铭《老子谈成功之道》)

(6)冬天来了,春天还会远吗?(报刊精选1994)

需要特别指出的是,这些自然现象,其移动路径可能存在,例如"海啸"、"狂风"等从远处到达近处;也可能不存在,例如"地震"、"大雾"与其说是"来临",不如说是"出现"、"发生",是从无到有。不过这些都不重要,因为它们到达移动目标与产生影响几乎是同时发生的,当发话者用"来"进行描述时,可以说,它们一方面具有不太确定的隐蔽的"自然路径",但是更多依仗的是发话者的"心理路径"。

(四)心理路径

[-有生][+抽象]的个体也可以用"来"。例如:

(7)看罢了这面墙,金一趟也来了精神……(陈建功 赵大年《皇城根》)

(8)她压根儿就没来过脾气。(陈建功 赵大年《皇城根》)

(9)这样到了光绪五年,机会终于来了。(高阳《红顶商人胡雪岩》)

(10)问题来了。唱什么好呢?就是那些有爱国内容的鼓词,也太老了,不合现代观众的胃口。(老舍《鼓书艺人》)

潘文、申敬善(2002)认为例(7)(8)的"来"替代的是动词"有"或"发"。表面上看,将"来"替换为"有"、"发"以后,句子依然成立,但是,这种"替换"说,最致命的问题是,替换前后的语义是不同的。"来了精神"跟"有了精神","没来过脾气"跟"没发过脾气"意思显然不同,前者强调的是从深层到表层的位移轨迹。能够替换最多说明"来"跟"有"或"发"可以跟"精神"、"脾气"组合,但是绝对不能保证"来"就等于"有"或者"发"。语法研究切忌用这样的"替换"来证明替换的成分是等价的。

从认知语言学来看,这里实际上还是用的隐喻方法,"精神"、"脾气"乃至于"机会、问题、好处、利益"等抽象事物,也好像[＋有生]主体一样,具有某种自主属性,会沿着一定的路径进行移动。这里的移动路径,是典型的"心理路径",因为客观上没有这样一条自然路径。从无到有,在心理上也可以看作是一种移动。

可见,从显现的"自然路径",到隐蔽的"自然路径",再到"自然"与"心理"的混合路径,最后到典型的"心理路径",根据搭配对象的不同,"来"的用法发生了渐变,"来"在词义发展方面,逐渐"弱化",并演变为第二个义项。

四、所谓"来"的"代动"用法

(一)关于"连动"与"代动"

《现代汉语词典》中,"来"的第三个义项是"做某个动作(代替意义更具体的动词)",第五个义项是"用在另一个动词前面,表示要做某件事"。

在我们看来,这两个义项的次序恰恰是颠倒了。"来"跟 VP 构成连动短语才是导致"来"单独带宾语的缘由。作为移动动词,"来"组合有三种类型:(1)来＋处所词＋VP;(2)来＋VP;(3)来＋NP。第 1 式如果不需要或者不可能出现处所词,那么"来"跟 VP 直接组合,就构成了第 2 式,第 2 式如果是个动宾结构,就有可能跟原来的宾语直接组合,构成第 3 式。可见,这三种结构有相通之处。由于"来"跟 VP 直接组合,其语义重心必然落在词义更加具体的 VP 上面,这时"来"的语义就开始弱化,不再明确表示"移动"语义,而是表示一种"趋势",一种"目的";从"目的"义再发展一步,"来"就可能直接跟动词宾语组合,表示需要的就是该事物(动词宾语)。

这里,我们假设有两种语境:

1.第一种语境,是在对话里,B 提出某个要求,作为 A 的回答可能有两种:

(1)B:你也来台上唱一首歌,好吗?

A1:好,我也来唱一首歌。

A2:好,我也来一首歌。(自拟)

显然,A1 由于省略了处所词,"来"的移动义明显弱化,起码不强调在移动,因为话语的重点是"来"后面的动作行为 VP。"来 VP"是个连动短语,VP 是"来"的目的,也是全句的语义重心。语音方面,这里的音节"来"往往是轻读。A1 的回答自然没有问题,但是相比之下,由于上文 B 已经出现具体的动作动词,A2 的回答更为简明。因此,我们认为所谓的"来"代替具体动作动词的说法是没有充分依据的,合理的解释应该是口语里的经济原则在起作用,在有上文制约的条件下,下文具体的动作动词就省略了。

1.第二种语境,是在单向的陈述里,A 先提出某个要求。例如:

(2)A1:我已经唱了一首歌了,你也来唱一首歌。

A2:我已经唱了一首歌了,你也来一首歌。(自拟)

同样道理,A1 的后续句自然没有问题,但是相比之下,由于上文已经出现具体的动作动词，A2的后续句更为简明，因为话语中避免词语重复也是符合经济原则的。

在语言的交际中，这样的场景不断地反复地出现，在口语中，在一定的上下文中，只要不会引起歧义，只要后面相组合的宾语或者补语在语义上清晰明白，就可以直接用"来"跟有关宾语组合。而且这样的组合往往带有熟语的性质，换言之，两者一起出现使用的概率相当高。比如：来（说）段相声、来（表演）个节目、来（唱）首歌、来（要）碗馄饨。大量的语料以及语言交际事实说明，凡是所谓用"来"替代具体动作动词的，其实都可以还原为"来＋VP"。所以，我们认为，这里其实不是"替代"的结果，而是"语用省略"的结果。"替代"说只不过是对语用省略后的一种误读而已。

（二）确定"来"隐含语义的制约因素

对于单独用"来"，又不表示"移动"的隐含语义到底该如何确定，看来必须依赖于三个要素：它所带的宾语、修饰宾语的量词、上下文语境。

1."来"所带的宾语跟原先组合的动词往往是个惯用语，或者高频组合，即使不出现那个动作动词，只用"来"，其隐含语义的理解也是没有问题的。例如：

(3)老辛可以到街上转个圈子，我呢，来个小眍儿，你们看怎么样？（老舍《旅行》）

(4)那人说："好，大清早先来个玩笑，抬头见喜了。"（邓友梅《烟壶》）

这里似乎没有我们所说的上文出现动作动词的情况，但是我们同样可以得出合理的解释，因为其宾语是特定的，与之组合的动

功能与认知

词往往比较严格,比如例(3)跟"(一)个小盹儿"组合的动词应该是"打",例(4)的动词应该是"开"。换言之,通过"词语组合"这一途径激活了有关结构义,一般来说,动词与宾语之间的语义关系比较固定,可选择余地比较小,就特别容易使用"来+量词+名词"这样的结构组合。

2. 在这一组合里,量词的存在是至关紧要的,尤其是语义内涵比较丰富的量词。比如:

(5)不料一曲终了,大受欢迎,观众要求再来一首。(指啸《神州一绝》)

(6)又有人把鼓板弦子取了来,任凭他怎样推托,也是不能不来一段了。(孙犁《风云初记》)

"来一首"往往是指"唱一首歌","来一段"往往指"表演一段曲艺",这类量词就是我们所说的"专用型量词"(邵敬敏 1993)。由于这类量词跟名词的组合比较固定,所以光凭量词就可以确定"来"的隐含语义是指的什么。

3. 如果是泛用量词,而且其组合能力比较强,换言之宾语有多种可能性,这时,就不能单凭量词而要依赖于宾语才能够明确"来"的隐含语义。例如:

(7)江主席,请停一停,来一张合影。(人民日报 1994)

(8)喂,再来一张牌吧。(托尔斯泰《战争与和平》)

"来一张"可以多义理解,不过由于例(7)的"合影",可以理解到动作应该是"拍",例(8)的"牌"可以理解到动作应该是"发"。

4. 如果是泛用量词却没有出现名词宾语,比如只有"来一张",这时就必须依赖上下文语境才可能清楚"来"的隐含语义了。

例如：

(9)报童：掌柜的，长辛店大战的新闻，来一张瞧瞧？(老舍《茶馆》)

(10)一张表填完，又来一张。(《读者(合订本)》)

(11)基本是一两人画着，六七人闲着。闲着的人便鼓动着看客，怂恿来一张。(王安忆《等待歌星》)

根据上下文可以推断，例(9)—(10)的"来"分别表示"买"、"填"、"画"的隐含义。

5.有时即使出现宾语，也必须联系上下文，才能够清楚"来"的隐含语义。例如：

(12)不过是有的爱黄颜色便长成一张黄脸，有的喜欢黑色便来一张黑脸玩一玩。(老舍《小坡的生日》)

(13)报纸搞了个"本版客座模特"，一些报纸马上就跟着来一个"每周明星"。(报刊精选1994)

(14)现在趁刚跟他们和亲的机会，把匈奴引进来，我们来一个伏击，准能打个大胜仗。(曹余章《中华上下五千年》)

例(12)联系了上文"长成一张黄脸"，才可以确定"来一张黑脸"的"来"意思就是"长成"；例(13)联系了上文"搞了个'本版客座模特'"，才可以确定"来"意思就是"搞"；例(14)根据下文"打个大胜仗"，才可以确定上文是"打一个伏击"。

可见，这里的"来"并非代替某个动词的作用，而是一定上下文、一定的特殊组合里的"语用省略"。只有当这类省略普遍化了，我们才似乎觉得"来"是起到动词的代用，实际上是具体动作动词的语义隐含了。

(三)所谓的"替代说"

"替代说"最早是赵元任(1968)在《汉语口语语法》一书中提出来的。他认为汉语中"最常见的代动词是'来'",它"可以代替任何的动词"。上面我们已经指出,"替代说"是不准确的。这里,我们还要指出,即使承认从简省略,发展到替代,但是也不是"可以代替任何的动词"。换言之,这不是什么"替代",而是由动词短语"简约"引起的动词语义"隐含"的结果。开始可能是为了语用简约、避免重复、同义变化等目的,但是随着这类用法的泛用,它表层形式的简约性、深层语义的模糊性、语用交际的照应性等优点就更为彰显了。

1. "来"的这种用法,对语境的依赖性比较强,常出现在对话当中,由于说话双方对信息共享,所以即使有词语省略,仍然不影响对"来"的理解。例如:

(15) "这儿可就有一张床啊。"李子荣指着他的床,笑着说。"我来这张躺椅。"马威低着头说:"好歹对付一夜,明天就好办了。"(老舍《二马》)

(16) 不要来一朵花呀?一块钱一朵。(青年文摘2003人物版)

例(15)中的"来"是"睡"或者"躺"的意思,如果离开这个语境,则这个意思也一并消失。例(16)"来一朵花"自然理解为"买一朵花"。但是如果换个语境,也许可以理解为"摘一朵花"、"插一朵花"。

2. 事实上,在语言形式中,"来+量+宾语"句最常见的组合有两类:

第一类是表演欣赏类,比如:来一首(歌)、来一段(京戏)、来一个(节目)等等。有时尽管宾语本身语义不够清晰,但是由于上下文的提示,也可以准确无误。例如:

(17)"《卖线》太长,来个短的。"人群里有一个人提议。(周立波《暴风骤雨》)

(18)各处名目的摊派太多了,实在起不出名字的就来个"其它"。(报刊精选 1994)

例(17)"来"的前发句以曲名提示了唱戏的背景事件,所以后续句"来个短的"语义理解为"唱个短的段子"就不会发生歧解。例(18)的"来"则应该理解为"起名"。

第二类是购买获得类,比如:来一碗(水饺)、来一双(袜子)、来一套(茶具)、来一张(碟片)等等。例如:

(19)瘦子决定不放跑了这个老人。"您看,是要两个黑虎的呢,还是来一对莲花座儿的?价钱都一样,我贱贱的卖!"(老舍《四世同堂》)

(20)男乙:那好啊!就来一尺五吧!(老舍《女店员》)

例(19)"来"的前发句动词"要"跟后续句的动词"来"相对,语义相当明确;例(20)的"来"是买方说的,在柜台旁,作为顾客对店员的回答"来一尺五",自然必定被理解为"买布"。

3."代动说"之所以不能成立,还有一个理由就是:所谓被替代的动词实际上跟"来"并不等价。例如:

(21)两个机器人互相致意后,来了一曲小号合奏。(新华社2004年新闻稿)

(21')两个机器人互相致意后,吹了一曲小号合奏。(自拟)

例(21)中的"来",按照上文的提示,语义相当于动词"吹"。例(21')直接用的就是"吹",但是,将二者做比较,我们便不难发现:例(21')动词"吹"直接联系的是动作的发出者"机器人",整个句子客观地描述了机器人(C)吹奏小号曲这一事实;而例(21)的"来",它所采取的视角不是动作的发出者(C),而是句外的发话者(A),即"接收者",也就是欣赏演奏者所吹小号曲的人。因为这首曲子从A看来,就是从无到有,经过心理途径,而让A欣赏到并获得某种好处。所以可以说,"来"所表达的是一个"言者视角"句,发话者站在自身的角度对动作实施者的行为进行了描写,反映了行为主体对接收者的影响,具有很强的主观性特征。显然,动词"吹"是没有这样的特点的。

4.并非所有的动词都可以用"来"替代。例如:

(22)今天晚会上我唱了一首老歌。/今天晚会上我来了一首新歌。(自拟)

(23)今天晚会上我听了一首新歌。/＊今天晚会上我来了一首新歌。(自拟)

例(22)(23)的情况不同,例(22)是A的表演,用"来"是熟语性质的;至于例(23)"听"就无法用"来"表述,这是因为,不同于"唱"这一类动词本身就可以反映出潜在的接收者,"听"这一动作的发出者与接收者是合一的,那么在默认的情况下,这一动作便直接指向发出者;此外还因为"来了一首新歌"只能理解为"唱",这里临时替代"听"就可能引起歧义。但在一定的语境下,"来"理解为"听"也是可能的。例如:

(24)听了一上午摇滚,现在得来首舒缓的放松一下。(自拟)

这是因为通过前发句"听了一上午摇滚"的背景提示,"来"的接收者得到了特别的体现。

五、"来"的虚化假设

前面我们讨论了"来"的核心义与引申义及其虚化的表现,只是在其共时比较的框架下进行的,由于"来"历史发展的情况相当复杂,需要专文论述,所以本文只进行共时的语义和语用分析,并提出某种虚化途径的假设:

"来 VP"中动词"来"由于 VP 语义的强化,"来"的语义开始弱化,从"位移"弱化为表"目的、趋势"。再由"目的"引申发展为"需求"、"接受"、"获得",在语言交际中,由于语言经济原则的驱动,以及说话者对获得需求的普遍心理,导致 VP 脱落,"来"直接跟动词宾语组合;由于所组合的宾语比较多,因而泛化,这时的"来"虽然还是动词,但是语义明显虚化。最终成为虚化动词。所以,我们假设的途径应该是经过弱化、泛化、虚化,"来"最终发展成为虚化动词。不过这一假设还需要实际例句来加以验证。

(一)"来"的核心语义表示的是心理视角

心理视角包括主观视角和客观视角。人或者物在向心理视角的参照点靠拢、接近。这一意义再引申一下,就变成为"获得"、"接受"。购买,是接受;欣赏,也是另外一种意义的接受。我们随机选取了《汉语动词用法词典》中的 100 个动词进行了可能性测试,凡是在一定的条件下能用"来"进行替换的动词,都具有这一语义特征。例如:

(1)"来个好儿嘿—""嘿—好!""来个妙嘿—""嘿—妙!"(王朔

功能与认知

《千万别把我当人》》

(2)"……可是有好些学生我不懂噢,您来了广东话我也不懂,来一个四川话,他一翻上海话嘟噜嘟噜我也不懂……"(李英良《1982年北京话调查材料》)

(3)老头这话儿来得真痛快。(转引自《现代汉语八百词》)

例(1)的"来"可以替换成"喊"或"叫",甚至是"给";例(2)(3)中的"来"可以替换成"说"或"讲"。将"来"字句与动作动词句子进行比较,我们可以发现,其实语义内涵和语用特点都是不同的。

(二)关于"来"的语义隐含用法

词典上大多只列举了"来"的后面跟简单名词性成分的例子,而实际语料中的情况则要复杂得多。

1.组合的宾语是语义比较抽象的名词。例如:

(4)"可别来硬的,兄弟。"宝庆提醒他,张文点了点头。(老舍《鼓书艺人》)

(5)四嫂:甭来这一套!你当我不知道呢!(老舍《龙须沟》)

(6)武端又想了半天才说:"来个'华丝葛大衫主义!'……"(老舍《赵子曰》)

(7)这么一来,启发了康明理、张有义几个人,也都来了一小段反省。(马烽 西戎《吕梁英雄传》)

例(4)—(7)中"来"后面跟的都是名词性成分,但抽象程度较高,内涵复杂,即便是用其他动词进行替代也只能是一些泛义动词。在这种情况下如果再认为是"代替意义更加具体的动词"就不大合情理了。

2.组合的宾语是动词以及动词性短语,甚至于是小句、复句。

例如：

(8) 比如青年团单独来一个号召,在全国搞一个什么运动。(《邓小平文选》(1))

(9) 当我情感发生变化时,我就想着给它来个彻底解决。(报刊精选1994)

(10) 老人的隐私更难挖,您不好意思说,那就来个摇头不算点头算吧。(赵大年《雷老的常青树》)

(11) 可许多人却曲解了喝酒的通常意义,动不动就来个"感情深,一口闷"。(报刊精选1994)

例(8)(9)量词后面跟的是动词性成分,这时能替换"来"的动词更少,在某些情况下,只与"进行"、"发生"这样的意思相近。例(10)(11)带的是复句形式,"来"的语义更难确定,相当于"实施"、"实行"。在这些句子中,即便是删除"来个",原句也能成立。

3. "来"带的是成语、谚语、惯用语等。例如：

(12) 因而,她对他的行踪,干脆来个不闻不问。(琼瑶《烟锁重楼》)

(13) 曹操采纳了荀攸的意见,来个声东击西。(曹余章《中华上下五千年》)

(14) 曹节、王甫来个先下手为强。(曹余章《中华上下五千年》)

(15) 女儿要给女婿和女婿全家来个竹篮打水一场空……(梁晓声《冉之父》)

(三)"来"主观化发展的特点

以上用法是"来"的意义不断弱化、泛化、虚化的结果,是其进一步主观化发展的表现。其特点是：

第一，搭配范围不断扩大，使得原先一些不能与"来"共现的成分也进入了它的搭配范围，如抽象名词、动词及动词性结构、主谓结构甚至于复句形式。

第二，随着搭配范围的扩大，句子在原始意义上往往增添了表达发话者主观认知的抽象意义。这种趋势若进一步加强，便有可能形成某种"标记"，如例(8)—(11)，原句即使删除"来个"也同样可以成立。

第三，不可否认的是，即便"来"发展成虚化程度较高的标记以后，我们仍能感受到它原有核心语义的存在，可以说，"来"的语义特征决定并贯穿了它的整个发展过程。

第四，"来"的这一发展过程始终伴随着其后量词的存在与虚化。当"来"之后出现的是简单名词性成分时，则有相应的量词对其进行修饰；而随着搭配范围的扩大，量词却越来越单一为"个"。这个"个"便是其量词用法的虚化，不再表示明确的数量意义，基本功能是使得其后的成分变成名词性，起到了将"陈述"转化为"指称"的作用(邵敬敏 1984)。

参考文献

鲁晓琨(2006)焦点标记"来"，《世界汉语教学》第 2 期。
吕叔湘(1999)《现代汉语八百词》(增订本)，北京：商务印书馆。
孟　琮(1999)《汉语动词用法词典》，北京：商务印书馆。
潘　文、申敬善(2002)试论"来"的替代条件，《汉语学习》第 6 期。
齐沪扬(1996)空间位移中主观参照"来/去"的语用含义，《世界汉语教学》第 4 期。

邵敬敏(1984)"动+个+形/动"结构分析,《汉语学习》第2期。
邵敬敏(1993)量词的语义分析及其与名词的双向选择,《中国语文》第3期。
王凤兰(2008)论现代汉语表示目的的"来",《学术月刊》第5期。
辛承姬(1998)连动结构中的"来",《语言研究》第2期。
赵元任(1979)《汉语口语语法》,北京:商务印书馆。
中国社会科学院语言研究所词典编辑室(2005)《现代汉语词典》(第5版),北京:商务印书馆。

(与硕士生张寒冰合作,原载《暨南学报》2012年第1期)

变异与竞争

"港式中文"与语言变体

关于语言接触和语言变体,以往的研究主要涉及口语,对书面语很少关注;主要涉及两种语言之间的关系,很少同时涉及标准语、方言和外语的情况。香港由于它的特殊情况,语言生活呈现出多姿多彩的面貌,尤其是它的书面语形式"港式中文"更加引起我们的极大的兴趣。

语言的变体通常区分为三类:1.地域变体(因为地域不同而引起的);2.社会变体(因为社会阶层以及男女性别不同等社会因素而引起的);3.功能变体(因为应用范围不同而引起的)。"港式中文"这一特殊的语言变体,恰恰是这三种不同类型变体的综合体。它首先是个"社会变体",香港在1997年之前被英国殖民统治一百多年,回归以后也还是实行"一国两制",所以,这里的社会变体实质上指的是因"不同的社会制度"而造成的,明显区别于一般的社会变体的含义;其次,它又是"地域变体",因为它位于中国东南端,属于粤方言范围,长期以来,口语是粤方言的一统天下,普通话(国语)基本上被摒除在外,粤方言对书面语具有不可忽视的影响;第三,它只是指书面语,一定程度上脱离口语而存在,所以还是"功能变体"。

变异与竞争

一、香港语言生活的历史与现状

香港从一个默默无闻的小渔村,发展成为一个赫赫有名的国际大城市,经历了一百多年的艰辛历程。香港的历史,伴随着祖国的兴衰,也充满着惊涛骇浪。香港的语言面貌同样经历了曲折的、激烈的动荡和变化。参考刘镇发先生(2004)的资料,我们把香港语言使用的历史划分为五个阶段:

(一)土粤语初始阶段(1842年之前)

香港本地居民使用的是"土粤语",属于粤语,但是跟粤语的代表地点广州话(白话)有明显区别,主要在现在的新界一带使用。1762年以后,客家人大批移民到香港,形成了第二大方言群:客家方言。

(二)广州话流行阶段(1842-1945年)

香港被英国占领以后,英国统治者在政府层面用的基本上都是英语,直到1882年以后才有少数学校开始教中文。但是平民的交际语言基本上用的还是广州话(白话),即官和民使用的语言是双层面的。20世纪初期潮州、汕头人开始大量进入香港,开始形成香港的第三大方言群体:潮汕话。

(三)多方言并用阶段(1945-1967年)

第二次世界大战结束以后,香港的语言生活呈现出两个显著特点:一是国内由于内战动荡,而香港局势相对稳定,大批难民移居香港,四邑话、上海话、闽南话也开始崛起。二是国语兴起,不仅成了中小学除了粤语之外的主要教学语言,而且广播、电影以及歌曲都普遍使用。

(四)粤语为主导阶段(1967—1997年)

受国内"文化大革命"的影响,1967年香港发生了左派暴动,港英政府为了有效控制局势,加强香港人的认同感,在语言政策上采取了一系列措施,核心是推广粤语,排斥国语,这主要包括:1.除了英语,广播电视都只能够使用粤语;2.禁止中小学教国语;3.取消中学会考"国语"科目;4.开始拍摄粤语电影,推行粤语歌曲。从20世纪80年代开始,香港社会进入一个以粤语交际为主的时代。

(五)两文三语阶段(1997—)

1997年香港正式回归祖国,同时又实行"一国两制",所以香港特区政府在语言政策上,实施的是"两文三语",即:书面上,中文与英文并存;口语上,则是普通话、粤语和英语并存。让人特别感到欣慰的是各个阶层的香港居民,包括政界、工商界、教育界等,学习普通话的热情高涨,普通话水平测试成为热门话题,短短几年里,能够说普通话的人数急剧递增。但是这仅仅限于口语,书面语方面则几乎没有太大的变化。

根据以上分析,可见,所谓的"港式中文",实际上形成于20世纪70—80年代,并且在90年代趋于成熟。这是在特殊的地区,受到特殊政策的影响,在特定的历史背景下形成的,充分体现了香港地区的特殊性:是中文,但不是标准中文;处处可以发现粤语、英语、文言的成分,却又都包容在中文的框架里边。因此,它是一种特殊的书面语言变体。

二、"港式中文"的性质

粤语的可懂度,在各大方言中可能是最低的,根据郑锦全先生

变异与竞争

(1994)的统计和分析,大概只能够达到百分之十几,而香港的汉语书面语,则大体上可以看得懂。但是,香港书面语客观上还存在不少跟标准中文不同之处,也就是说,这是具有香港地区特色的汉语书面语——"港式中文"。

那么,什么叫作"具有香港地区特色的汉语书面语"呢？即以标准中文为主体,带有部分文言色彩,深受粤语和英语的影响,并有独特的社区词和流行语,在词汇系统、结构组合、句式特点以及语言运用等方面跟标准中文有所不同,主要在香港地区普遍使用的汉语书面语。这样,港式中文一方面,它跟香港居民口语使用的粤方言相对,另外一方面,它又跟全国普遍使用的标准中文相对,从而形成了自己的特色。

香港地区的汉语书面语,根据它跟标准汉语、粤语的比较,实际上存在不同的等级,我们根据邵敬敏(1997)对香港报纸用语的等级分析进行了调整:

第一级:标准中文,指完全运用标准汉语的书面语,跟内地使用的标准中文属于同一类型。内地人的可懂度为95%—100%,仅有少数词语不符合内地的规范。(不再举例)

第二级:港式中文,指具有香港特色的汉语书面语,基本上以标准中文为主体,但受到粤语、英语以及文言等多方面影响的书面语。内地人的可懂度为50%—95%。例如:

(1)该局副秘书长余志稳在另一场合称,已收到逾一百份有关种族歧视立法的建议,大部分不赞成新移民纳入禁止种族歧视的立法范围内。(苹果日报2005—2—7)

第三级:粤语书面语,指粤语的词汇、格式比较普遍,但是标准

中文还是占有一定比例。内地人的可懂度为50%以下。例如:

(2)无论穿乜饰物,珠仔配搭都好紧要,尤其穿细粒(嘅)珠仔,份外伤神,要好有心机。有时穿完一条手链仔,对眼会好(劫)。(苹果日报2005-2-15)

我们认为:"港式中文"并非一种独立的中文,而是属于标准中文的一种变体。因为它的总体面貌,大部分词语、句式都还是我们熟悉的标准汉语。

对待"港式中文",客观上存在着两种对立的态度:

1.坚决反对,认为这是不规范的,应该取消、改正。例如《香江文坛》(2004年11月号)发表的"港式中文不宜大行其道",认为只有放弃港式中文,采用汉语标准书面语,"才能提高作为国际大都会的香港的文化质素与层次,才能提高香港的国际形象"。

2.态度比较宽容,认为应该承认它的存在,不要轻易否定。例如《成报》(2005年1月11日)"港式中文:不必批评,也不必提倡",认为"中外语文互相影响"是合情合理的,不必大惊小怪。但是理由并不充分,好像心里有点发虚。

我们觉得这两种态度实际上都不能解决问题。我们的态度:不是简单的反对或者赞成,重要的是进行具体的比较、分析,并且寻找其造成种种差异的原因。

1.首先需要知道港式中文和标准中文的区别到底有多少,有多大,这就需要对港式中文进行全面的调查,从而发现它们跟标准中文的区别。

2.把点点滴滴的区别运用语言学的知识进行必要的归纳,从词汇、句法、语用多种角度进行梳理,并且寻找出一些规律性的东西。

3.结合香港的社会、历史、文化、风俗,并考虑粤语、英语、文言的影响,运用社会语言学的理论与方法挖掘隐藏在这些差异背后的深层次的原因。

4.港式中文实质上是多种语言(方言)接触、渗透、交融的一个必然结果,是研究语言发展变化的极好样例,将对语言学理论的发展与更新起到积极的作用。

5.预测港式中文今后发展的走向,以积极进取的态度对待港式中文,使之与标准中文更好地配合,并促使港式中文根据香港特区今后发展的需要,逐步向标准中文靠拢。

只有在这样比较研究的基础上,我们才有可能对这一特殊的语言现象进行研究,发现港式中文的特点和规律。

三、"港式中文"的变异手段

(一)代用

标准汉语里本来应该使用这种词语,例如 A 来进行组合,但是粤方言却使用另外一些词语,例如 B,结果由于方言的影响,港式中文里 A 就用 B 来替代了。

香港普通居民的语言使用实际上实行的是"双轨制",即口头上说的是粤语,书面上写的是汉语共同语。虽然有比较明确的分工,但是实际上两者是相互影响的,尤其是口语对书面语的影响更为显著,当他们自己使用汉语共同语写作时,粤语的某些词语,以及某些表达方式就常常掺杂进来,比如名量词跟名词的组合,不能仅仅归之为一种习惯,两者之间实际上存在着某种语义的双向选择性。这正是汉语语法组合规则的一条总纲,具有极大的解释力。

例如,"间"作为量词,在标准中文里与名词的搭配能力非常有限,可以与之搭配的名词主要限于"房",以及与之相关的"屋子"、"卧室"、"客厅"等等,属于"专职量词"。可是在港式中文里,"间"却特别活跃,与名词的组合能力非常强,在一定程度上能与标准中文的量词"个"相媲美,诸如学校(大、中、小)、工厂、公司、诊所、医院、餐馆、排档、商店、超市、银行、邮局、酒吧、教堂、赌场、大使馆、旅行社、养老院、娱乐场所、电视台、球会(即俱乐部)之类的名词,都能与"间"搭配,属于"泛化量词"。这显然是受粤语的影响。例如:

(1)香港有八间接受政府资助的大专院校,各有不同的历史和传统。(明报 2001-10-3)【一般用"所"】

(2)以规模而言,德国的运送行动最大,该国共有五万间私人银行。(东方日报 2001-9-8)【一般用"家"】

(3)一九九八年美国两间非洲大使馆遇袭之后展开的调查也得出同样的发现。(星岛日报 2001-9-29)【一般用"家"】

(4)纽约一间电视台报道,执法人员相信两架飞机遭恐怖分子骑劫,发动这次惊天袭击。(苹果日报 2001-9-12)【一般用"家"】

(二)借用

标准汉语里本来没有这样的用法,由于方言的影响,结果造成这样新的格式。例如在标准中文里,"有"只能用作动词,带体词性宾语,如"他有一本书"、"面粉里有沙子"等,但是不能带有动词性宾语或者小句宾语。因此我们可以问"你有没有钱?",也可以回答

变异与竞争

"有钱",或者"没有钱"。但是绝对不能问"你有没有搞错?",也不能回答"有搞错"。而只能够问"你搞错了没有?",回答是"搞错了"或者"没有搞错"。

在港式中文里,"有"除了带体词性宾语之外,还有一种很特别的用法,就是直接出现在动词前面,表达一种特殊的体貌意义。这种用法中的"有"已经相当虚化,可以看作是一个语法标记了。例如:

(5)全国广播公司及《华盛顿邮报》在演说后的调查发现,全国七成九人都<u>有</u>收看这次演说,是十年来收看率最高的一次总统演说。(明报2001—9—22)

(6)案发当天他们四人同去参加友人的婚宴,婚宴期间,他注意到两名死者都<u>有</u>喝酒,自己也喝得酩酊大醉。(东方日报2001—8—15)

以上两例中,充当句子谓语的动词短语前都附着一个"有"。不难看出,这些句子都有一个共同的语法意义——表示完成。那么,标记词"有"是否就表示完成这一语法意义并只表示这一意义呢?我们不妨扩大考察的范围,看看下面的例子:

(7)我们仍<u>有</u>保持联络,但没有什么进展。(明报2001—9—23)

(8)他并强调,香港与国际执法部门<u>有</u>定期交换恐怖活动情报,警方有足够能力对付恐怖活动。(明报2001—9—20)

很明显,例(7)的意思是"保持着联络",例(8)的"定期交换着……情报";在句子中都有"持续"的语法意义。中文以"有"置于动词之前充当体标记,在语言类型学中并不罕见,其他语系的语言中也有类似的用法,如英语中的"have"和法语中的"avoir",在保留实词用法的同时,也已虚化成为表示体范畴的情态动词。

(三)混用

混用,指某个词语,标准中文本来应该是这样的语义和用法,但是在港式中文里却有其他的语义或者用法,从而造成了混用。最常见的就是"同形异义词语"。

1. 词性不同,语义不同

(9)关父的一名友人称,昨晨大帽山电单车意外伤者,亦是其朋友,一日内两次去医院"<u>认真</u>当黑"。(苹果日报 2004—2—23)

(10)此外,沙丽此行也有重大收获,事缘她在酒店房间所用的枕头睡得她非常舒服,故索性向酒店购买一对回来与阿 Lam 分享,<u>认真</u>恩爱。(东方日报 2004—2—23)

在标准中文里,"认真"是形容词,表示"严肃对待、不马虎"的意思,例如"认真学习"、"学习认真"。在港式中文里除了这一意思之外,还是副词,只能够做状语,表示"确实、的确"的意思。此外,还有"化学"、"花心"、"意图"、"八卦"等。

2. 词性相同,词义不同

(11)马会前职员不满遭炒鱿,满腔愤怒无从宣泄,竟将矛头指向寓所附近的马会投注站,在个半月内八度向投注站捣乱,包括泼<u>油</u>及倒水入自助售票机泄愤。(东方日报 2004—4—16)

(12)公司内数名职员纷纷闪避,其中一名被红<u>油</u>泼中左手的男职员追出门外,目睹三人沿后楼梯逃跑。(苹果日报 2004—4—1)

标准中文里,"油"包括好几种意思:一指"动植物体内所含的

变异与竞争

液态脂肪",例如"豆油"、"菜油";二指"矿产碳氢化合物的混合液体",例如"石油"、"油气";三指"固态的动物脂肪",例如"猪油"、"牛油"。而在港式中文里,除有跟标准中文相同的含义外,"油"还常常指"油漆"。在香港,店铺、写字楼等地被淋油漆恐吓的新闻屡见不鲜。例句中的"红油"指的是红色油漆,显示两地对油的含义理解有所不同。此外,还有"地牢"、"电梯"、"人工"、"尾数"、"大堂"、"工人"等都有不同的理解。

3. 词义不同,搭配对象也不同

(13) 表扬本港电影业成就的尖沙咀新旅游点"星光大道"将于四月开幕,并在本周日举行招聘会,聘请四十名亲善大使和纪念品销售员。(星岛日报 2004-3-3)

(14) 为迎接迪斯尼乐园在 2005 年开幕,旅发局来年其中一个重点是拓展"家庭旅游",自由行旅客是重点对象之一。(明报 2004-2-24)

在标准中文里,"开幕"的本义指"戏剧、歌舞等演出开始时拉开舞台前的幕布",引申泛指"会议、展览会的开始",相对于"闭幕",例如"开幕词"、"开幕仪式"。在港式中文里,"开幕"除了跟标准中文一样的用法之外,其"开始"义的搭配对象远远多于标准中文,店铺、场馆的开业在香港都可以称之为"开幕"。香港上世纪20年代的《工商日报》已有"书院开幕"、"店铺开幕"的搭配,叶圣陶的长篇小说《倪焕之》(1928)中就有"生活开幕"的用法,可见,香港沿用了"开幕"过去的用法,内地则缩小了使用范围,所以产生了差异。此外还有"醒目"、"主持人"、"行使"、"身家"、"孤寒"、"辛苦"、"裁判"、"刁钻"、"发达"、"密实"、"犀利"、"小气"、"阴湿"等。

4. 褒贬感情色彩的差异。

(15)<u>死党</u>是住在隔邻单位的一名黄姓男童。(香港城市大学全球首个华语共时语料库)

标准中文里,"死党"指"为某人或某集团出死力的党羽"(《现代汉语词典》P1195),属于贬义。而港式中文里指的是"密友"(最要好的朋友),属于褒义。

(16)余志稳又指出,当局在<u>检讨</u>咨询及法定组织工作时,会优先<u>检讨</u>平机会主席角色问题,并研究应否加开行政策总监的职位,以平衡主席的权力。(苹果日报2004-2-14)

在标准中文里,"检讨"一词的常用义是"找出缺点和错误,并做自我批评",带有贬义色彩;当然也可以表示"总结分析、研究",无所谓褒贬的,例如"原稿不在手边,无从检讨"。但是,港式中文里的"总结分析、研究"则是常用义,没有贬义的用法。1948年7月14日的香港《工商日报》有"国际局面该重新检讨"的标题文章,结合其他因素可推测,"检讨"一词出现常用义的差别,是香港沿用过去的用法形成的。此外还有"揭发"、"事业"、"人士"、"拉拢"、"口气"、"入伙"等。

5. 基本义与比喻义的不同

(17)加元昨在亚洲市<u>水位</u>介乎每美元兑一点三三五零。(香港城市大学全球首个华语共时语料库)

标准中文里,"水位"指"江河等水域水面的高度位置"。港式中文则比喻为"金融市场价位的高低",因为香港人惯于用"水"来比喻"财"。

(18)跟在死囚车后,希望看到"<u>打靶</u>"盛况。(香港城市大学

变异与竞争

全球首个华语共时语料库)

标准中文里,"打靶"指"射击练习",因为要看射击的成绩,所以必须竖起靶子来打,有首队列歌曲就叫《打靶归来》。港式中文专指"枪毙",现在香港取消死刑,这一用法也逐渐消亡。此外,还有"蛇头"、"打尖"、"小手"、"马蹄"、"黑手"、"抽水"、"提水"、"偷鸡"、"放水"、"通水"等。

(四)夹用

这种英文词语的夹用最常见的是数量占绝对优势的三大类实词:名词、动词和形容词。这些英文词语一旦进入汉语的句子框架,就自动放弃原有的语法属性,特别是原有的变格变位的形态变化规则,而受到汉语语法组合造句规则的约束,这具体表现在以下几个方面:

1.所夹用的英文单词按照汉语的构词法和构形法的规则,进行汉语式构词,主要是出现重叠格式以及"动词+化"。例如:

(19)任何人披上"民主"这样魔衣,就显出一副coolcool的民主斗士的架势。(成报 2004-09-22)(adj. 酷酷的)

(20)情形就好像fashion一样,将家具变得fashion化,这个深奥的学问,当然要留待设计师给读者们解答吧。(成报 2004-09-22)(v. 流行)

2.英文名词也可以接受数量短语的修饰,这在英文句子里是无法想象的。例如:

(21)最后一个shot放的烟花要几万多元,导演同我讲只得一次机会。(星岛日报 2004-09-04)(n. 镜头)

(22)最近收到好多complaint。(香港城市大学全球首个华语

"港式中文"与语言变体

共时语料库)(n. 投诉)

3. 动词不是按照英文的语法规则来进行时态变化,而是依照汉语语法规则,后面带上时态助词,也包括粤语的一些方言助词,如 quit 咗、like 啰、Enjoy 下。例如:

(23)正如老板 Cora 所说:自己本身是记者,打工打到好闷,于是想开间 Café 玩下,自己 Enjoy 下,让人有个地方坐下来谈天,供应些物美价廉的食物。(星岛日报 2004-09-13)(v. 享受)

(24)我的机器是台老 LAPTOP。都 Set up 的是画图的软件。已经好久没有装过 OFFICE 了!(香港城市大学全球首个华语共时语料库)(v. 装配)

4. 形容词还可以像汉语的形容词一样用时态助词"了"以及结构助词"得"带上补语。例如:

(25)郑融颇识做地卖花赞花香说:我饮用"完美 16"较前 Fit 了不少,尤其是腰围和下围的肌肉更结实。(星岛日报 2004-09-13(adj. 健美)

(26)至于歌词纸,也没有因为新版而改用彩色印刷,一切依照原来 Lo-Fi 的黑白颜色和简洁的排版设计,感觉 Vintage 得多!(星岛日报 2004-09-13)(adj. 最佳的)

形容词还可以直接做谓语,而不必借助于 to be。例如:

(27)她大谈华仔身形 Fit。(星岛日报 2004-09-19)(adj. 健美)

5. 某些词语的词性发生了变化。例如:

(28)她笑说:我真系估唔到佢会面红,同埋一埋位就流到眼泪,可能佢感觉上太 Man,起初我以为佢好爽朗,不拘小节,但原来系好细心。(星岛日报 2004-09-14)(n. 男人→adj. 男人化)

317

变异与竞争

(29)记者目前在旺角闹市发现"南拳妈妈"与助手结伴 shop-ping。(星岛日报 2004-09-21(n.商店→v.购物)

(30)方立申承认因为扁桃腺发炎才会咪嘴,"如果声带无问题我会唱live,唱不到live我心情都受影响"。(星岛日报2004-09-10)(adj.生动的,实况转播的;→n.现场演唱)

例(28)是名词变成了形容词,例(29)是名词变成了动词,例(30)是形容词变成了名词。

6.使用汉语的省略格式。

汉语的反复疑问句式常常会出现这样的省略格式:"开心不开心?——开不开心?"如果夹用英文,也会出现同样的省略格式:"hap 唔 happy 呀?"(开不开心哪?)或者"pro 唔 professional?"(专不专业?)

此外,英文词语往往字母太多,词形太长,不太符合汉语单词以双音节为主的习惯,所以常常出现省写形式。例如:

(31)东方新地—盒仔数码相机好Pro。(东方新地2001-04-23)(adj. Professional 职业、专业化)

四、产生语言变异的原因

《中华人民共和国香港特别行政区基本法》明确规定,汉语和英语具有同等地位,都是香港的正式官方语言,这就形成了香港特有的"两文三语"现象。汉语的社会地位在香港回归前后不断提高,规范化的呼声也就逐渐高了起来。另一方面,香港与大陆在文化、教育、经济、社会生活方面的交流日益频繁,以标准汉语写成的

"港式中文"与语言变体

新闻报道,中央政府的文件开始在媒体中频频出现。与标准汉语的接触多了,香港书面汉语必然也会受到影响。这种状况所带来的结果是"变异形式"与标准汉语的"规范形式"共存共用。如表示否定除用"未有"、"无"之外,有时也用"没有";被动句除用"遭"、"获"之外,也不难见到用"被"、"让"的情况,等等。随着语言接触的不断增加,标准汉语的规范形式很可能会逐渐扩大自己的领地,最终取代大多数的变异形式。

从普通语言学理论的角度来看,作为香港书面语的港式中文是标准中文的一个地域变体,实际上也是语言,包括外语、古汉语、汉语方言、汉语标准共同语相互接触、渗透、交融的必然结果,这也使"港式中文"成为语言交融分析的典型样品。

港式中文与标准中文的不同之处,以及产生这些差异的原因,自然会成为语言学家的研究对象。对港式中文形成的历史、变化及其原因,可以从六个方面进行考察。

1. 港式中文,当然还是中文,所以首先它应该是汉语书面语的一种变体,就好像说"港式餐厅",还是"餐厅","港式电影",还是"电影"一样,只不过它带有香港的某些特色。因此,从这一意义上来讲,标准汉语书面语自然是它的基础、根本。以1919年的新文化运动为契机的白话文运动,必然对全国的书面语产生深远的影响,香港的书面语也不能例外。此后的几十年间,香港书面汉语的发展大致上与内地书面汉语同步,无论中小学语文课本,还是文学作品、报纸新闻,基本上用的都是标准汉语书面语。

2. 香港居民的主体母语方言应该是粤语,而且是以广州方言为代表的"白话"。在家庭生活和社会交往中,香港人基本上说的是粤方言。因此,从口语来说,处于主导地位的是粤语,这样,一旦香港书面语走上半独立发展的道路,粤语对香港书面汉语必然会产生全面而深刻的影响,包括词汇和句法,以及语用的习惯等等。

3. 第二次世界大战之后,由于种种原因,特别是美国在政治、军事、经济、文化等领域的强势扩展,导致英语成为国际上最有影响的语种,再加上由于英国曾经是香港的宗主国,英语对港式中文的影响是比较深的。香港在1997年回归中国之前,有近150年的殖民地历史。在此期间,英国出于殖民统治的需要而确立了英语的官方地位。英语不仅成了香港的立法语言和司法语言,而且也成了工作语言、教学语言和商务语言。英语地位的不断上升,提高了一般职员的英语水平和英语交际能力,也使香港地区的汉语书面语发生了不容忽视的变化。

4. 文言的影响。香港书面语的一个非常重要的特征就是跟口语(粤语)脱钩,而香港人学习中文写作的途径主要是课文中的各种经典范文,其中包括大量的古文。由于文言文的学习是语文教育的一个重要组成部分,而且粤语中也保留比较多的古汉语成分。所以香港书面语跟内地书面语的一个重大区别就是在文言成分的运用上,前者明显多于后者。

5. 香港社区词和流行语。由于香港社区的特殊性,反映香港特有的事物、理念和特色的新词语以及香港青年的时髦的流行语,这也是港式中文的一个重要组成部分。

6. 香港人员的构成,虽然主要来自于以广州为核心的珠三角地区,但是,不同时期,潮汕人、福建人、上海人都有大批人员涌入香港,他们的方言不同程度地影响了港式中文。

"港式中文"与语言变体

需要特别指出的是,这六个方面的影响以及他们所发挥的作用是不同的。也就是说,影响的程度、作用明显不同。概括起来,我们可以这样说:标准中文是最根本的影响;粤语是全面的影响;英语是深刻的影响;文言是局部的影响;社区词和流行语以及其他方言则是有限的影响。由于我们关注的是标准中文跟港式中文的区别,所以,这两者相同的地方,是我们比较研究的出发点和依据,而不是我们考察的重点。

"港式中文"的前景到底如何呢?有人认为"我们相信,香港语码混用的情况会随着英国殖民统治的结束而结束,最终走向单一语码"。也有人认为,按照标准中文的标准,港式中文里充满了错误,所以这是一种"病态"的模式,起码是不健康的表现,应该修改乃至于废除。但是,这些都只是一厢情愿的看法。根据"一国两制"的总原则,在短时期里改变这种状况,显然是不现实的。我们认为:

第一,"港式中文"将长期保留,出现"四文"(标准中文、标准英文、粤语中文以及港式中文)并存的局面。

第二,港式中文将逐步向标准汉语靠拢,但是不可能在短时期里消亡,这一过程将随着香港的中国化的发展而发展。

第三,研究语言接触的目的往往是探索语言的同源关系,但是,港式中文研究的意义则主要探索共同语、方言以及外语的交融和影响,探索口语对书面语的影响和渗透,并在此基础上探索在标准共同语和方言之间形成过渡型中间语言的途径及其原因。

变异与竞争

参考文献

郭　熙(2004)《中国社会语言学》(增订本),杭州:浙江大学出版社。
刘镇发(2004)香港两百年来语言生活的改变,《台湾及东南亚华文华语研究》,香港:霞明出版社。
邵敬敏(1997)香港报纸用语的层次等级及其对策,《1997与香港中国语文学术研讨会论文集》,香港:香港中文大学。
郑锦全(1994)汉语方言沟通度的计算,《中国语文》第1期。

(跟石定栩合作,原载《华东师大学报》2006年第2期)

"港式中文"与语言接触理论*

一、语言接触理论与港式中文变体

近 20 年来,语言接触成为汉语研究的一个热点,成为汉语方言学、社会语言学以及民族语言学的关注对象。所谓的语言接触主要涉及三种类型:

1. 外语跟本族语,比如英语跟汉语的接触,或者外族语,比如维吾尔语跟汉语的接触。

2. 汉语标准语(普通话)跟方言的接触,或者方言跟方言的接触。

3. 口语跟书面语的接触。比如历史上文言和当时口语的接触。

近年来,我们有机会接触到香港的书面语——俗称"港式中文",发现这一特殊的书面语是语言变异的绝佳研究对象,是地域变体、社会变体和功能变体这三种语言变体的综合体,也包含了以上所述语言接触的三种类型,具有非常高的研究价值,可以给我们许多新鲜的理论启示。我们可以这样断言:港式中文是研究语言

---

* 本文在"第十届粤语国际研讨会"(2005 年香港中文大学)上宣读。

变异与竞争

接触和语言变异的最佳窗口之一。

港式中文的形成经历了漫长的岁月,有其独特的历史背景和深层次的原因。在粤语口语一统天下的强大压力下,在英语日趋繁荣并且被视为进入上流社会标志的前提下,在香港书面语长期跟内地标准中文隔绝的形势下,原先意义的香港中文,要想继续保住原来的面貌,几乎是不可能了。这样在香港这个特定的社区里,客观上就构成了"两文三语"同时使用的特殊情景:两文三语,就是书面上的中文和英文,以及口语里的汉语、英语和粤语。

我们必须正视这样一个基本事实:粤语在香港地区绝对是主流语言、强势语言。在中国其他方言区里,方言主要只是一种生活用语、辅助性语言,在正式场合使用的基本上都是普通话;而在香港,香港粤语,或者简称香港话,则不但用于日常生活领域,而且在法庭、商界、政界、教育界、演艺界,乃至几乎所有的传媒,包括电台、电视台等正式场合中也全面使用,所以,香港粤语口语对香港书面语的影响和渗透,是全方位的,是立体的,绝对不可低估。

英语在当今世界上,不管你喜欢还是不喜欢,无可争辩地属于强势语言,香港由于长期处于英国的殖民统治下,英语一直是上流社会的标志之一。而且事实上,会说英语,对寻找工作,对开展业务,都会带来许多便利之处。尤其在政界、法律界、教育界、医院等上层,不会说英语,几乎寸步难行。而且实际上,香港人,特别是香港的知识分子,英语是除了母语粤语之外掌握得最好的语言。这样在他们书写汉语书面语的时候,不可避免地带上深深的英语的烙印。这一影响,既包括口语的,也包括书面语的,是双重的。

还有一点需要特别说明的,就是香港的书面语,事实上是脱离口语存在的,它只存在于学校的教科书上,存在于内地、台湾的文学作品中,存在于20世纪上半叶流传下来的文学作品之中。而且在香港的中文教育中大量的是文言文的教学,再加上粤语本来就存在许多文言词语和格式,所以,我们会发现港式中文里的文言文成分特别多。

事实一再说明:某个社区,在语言的实际使用过程中,如果有几种语言同时使用,这几种语言就会发生借用、代用、夹用、混用、褒用、贬用、交叉、错位、嫁接,乃至于产生两种语言要素交融的新型变种。这就体现了语言交融方法的多元性,这显然不是语言内部的发展所造成的,而是由于语言接触而造成的。

二、港式中文的主体源头

所谓的"港式中文",实际上形成于20世纪70—80年代,并且在90年代开始趋于成熟。应该说,这是在特殊的年代、特殊的地区,受到特殊的政策的影响,在特定的历史背景下形成的,充分体现了香港地区的特殊性:港式中文,是中文,但不是标准中文;属于汉语书面语,却几乎每句话、每个段落、每篇文章,处处可以发现粤语、英语、文言各方面的影响,却又都包容在中文的整体框架里边,从而形成了与标准中文不同面貌的汉语书面语的变体。

我们以往关注的主要是口语的语言接触,现在我们开始关注的是书面语所反映出来的语言接触。作为香港书面语的主体,应该还是标准中文,但是明显带有香港味儿,不同于内地的标准中文。粤语(主要是口语)、英语(包括口语和书面语)、文言文(书面语)这三股势力,渗透到标准中文里,就演变成为港式中文了。

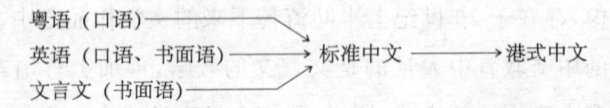

变异与竞争

这一趋势可以用下图来表示：

粤语（口语）——————↘
英语（口语、书面语）——→ 标准中文 ——→ 港式中文
文言文（书面语）————↗

导致港式中文形成的最重要的原因，其实就是语言接触。问题是这里的语言接触具有许多我们以往不太注意到的特点：

1.作为书面语的主体，应该是1919年五四运动以来的现代白话文。这点，内地和香港应该是一脉相传的。只是后来才出现了分歧和差异。

2.香港的口语和书面语，实际上是分家的，说的是一套，写的是另外一套。两套语言并行不悖，成为极为有趣的双轨车。这一双语现象尤其在20世纪50—60年代最为明显。

3.香港地处粤语方言区，普通居民平时交际使用的口语说的是粤语，当地人也叫"白话"、"广府话"。即使有的是从江浙，或者福建过来的，在香港这个社会里，也不得不以粤语为通行语言。

4.中小学教材使用的汉语，主要指报纸、公文、书信等使用的语言，在20世纪50—60年代大体上或者说基本上是比较规范的汉语标准中文。香港人掌握这类书面语，主要依赖于教材、文学作品以及内地、台湾等汉语读物。

这种语言使用的双轨现象，到了20世纪70年代，开始发生急剧变化。由于历史的原因，内地忙于所谓的"文化大革命"，香港的经济开始起飞，内地跟香港的联系日益削弱。在香港使用的标准中文日渐式微，香港的书面语，尤其是报刊语言，开始发生不可逆转的变化，经过30多年的演变，终于变化成为特殊的"港式中文"。

三、粤语口语对汉语书面语的全面渗透

香港居民平时生活的交际语言是粤方言,从20世纪70年代以后,政治、经济、教育,乃至文艺、新闻的口语都以粤方言为主。粤方言的普遍使用,必然对书面语产生冲击。而且主要是粤语口语对现代白话书面语的一面倒的影响。可以这样讲,对香港书面语影响最大的莫过于粤方言了,是全面的深刻的影响,涉及词语、句式、乃至于修辞、语用。

从粤方言(白话)里借用最多的词语,往往是最常用的名词、动词以及形容词。例如:

(1)由于日久生锈,铁喉内孔会变厚,直径变小,使供水受影响。【铁管】

(2)女方多次要求买楼,但廖伯身家无几,唯有一直拖拉应付。【财产】

(3)作供凤姐有案底。【妓女】

(4)不错,香港人工贵,我每月要花大笔钱支付。【工资】

(5)警员接报拉人时,船民才恍然大悟。【抓人】

(6)容忍学生不交功课、不带打字机上堂。【上课】

(7)打尖插队、通宵排队等情况更司空见惯【插队】

(8)今次做廿四小时新闻,八号仔正密斟同亚视合作,而且双方倾得好埋。【谈话】

(9)依家临立会已经制衡得我地好犀利!【厉害】

(10)人生真的是很化学,活着的时间很多时不珍惜,所以现在要懂得珍惜。【变化无常】

变异与竞争

(11) 也不禁掩咀窃笑,取笑阿牛不够<u>醒目</u>。【机灵】

(12) 过来前预先电话拳手<u>稳阵</u>。【稳妥】

这样的例子举不胜举,其实不仅这三大类词,还包括一些副词和介词。例如:

(13) 想多点"沟通",又容易被人看作"沟女",<u>认真</u>不好受。【的确】

(14) 首先,将水箱的水<u>透过</u>胶喉输送到浇水器……【通过】

不过我们更关心词语的组合搭配,以及特殊的引申用法。

1. 名量词的搭配使用,这充分显示港式中文的粤语特色。例如:

(15) 我不禁想,其实是不是正在<u>把</u>另一<u>把</u>声音排拒出去呢?

(16) 香港卫聪联会之所以有不错的发展,是全赖我们一<u>班</u>热心的执委及会员的支持。

(17) <u>条</u>女靓唔靓呀。

(18) 根据民众报案,这<u>宗</u>嚣张的歹徒持枪滥射案发生在……

2. 粤语还有不少生动的引申用法,港式中文里也大量使用。例如:

(19) 开闸<u>放水</u>过后,该股庄家再次拉抬股价,直到该股股价的累计涨幅达到300%左右,该庄家才肯放手。

(20) 网上的有不少球迷的观点是伊拉克肯定给中国队"<u>放水</u>"。

此外,香港社区特殊的文化、生活造成了某些特别的词语,这些词语必然会进入港式中文。例如:

(21) 医生亦预测预产期在年初二,但男婴突然"<u>抢闸</u>"出世,给

328

父母带来莫名惊喜。

(22)但后者则被拒诸门外,唯有"偷鸡"走后门入内休息。

3.某些词语的褒贬倾向跟汉语书面语不同,主要是贬义词的中性化。例如:

(23)建立起广泛的关系网络中,和拉拢广阔的草根支持力量。

(24)朋友不是太多,最要好的死党是住在隔邻单位的一名黄姓。

(25)在七月二十一日举行部长级会议,检讨联合国在前南斯拉夫的任务。

其实不仅是词语的直接借用,还包括句法的间接仿造。比如"有吃过饭"、"吃多点饭"、"好过嫁给你"等等。

四、英语对汉语书面语的双管齐下

由于香港原来接受英国的管辖,再加上香港实际上是个国际都市,英语的普及率和使用率很高,所以,英语对汉语书面语的渗透,既有口语的,也有书面的;既有直接的,也有间接的。可以说是双管齐下。

(一)直接借用

除了一般的音译词,我们还发现港式中文中的某些借词很特殊,可以把这些词语看作跟普通话构成同形异义词。其实,这些词语究其来源,实际上都是音译词,借用时往往采用同音汉字直接音译,然后进入汉语的句子。例如:

(1)他们这次可是摆乌龙了。

变异与竞争

（2）机场快车启用初期会采用七车卡，当中一卡会作为行李卡。

"乌龙"，标准中文指一种茶，半发酵的茶叶，黑褐色；港式中文指"误会、糊涂"，是英语 wrong（错误）的音译词。"卡"也不是说的卡片（港式中文写为"咭"），而是指车厢。

还有一种翻译法比较特殊，就是按照字面意思直译，可以叫"直译词"。例如：

（3）属于不同班别的学生可能会到相同的班房上同一科目。

（4）Bluetooth 蓝芽技术不再是新鲜事。

（5）我们并已向约 15 万名前线公务员派发印有重要反贪污讯息的袋装电话记事簿。

（6）商界对于这个来自北部农村的草根政党上台执政，却显得有点忧虑。

（7）各行各业的雇员若对资方不满，最后使出的武器，莫过于采取工业行动，意图令整个生产运作停顿。

班房（classroom），就是上课用的教室，不等于标准中文里表示"监牢"的班房。"蓝芽"（Bluetooth）不是蓝色的牙，或者芽，而是指一种无线通讯新技术。"前线"不是打仗的前线，而是指第一线。"草根"（grass roots）则指的是基层、下层。工业行动（industrial action）更是指罢工。可见不能按照字面意思去理解，必须首先理解英语的词汇意义。其实这种用法，大陆普通话也有，例如热狗（hot dog），即面包夹香肠，是美国人非常欢迎的一种快餐食品。但是字面上，你怎么可能明白这只是一种美式食品？还有"黑马"（dark horse），实际上指的是事先没有被看好却赢了比赛的马或者选手。

(二)间接利用

1. 借词的新构词

港式中文里这类音译词借用之后,由于频繁使用,常常会产生引申义,或者产生派生新词。有的构词能力还很强,往往可以构成大批新词。例如:"批",是指英语的 pie。结果就有许多由不同水果构成的"批":

(8) 鲜果雪糕批都是由新鲜果汁及粒粒生果肉制成。

(9) 你的嘴巴就像苹果批一样甜而不腻。

(10) 到了夏天,更有香甜美味的鲜草莓批,真令人垂涎三尺!

(11) 香橙批配云呢拉雪糕或纽约芝士饼。

台湾有人批评说香港人英语不好,把 pie 读成 pi,写成"批"。这显然是误解了,因为粤语的"批"的读音跟英语 pie 是非常接近的。内地与台湾则按照北方话的读音,翻译成"派"。

2. 词义发展

外来词语借用之后,还可能产生新的引申义。例如"波"(ball)是一个极其能产的音译词。除了能够跟大批动词组合成"踢波"、"打波"、"睇波"之外,还可以组合许多新的名词。例如:波恤、波板、波经、波楼。由于女性的胸部往往呈现半球形,就借用"波"来形容。这样就产生了许多跟女性乳房有关的新词。例如:

(12) 她情急下就扑向游泳健将邓浩光,向对方大送波饼也不自知。

(13) 有没有人同我一样中意大波妹?

以至于有的词语可能出现两种不同的理解。例如"食波饼",

变异与竞争

一个意思是被球打着了,另外一个意思就是碰到了女生的胸部。例如:

(14)比赛十分激烈,走到气咳,我第一次"食波饼",个面好痛!

(15)兰子笑说要搅克勤才肯合照,之后即飞扑熊抱克勤,更请克勤食波饼。

3. 用法更新

更为有趣的是有些动词的用法发生了戏剧性的变化。例如有的动词本来应该是体宾动词(只能带名词性宾语),结果,也可以带动词性宾语了。例如"完成",这可能是因为英语里的"完成"能够带动词性的宾语:

(16)中电控股今天宣布已完成向 Singapore Power 全资附属公司 SPI Australia Group 收购其商业能源业务。

(17)今年 3 月向中信泰富(0267)购入的元朗洪水桥大道村住宅项目已完成补地价。

还有一个值得关注的现象就是外来词的不同写法的并行使用。例如 show,香港翻译成"骚",台湾翻译成"秀",依照的都是本地的读音,结果在港式中文里两者都出现了:

(18)民主党这场政治公关骚的两个最主要目的是为克林顿。

(19)新党合演喝咖啡的"大和解"之秀。

五、文言文对汉语书面语的两个渠道影响

文言文(古汉语)属于书面语范畴,对港式中文也颇有影响。港式中文里还有比较多的文言成分,我们认为,它有两个来源:

(一)粤语本身保留了比较多的文言成分

换言之,这类文言的影响是通过粤语间接进入港式中文的。例如:

(1)为全香港<u>饮</u>杯!

(2)该名男子突然发难,手持半块砖头狂<u>扑</u>赵的头部。

(3)更多<u>至抵</u>机票或酒店优惠。

(4)据今期《东周刊》爆料,<u>话</u>田少准备出战新界东,还找来"食力简"简炳焊助阵。

(5)虽然警方利用扬声器<u>着令</u>他们离开,但居民始终没有就范。

(6)香港旅游,香港<u>行山</u>远足图片。

(二)通过文言文的学习

换言之,是直接从文言书面语进入港式中文的,而在粤语里并不这么说的。例如:

(7)示威者企图强行越过港湾道,警方<u>遂</u>采取行动。

(8)本会调查显示超过八成被访者认为应加强管制报章色情内容,<u>故</u>本会对政府积极回应社会人士的要求很欢迎。

(9)期货商指在年初股市例旺之际,<u>鲜</u>有淡友敢沽空期指。

(10)发言人称,机上九十四名乘客及机员全部无碍。

六、港式中文特有的语言现象

我们在港式中文里最感到困惑的是,有些跟汉语书面语不同的用法,在粤语、英语、文言里都找不到语言接触的痕迹,可是港式中文里却大量使用。例如:

(一)缺少定心结构中间的助词"的"

变异与竞争

(1)对生活的一点小小【的】建议。

(2)小朋友开开心心【的】生日派对,首三十位共三千元。

(3)下次到青山远足,若看见地上长满红彤彤【的】像珊瑚的植物,别以为自己被太阳晒昏了头,它很可能是香港独有的香港蛇菰。

此外,在状态形容词的后面,尤其是出现在句尾时,往往需要出现"的",否则,语气不顺,句义未完。但是港式中文里基本上都没有,这可能跟香港人书写书面语,口语里却不说,因此往往不注意具体的语气跟语气词有关。例如:

(4)您或许会觉得很奇怪,为甚么自己的皮肤这儿就干巴巴【的】,那儿就油腻腻【的】,还出现不少暗疮和油脂粒呢!

(5)呼吸困难窒息感,手脚皮肤冰冷冰冷【的】。

(6)做事情老老实实【的】,能出十分力决不会出九分力。

(7)衷心祝愿每位好友、同学,新一年读得开开心心【的】,顺顺利利【的】!

(二)连词"和"、"及"连接动词性联合短语

这在汉语书面语里要受到很大限制的,通常使用"并"、"并且",但港式中文里却比比皆是。这可能是受到英语里 and 的影响,因为 and 可以连接名词短语或者动词短语。例如:

(8)这许多年以来,我曾经买楼和卖楼。

(9)她在日本可从来没有拍电视剧和出唱片,只拍电影和拍广告。

(10)被告事后仍冒险多次透过邮寄及托朋友带大批军火回本港。

(11) 不但没有将人质释放,更将港商及女职员撕票及碎尸。

(三) 连动短语在前一个动词之后出现动态助词"了"

这在汉语书面语里,通常都不能出现,如果表示动作行为完成,就要出现在后一个动词之后。例如:

(12) 一天团完结后,我们去了韩加里利市场购物。

(13) 米不肯放人,但他现在却外借了到摩纳哥。

(四) "在……下"的泛用

"在……下"是汉语里常用的一种结构,比如"在老师的指导下……"。可是港式中文里,"……下"却有泛用的趋势。例如:

(14) 最后,有一些叛乱分子在毫无防备下被行刺身亡。

(15) 人在情绪失控下什么事情都做得出来。

(16) Peter Wong 在惶恐下赶赴医院,可惜为时已晚!

(17) 七月廿六日电波第二次南油之旅,在开心下完成。

汉语书面语里,"在……下"有比较严格的条件限制,通常不可以直接插入一个动词或者形容词,而是要用"在……的情况下",这些都是港式中文的特殊用法。

(五) 动宾结构的动词再带上名词性宾语

(18) 正在嘉兴避难的金九等韩国临时政府要员聚会南湖的游船。

(19) 晋国的铁器不准出口鲁国。

(20) "伊文"登陆雷州带来暴雨。

(21) 华师编的那本书,我已去信主编者为你寄去一本,我想他们会寄的。

(六) 名词接受否定副词、程度副词的修饰

(21) 无论是摄影或 Art Direction 都很<u>不中国</u>,可以说是很欧洲化,又或可以说是很日本式那种欧洲化。

(22) 她说自己根本就<u>不夏天</u>,<u>不阳光</u>,这样的名字,她很厌恶。

产生这种语言现象的原因可能比较复杂。前面四种现象,在汉语书面语里,看作病句。可是在港式中文里却不是个别现象,而是普遍现象,所以无法再用病句来解释。我们认为,原因在于,内地居民学习书面语和口语基本保持一致,即使在方言区,由于普通话的普及,人们尤其学生的普通话几乎人人都能够说,最多水平上略有差别而已,所以我们的语文教学提倡"我手写我口",就是你想说什么就写什么。可是香港居民学习汉语书面语的途径却完全不同,他们平时口头上说的完全是粤方言,阅读的则是内地和台湾的中文作品,或者五四以来直到1949年之前的白话文作品,还包括大量的文言文。所以,他们如果要想写作,显然不可能是"我手写我口",而是要先把粤语的意思翻译成汉语书面语再来写作,这就导致他们几乎没有汉语普通话的口语语感,而所谓的助词"的"、"了"本来就是最难掌握的。积非成是,就造成了现在这样的局面。

至于后面两种语言现象,其实当代汉语里也开始大量出现,我们认为,这是语言发展的必然。这说明我们现在的表达形式不能完全满足需要,语言的结构、词语的组合需要有一定的突破。

七、港式中文对语言接触理论的启示

港式中文为我们提供了一个非常值得研究的标本,同时,这一研究将对语言接触理论提出一些新的课题。

港式中文的范本为我们关于语言接触的研究提出了许多以前

我们从未思考过的问题,并且开拓了新的思路。

第一,语言接触可能有哪些途径?在外向(母语跟外语)、内向(跟其他方言)、纵向(跟古代语言)的接触和渗透方面有哪些特点?我们发现,现代社会,尤其是经济高度发达地区的语言接触往往不是单一的模式,而是多重交叉模式,就是有若干种语言或者方言,还包括口语、书面语的多重交叉进行。因而情况远比以前调查的少数民族语言的接触演变复杂。这实际上也触及语言变异的最重要的探索:引起变异的多重内部原因。

第二,母语本体内部各个层面的互动和渗透有什么特色和规律。换言之,我们必须考虑到在语言接触而引起的变异中,语音、词汇、句法、语用,乃至汉字等方面是如何发挥作用的,都发生了哪些变异,这些变异是否会互相影响。因此,我们发现港式中文的形成过程中,这些因素不是单一起作用的,而是综合发挥作用的,从而产生了语言变异的综合变体。

第三,我们不仅需要关注口语的变异,也要关注书面语的变异,关注口语与书面语的互动关系。以前我们比较注意的是口语(包括方言和民族语)的接触和变异,现在我们发现书面语同样也存在这样的可能。港式中文的特殊性就在于它主要是书面的,这就形成语言接触和变异的多种形态,从而丰富了语言接触的基本理论。

参考文献

邵敬敏(2005)香港词语比较研究,浸会大学《人文中国》第 11 期。
石定栩、邵敬敏、朱志瑜(2006)《港式中文与标准中文的比较》,香港:香港教育图书公司。

(原载《佛山技术师范学院学报》2008 年第 4 期)

汉语社区词的典型性及其鉴定标准*

作为一个语言学术语,"社区词"是 1993 年 12 月由田小琳教授在香港国际语文教育研讨会上首先提出的(《现代汉语词汇的特点》),并迅速得到汉语学术界的认同。笔者主编的《现代汉语通论》还第一次把这一术语引进了大学教材。对社区词研究最为得力的当然首推田小琳教授,她不仅在社区词的定性、特点、发展史研究等多个方面取得了可喜的成绩,而且还编撰了第一部《香港社区词词典》(商务印书馆 2009),从而填补了这方面的空白。语言学界有关社区词研究的成果是显而易见的,但是还存在一些模糊地带。这主要是:

1. 目前对社区词研究,大多属于举例说明,缺乏对其典型性特征的深入研究,它跟方言词、外来词、文言词的界限也不太清楚,常常混淆在一起。一个词,出现不同的理解和归类,主要是鉴定社区词的标准不够明确,也难以操作。

2. 由于语料的局限,大家对香港的社区词比较熟悉,但是对其他社区就了解得比较少,尤其是台湾以及海外一些重要的华语社区,几乎没有做过有一定规模的调查研究,当然更缺乏比较

---

* 在"第五届海峡两岸现代汉语问题学术研讨会"(2010 年广州大学)上宣读。

研究。

3. 不同社区的华语社区词之间可能会有各种程度的渗透和互动,致使有些社区词慢慢就变成了跨几个社区使用的"跨社区词"了,但是我们对语言接触的途径和影响程度也还都缺乏了解。

本文打算就华语社区词的典型性、鉴定标准以及不同社区的互动关系做一些探讨,并且提出一些新的想法。

一、典型社区词的定性与定位

先看看"社区"一词的内涵。中文"社区"一词是费孝通等人于20世纪30年代在翻译美国芝加哥学派代表人物帕克(R. E. Park)的观点时从英文的community翻译而来的。"社区"这一术语有两个基本语义特征:

(1)区域性:是指有一定边界的时空坐落;

(2)社会性:包含着政治制度、经济要素和文化心理三种要素的特征。

因此,社区词的本质就既有地域的,也有社会的。两者都是它的重要属性,不过社会性更是它的本质属性。换言之,社区词反映出来的最重要的特点就是该区域的社会生活与文化特征,不过它们的背后有政治、经济、文化、教育、婚姻、信仰、军事、法律等因素在支撑着,因此这是个属于社会语言学的概念。华语社区词主要包括五个部分:中国大陆、香港特区、澳门特区、台湾地区以及海外华人社区。当然,海外华人社区还可以细分为日本华语区、韩国华语区、东南亚华语区、美国华语区、欧洲华语区等等,本文由于语料所限,主要讨论海峡两岸三地的社区词。

社区词首先应该区分为"典型社区词"以及"准社区词"(非典型的社区词)两大类,典型社区词实际上涉及三个方面:

第一,形义均异社区词,即不同社区反映该社区特有事物、特有观念的特定词语;

第二,义同形异社区词,即内涵相同,形式有差异,属于同一词语在不同社区中的变体;

第三,形同义异社区词,即形式相同,内涵或用法有差异的词语,这是社区词里最难于鉴定的类别。

(一)形义均异社区词

这类典型社区词,是指只有该社区才有,而其他社区没有的特殊的词语,是由该社区特殊的政治、经济、文化,乃至于教育、法律、军事等制度决定的,其特点是必须"独一无二",因此也是最容易识别的。

1. 大陆社区词:大陆实行的是社会主义制度,随着社会经济文化的发展,新生事物与新鲜观念层出不穷,尤其是新时期以来更是日新月异,因此涌现出一大批与众不同的词语。例如:

一把手、两个文明、三八红旗手、三个代表、四个现代化、希望工程、菜篮子工程、豆腐渣工程、211工程、软着陆、红头文件、上岗、下岗、头头、小产权房、反腐倡廉、权钱交易、下岗工人、离休干部、黄金周、吹黑哨、3＋X、农民工、知青、北漂、超生、黑户口、社保、国企、民企、恶补等。

2. 香港社区词:香港近百年来受到英国的殖民统治,直到1997年才回归祖国,现在还实行一国两制,加上独特的社区文化,

因此产生了许多社区词,很有特色。例如:

打工皇帝(指报酬极高的雇员,银行总裁、证券公司的高级顾问等等,虽然也是为老板打工,但是收入非常可观,处于打工阶层的最高层,简直就像皇帝一样)、抢闸(指赛马时抢先出发)、高官(指政府上层主要官员)、廉政公署(香港政府特设的机构,主要是监管公务员的贪污等犯罪行为)、海滩老鼠(专指在海滩上扔垃圾的人)、夹心阶层(专指月工资在2万以上5万以下的中等收入的人或家庭)、走光(不小心露出肉体或内衣裤)、强积金(强制性的公积金)、公屋、居屋、夹屋、丁屋;港督、布政司、律政司、特区首长、政务司、财政司、纪律部队、太平绅士、草根阶层;两文三语、专上程度、优才计划、康体;东华三院、保良局、善款、毅进计划、展翅计划、伤健人士等。

其他属于该社区特有事物的,尤其是跟偷渡、黑社会、卖淫业等有关的还有:

蛇头(组织偷渡的人)、蛇客(偷渡者)、蛇匪(专门从事偷渡活动的匪徒)、蛇窦(私藏人蛇的秘密场所)、蛇柜(私藏人蛇的柜子)、小人蛇、女人蛇、老人蛇、人蛇、阿灿、省港旗兵、金鱼缸、垃圾虫(指乱扔垃圾的人);红灯区、一楼一凤、凤楼、凤姐、北姑、买钟;三合会、新义安、14K、保护费、马仔、班马、白纸扇、斋坐等。

3. 台湾社区词:台湾的情况也很特殊,1949年国民党退居台湾,建立的是资本主义制度,跟大陆近60年基本上断绝来往,大陆的普通话和台湾的国语形同陌路,各自沿着自己的道路发展,从而也形成了台湾社区的许多特色词语。例如:

大咖、愿景、粉味、过气、长官、博爱座、采认、安亲班、安养院、

变异与竞争

保送上垒、弃保效应、国民教育、次长、课长、阿巴桑、A钱、金光党、奶精(咖啡伴侣)、芭乐(番石榴)、扳不倒(不倒翁)等。

尤其是台湾特定的选举文化,造就了一批很有特色的台湾社区词:

蓝营、绿营、造势、站台(选举前为某个候选人站到造势会的台上以示支持)、拜票(为获得支持去拜访选民)、扫街(为获得选民支持走街串户访问)、哭票、桩脚、抓鬼、金主(选举时经济上给以大力支持的人)、奥步(专职竞选中采取不正当的手段)、冻蒜(与闽南语"当选"谐音)等。

(二)义同形异社区词

这类典型社区词,实际上是同一词语的不同变体。根据词形的差异,可以分为以下几种情况:

1. 字序颠倒词。例如:

大陆社区	香港社区	大陆社区	香港社区	大陆社区	香港社区
蔬菜	菜蔬	孙女	女孙	服帖	帖服
拥挤	挤拥	镇纸	纸镇	录取	取录
奥秘	秘奥	狐臭	臭狐	已经	经已
素质	质素	多心	心多	装订	订装

大陆社区	台湾社区	大陆社区	台湾社区
地道	道地	运营	营运

2. 同义语素替代词。例如:

大陆社区	香港社区	大陆社区	香港社区	大陆社区	香港社区
手铐	手镣	塑料	塑胶	西点	西饼
雨鞋	水鞋	老生	旧生	逃税	避税
怀表	袋表	卷尺	拉尺	职员	文员
猪肝	猪膶	肉酸	肉紧	糖尿病	甜尿病
				终点站	尾站

大陆社区	台湾社区	大陆社区	台湾社区	大陆社区	台湾社区
献血	捐血	分清	厘清	导弹	飞弹
渠道	管道	暴雨	豪雨	台球	撞球
轿车	房车	芯片	晶片	指示	训示
基础	根础	公安局	警察局	太空船	太空梭
超声波	超音波	高峰	尖峰	报告文学	报导文学

3. 词形完全不同的词。例如:

大陆社区	香港社区	大陆社区	香港社区	大陆社区	香港社区
开关	电制	制冷剂	雪种	抽签	搞珠

大陆社区	台湾社区	大陆社区	台湾地区	大陆社区	台湾社区
退伍军人	荣民	军属小区	眷村	逃学	翘课
接口	介面卡	码洋	毛额	查处	检肃

如果我们对海峡两岸三地的社区词进行一番比较,就会发现一些很有趣的现象,对同一事物或同一概念,不同的华语社区有时

变异与竞争

会采用不同的词语。例如：

大陆社区	香港社区	台湾社区	大陆社区	香港社区	台湾社区
工头	领班	管工	公安局	差馆	警察局
出租车	计程车	的士	公共汽车	巴士	公车
自行车	单车	脚踏车	厕所	洗手间	化妆间

其中部分是香港跟台湾的词语相同，跟大陆社区不同。例如：

大陆社区	港/台社区	大陆社区	港/台社区	大陆社区	港/台社区
骗子	老千	招牌	看板	转乘	接驳
空调	冷气机	文体	康乐	咖啡伴侣	奶精

（三）形同义异社区词

这类典型社区词，虽词形相同，但是意义或者用法存在差异。例如：

1. 地盘：大陆社区指"占用或控制的地方；势力范围"，而香港社区最常见的词义是指"建筑工地"。例如：

（1）署长柯麟志曾巡视过出现险情的地盘，并未发现有问题。（全球首个华语共时语料库）

2. 人工：大陆社区指"工作量的计算单位"，是名词；也可做区别词，表示"人为的，人力的"等。香港社区则指"工资"，是名词。例如：

（2）不错，香港人工贵，我每月要花大笔钱支付给他们。（同上）

3. 辛苦：大陆社区指"身心劳苦"。香港社区除此之外，还表示"难受"，例如：

(3)我感到辛苦的是,持续高烧不知多少天。(www.pwhcf.org)

4.死党:大陆社区指"为某人或某集团出死力的党羽",属于贬义。而香港社区指"密友"(最要好的朋友),属于褒义。例如:

(4)朋友不是太多,最要好的死党是住在隔邻单位的一名黄姓男仔。(全球首个华语共时语料库)

5.拉拢:大陆社区是贬义的,指"用手段使别人靠拢自己而对己有利"。香港社区无所谓褒贬,指"靠近对方或把别人拉在一起",属于中性。例如:

(5)两党同时表示,会拉拢地区派系筹组新政府。(同上)

尤其是语法上不同用法更为隐蔽,往往只有在组合使用中才会显示出来,所以很容易忽略,其实这些也应该看作不同的社区词,因为离开这一特定社区,这些用法就不存在,或者属于不规范的用法。例如:

1.认真:大陆社区为形容词,表示"严肃对待、不马虎"。香港社区还是副词,做状语,表示"的确"。例如:

(6)此外,沙丽此行也有重大收获,事缘她在酒店房间所用的枕头睡得她非常舒服,故索性向酒店购买一对回来与阿Lam分享,认真恩爱。(东方日报2004—2—23)

2.化学:大陆社区是指"研究物质的组成、结构、性质和变化规律的科学"。香港社区还是形容词,表示"变幻无常"。例如:

(7)叶叹道:"头先揸车时,佢(胡)仲有讲有笑,点知突然就去咗,真系化学。"(东方日报2004—2—18)

3.醒目:大陆社区是指"(文字、图画等)形象明显,容易看清"。

香港社区则主要指"人的机灵"。例如:

(8)菲佣竟于四个月间从女户主首饰盒内偷走共值十万元钻饰及劳力士手表并典当获七千元,然后将假钻戒放回首饰盒内图"鱼目混珠",终被醒目女户主揭破。(东方日报2004—2—18)

4.试过:大陆社区属于自主动词,意为"已经尝试做过某事"。香港社区还有副词用法,表示"曾经"。例如:

(9)很多男仔也试过遇上女友在街上突然发脾气的情况,如果你跟她争辩,或者企图阻止,只会令她火上加油。(东方日报2001—9—1)

大陆社区跟台湾社区也有这类问题,例如"男生""女生",大陆社区都属于一般名词,指男学生、女学生。台湾社区当然也有名词用法,但是意义却有变化,不只表示男学生、女学生的意义,还可以表示男人、女人,或者男性、女性,例如:

(10)一个家庭是一个大饼,是由男生跟女生去分食它。(台湾"中研院"语料库)

甚至还表示"雄性、雌性"。例如:

(11)我养了一只白文鸟,是女生,不管走到哪牠都会站在肩头跟着我。(同上)

甚至语法上也发生变化,出现了形容词的用法,表示"具有男性的特征""具有女性的特征"。例如:

(12)我妹他性格是很男孩子的那种性格,很男生的那一种。(同上)

(13)他虽然是个男生,但是个性很女生。(同上)

二、准社区词跟方言词、外来词、文言词的关系

社区词跟方言词、外来词、文言词一样,是现代汉语词汇一般词语的组成部分和重要来源。方言词反映的是词汇和地域的关系,外来词反映的是词汇和外族语言的关系,文言词反映的是词汇和历史的关系,社区词反映的是词汇和不同社区的关系。

社区词跟方言词、外来词、文言词有明显的区别,属于不同范畴的概念。方言词的区别性特点是地域性,只是在某个方言区使用。外来词的区别性特点是音译性,它跟源语在语音上以及语义上存在一定的对应关系,只是在音节上汉化,在书面上采用了汉字。文言词是古代汉语词语,是通过方言或者古典书籍的途径传承下来的词语。而社区词则只是通用于某个特定的政治经济文化社区的词语,它不同于方言词、外来词和文言词,但是也可能跟方言词、外来词以及文言词发生一些交叉或纠葛。

我们必须注意到这些交叉情况,即有一些词语,处于跟方言词、外来词、文言词的交叉地带,换而言之,有一些词语既可以看作是社区词,也可以看作方言词、外来词或者文言词。这些就是非典型的社区词,也可称之为"准社区词"。准社区词跟典型社区词相对,同时跟方言词、外来词以及文言词应该是既平行又部分交叉重合的关系,所以需要加以定位,并且寻找鉴定的标准与方法。

(一)准社区词与方言词

社区的特点,当然也跟地方特色有关,所以地域文化对社区词也是有重要影响的,但是它不同于方言词,方言词是跨社区的,比如有些词语,香港特区使用,广东地区也使用,而且意义和用法也

变异与竞争

完全一样,那就只是粤方言词,而不是社区词了。

　　香港有不少词语充分体现出其本土特点,可以说,这在以北方方言为基础方言的标准汉语的词语系统里是完全不可能出现的。例如香港一份报纸上的一个标题是:"睇水兼抽水",实际上"睇水=望风,抽水=提成"。"抽水"有两个意思,一个指"抽钱",水就是钱。另外一个意思,相当于普通话的"揩油",上海话的"吃豆腐"。例如:

　　(1)内银股近期接连抽水,不少分析均看淡其表现,并担忧港股会被拖累。(香港文汇报2010-7-7)

　　(2)黎姿为免被人抽水,只选择小朋友握手合照,大朋友一律免问。(www.the-sun.com.hk)

　　香港社区有一批跟"水"有关的词语:

　　望水(秘密地观察动静)、通水(偷偷地通风报信)、放水(不正当的提示)、吹水(聊天)、命水(命运)、散水(离开)、醒水(醒悟)、补水(津贴)、过水(交钱)、磅水(给钱)、升水(升值)

　　可能是因为南方海阔浪高,所以跟"水"组合成的词语特别多,判断这些跟"水"有关的词语,是否属于社区词呢,那就要看广东地区的粤语是否也这样使用。考察的结果发现,这些词广东地区的粤语基本上也都是这样使用的,这说明这些词不能看作香港的社区词,而应该看作粤方言词语。再如:

普通话	伙伴、喷头、口红、面试、上班、下班、猪舌、鸡血
香港粤语	拍档、花洒、唇膏、见工、开工、收工、猪脷、鸡红
普通话	做梦、通过、雨鞋、占位、大号、钥匙、家具、尿布

汉语社区词的典型性及其鉴定标准

(续表)

香港粤语	发梦、透过、水鞋、霸位、大码、锁匙、家私、尿片
普通话	水果、老家、色鬼、手纸、银耳、管理、洗澡、鲜贝
香港粤语	生果、祖家、色狼、厕纸、雪耳、打理、冲凉、带子
普通话	黄瓜、开水、坐牢、苦瓜、缝纫机、自行车、猪前蹄
香港粤语	青瓜、滚水、坐监、凉瓜、衣车、单车、猪手
普通话	谈恋爱、保险柜、手提包
香港粤语	拍拖、夹万、手袋

这些不但通用于香港社区,也通用于大陆的粤语地区,应该属于粤方言词语,因此我们必须明白,社区词不等于方言词,换言之,方言词仅仅具有地方特色,而没有社区特色。

香港社会口语普遍使用的是粤语,但是我们发现有一些词语并非粤方言词语,因而推论它们应该是香港特有的社区词,但是,如果和上海话对比,就会发现,这些所谓的社区词实际上都是吴方言词。比如:

香港话/上海话	普通话	香港话/上海话	普通话	香港话/上海话	普通话
皮蛋	松花蛋	合桃	核桃	麻油	香油
白斩鸡	白切鸡	搭档	合伙	拖堂	压堂
冬菇	香菇	金针菜	黄花菜	门房	传达室
蚀本	亏本	面盆	脸盆	童子鸡	子鸡儿
邮差	邮递员	人客	客人	笃底	尽头
豆腐花	豆腐脑	落雪	下雪	冲茶	沏茶
写意	惬意	票房	售票处	人工	工钱
小肠气	疝气	败家精	败家子	三夹板	三合板

349

变异与竞争

形成这种现象的原因很简单,是因为1949年有一大批上海人逃到了香港,他们聚集在港岛北角一带,号称"小上海",其中不少人后来在香港发了财,有的还成了大老板。所以,香港人对上海人是最佩服的,上海词语自然也就成了香港人模仿的对象。香港话里夹杂着上海词语,就一点也不奇怪了。这些不属于香港通行的粤方言词语,而是其他方言词语在香港社区使用,可以看作是非典型的社区词。台湾通行的方言是闽南话,所以一些江浙方言的词语也应该看作非典型的社区词,例如:笃定、开年、力道、软片。

(二)准社区词与外来词

大陆社区和香港社区都有外来词,但是情况比较复杂。

1. 两者完全相同,这些当然不能算社区词。例如:

鸦片(opium)、吗啡(morphine)、休克(shock)、撒旦(Satan)、弥撒(missa)、咖啡(coffee)、苏打(soda)、基督(Christos)、华尔兹(waltz)、巴士(bus)、克隆(clone)、基因(gene)

2. 香港社区是音译词,既是外来词,也是社区词。大陆社区的情况比较复杂。它们又有三种情况:

A. 全部不同形。例如香港岛有一条街叫"荷里活道",九龙还有个"荷里活广场",大陆来的人初一看,不明白"荷里活"指的是什么,其实这个"荷里活"就是美国大名鼎鼎的"好莱坞"(Hollywood)。又如在西餐厅,菜单上写着"沙律",内地来的人会不明白这到底是什么东西,其实就是"色拉"(salad)。造成字形不同的原因就是香港社区在选用同音字时依据的是粤方言的语音系统。再如:

汉语社区词的典型性及其鉴定标准

大陆社区	香港社区	英语	大陆社区	香港社区	英语
沙发	梳化	sofa	卡	咭	card
可可	谷咕	cocoa	夏普	声宝	Sharp
马达	摩打	motor	开司米	茄士咩	cashmere
苦力	咕喱	coolie	盎司	安士	ounce
麦克风	咪高峰	microphone	恰恰（舞）	查查（舞）	cha-cha
太妃（糖）	拖肥（糖）	toffee	迪斯科	的士高	disco

B. 部分不同形。例如看到"三文治"，就不难猜出这就是"三明治"（sandwich）了，看到"朱古力"也可以猜出是"巧克力"（chocolate）了。造成这种情况的主要原因是由于普通话（普通话的外来词从来源上讲主要是上海方言）和香港方言的语音系统不同，所以在音译时，各自采用了自身的语音系统中跟外语语音相近的汉字来书写。再如：

大陆社区	香港社区	英语	大陆社区	香港社区	英语
白兰地	拔兰地	brandy	海洛因	海洛英	heroin
高尔夫	哥尔夫	golf	凡士林	花士林	vaseline
吉他	结他	guitar	沙丁鱼	沙甸鱼	sardine

C. 完全不同形。大陆社区是意译或本来就有的，香港社区是音译，这些外来词自然也属于社区词。例如：

大陆社区	香港社区	英语	大陆社区	香港社区	英语
球	波	ball	笔记	碌士	notes
明信片	甫士咭	postcard	樱桃	车厘子	cherry
李子	布林	plum	靠垫	咕臣	cushion

变异与竞争

大陆社区	香港社区	英语	大陆社区	香港社区	英语
联欢会	嘉年华会	carnival	猕猴桃	奇异果	kiwi fruit
提示	贴士	tips	保险	燕梳	insurance
草莓	士多啤梨	strawberry	里程表	咪表	meter
奶油	忌廉	cream	奶酪	芝士	cheese
商店	士多	store	烤面包片	多士	toast
款式	花臣	fashion	临时人员	咖喱啡	carefree
口试	柯佬	oral	不及格	肥佬	fail
姿势	甫士	pose	爱人	打令	darling
演员表	卡士	cast	桌球	士碌架	snooker
浮签儿	呢保	label	老板	波士	boss
二手货	夜冷	yelling	领班	科文	foreman
小宝宝	啤啤	baby	制动器	逼力	brake

大陆社区和台湾社区也都有外来词,而且情况比大陆社区和香港社区之间外来词的差异更为复杂。

1. 同一个外来词,两岸采用的汉字不同,有的是完全不同,例如:

大陆社区	台湾社区	英语	大陆社区	台湾社区	英语
博客	部落格	blog	可卡因	古柯碱	cocaine

更多的是部分相同,部分不同,例如:

大陆社区	台湾社区	英语	大陆社区	台湾社区	英语
黑客	骇客	hacker	披头士	披头四	beetles
色拉	沙拉	salad	网吧	网咖	internet coffee
纳米	奈米	nanometer			

汉语社区词的典型性及其鉴定标准

2. 由于台湾在历史上的特殊背景,对于外来的多元文化接受度非常开放,台湾很多的外来词在大陆及香港未见到,这些当然更应该看作非典型的社区词。例如:

绑桩(法语:patronage)、爱蜜果(西语:amigo 朋友)、三貂角(西语:San Diego 圣地亚哥)、甲(荷语:Morgen,台湾土地的计量单位,平方米)、伸卡球(英语:sinker 下坠球)、迷思(英语:myth 神话)、麦克笔(英语:marker pen 记号笔)、新鲜人(英语:freshman 新手)、加持(佛教语:现引申为托他人之福)、阿莎力(日语:あっさり 豪爽)等。

反过来的情况也有,即大陆是外来词,台湾反而是意译词,例如:

克隆(clone,台湾:复制)、的士(taxi,台湾:计程车)、三文鱼(salmon,台湾:鲑鱼)等。

3. 同一个外来词,大陆社区与台湾社区词形相同,但是意义不同。例如:

沙龙(大陆指的是文艺方面的小型聚会,台湾专指女性美容院或美发院)

4. 英文字母跟汉字结合的词语,这种外来词在台湾比较常见。例如:

A 钱/A 东西(不劳而获得好处之意)、双 B(指高级房车,德制 BENZ 及 BMW 之合称)、K 人(打人)、K 书(努力准备考试)、老 K(骗徒老手)、N 个(数不清的数量)、Q 版(cute,可爱版)、A 罩杯(A Cup,A 尺寸)、A 片(Adult Video,成人影片)、E 世代(电子数码科技的时代)。

5. "字母＋音译"结构的外来词,也属于非典型的社区词。例如:

A 咖(A class,A 角色/A 级)、B 咖(B class,次等、次级角色)、E 咖啡(Electronic Coffee Shop,提供上网资源的咖啡店)、K 他命(Ketamine,一种精神科药物)、T 霸(T bar,T 字形的大型广告招牌)、IC 卡(嵌有集成电路芯片的携带型卡)

反过来的情况也有。大陆使用汉外混合词,而台湾却另创汉语词。例如:

B 超,台湾称作"超音波";AA 制(Algebraic Average),台湾说"平分";IP 卡,台湾称作"电话卡"。

6. 台湾与香港在翻译外国人姓名时,第一个字尽可能地用现成的汉人姓氏,而大陆则尽可能地避免用汉人姓氏的汉字。有时三地的翻译居然都不同。比如 Baroness Thatcher,台湾:柴契尔夫人;大陆:撒切尔夫人;香港:戴卓尔夫人。再如:

大陆社区	港台社区	英语	大陆社区	港台社区	英语
奥巴马	欧巴马	Obama	丘比特	邱比特	Cupid
里根	雷根	Reagan	克林顿	柯林顿	Clinton
乔姆斯基	杭士基	Chomsky	肯尼迪	甘迺迪	Kennedy

总的来说,以上分析的这些外来词,因为只通用于某个社区,所以也是社区词,当然应该属于非典型的社区词。

(三)准社区词与文言词

香港话比普通话使用的文言词语多得多,这是大家都公认的事实,不仅在口语里出现,而且在书面语里更多。这些文言词,根据我们的研究,实际上有两个来源:

汉语社区词的典型性及其鉴定标准

1. 来自于粤语口语。换言之,是古汉语的一种方言遗留,自然不算社区词。例如:

食(吃)饭、饮(喝)茶、行(走)街/山、睇(看)书、睏(睡)觉、(最)抵、行(街)、话(事)。

2. 还有一些文言词语,只是出现在香港书面语里,粤语口语里是不这么说的。现代汉语也不再这么使用。比如动词"谓、称、指、着、令":

(3)街坊又谓,近年本港经济不景,发型屋生意亦受影响。(东方日报 2001—10—3)

(4)国际红十字会称,他们在喀布尔市的一个仓库遭到美军空袭摧毁,至少有一名看守员受伤。(明报 2001—10—17)

(5)律师指,被告愿意向受害人偿还二千五百多美元,但要十五日时间筹钱。(东方日报 2001—9—29)

(6)当何答应购买该些手机时,被告着何购买马会现金券代替付款。(明报 1998—9—13)

(7)不断重复的广播,令月台上挤满赶上班的乘客鼓噪起来。(苹果日报 1998—9—6)

又如副词"更、遂、亦、故、鲜"等,在大陆社区书面语里基本上是不使用的,这也可以看作是一种社区词。例如:

(8)澳洲一男子终日沉迷上网,不但对妻子感情变淡,其后更动手打她。(东方日报 2001—9—29)

(9)示威者企图强行越过港湾道,警方遂采取行动。(全球首个华语共时语料库)

(10)青少年在午夜十二时后亦不得外出。(同上)

355

(11)想到横竖都会死,故不如跳下平台后再作打算。(同上)

(12)期货商指在年初股市例旺之际,鲜有淡友敢沽空期指。(同上)

可见,香港的文言词有两类:一类属于粤方言共有的,不能看作社区词;另外一类只有香港社区才用的,由于这类词既不属于粤语词,也不属于现代汉语词,我们认为也应该归入香港准社区词。

总之,所谓的"准社区词",根据我们的考察,起码有三类:第一,该社区通行方言之外吸收了其他方言的词语;第二,在形义诸方面跟其他社区外来词存在差异的外来词;第三,只在该社区书面语中通行的那些文言词。

关于准社区词,其类别、特点及其鉴别标准和方法还需做进一步的探讨。至于具体哪些词语应该看作非典型社区词可能有一些还有争议,这也是很正常的。

三、社区词的特点及互动关系

(一)社区词的互动关系

社区词的渗透、影响,乃至于融合,主要依赖于跨文化的交际。首先是事物随着物流进到其他地区,那么名称自然也跟着进来了。比如"行货、水货、物业、廉租屋"就从香港进入大陆。其次是观念的变化,也会直接影响到词语的互动。比如"上盖、晨运、唱淡、叹下午茶"。再次,两个社区的来往密切,甲社区就需要加深对乙社区的认识,包括地名、人名等一些有特色的社区词的认识,例如"维园、香江、浅水湾、尖沙咀"。这样的影响不是单向,而是双向,乃至于多向的。比如在港台社区词影响大陆的同时,大陆的一些特有的社区词，也逐步影响到海外华语社区。例如"普通话、透明度、下岗、非典、老外、小皇帝"等。这种互动性的渗透和影响从未停止过，区别只是力度和程度的不同。

(二) 跨社区词与泛社区词

不同社区的社区词之间常常会有互动的情况，换而言之，由于交往的日益频繁，开始某些词语可能只是限于某一个社区使用，但是慢慢地就会扩散，引进到其他社区。即不只是该社区使用，其他社区也在使用，这样，该词语就从典型的社区词演变为跨社区的准社区词，这可以称之为"跨社区词"。其实这并不奇怪，因为，一个词语并非终生不变，它只要在使用，尤其是高频使用，就完全可能变化，或者从准社区词演变为典型社区词，或者从典型社区词演变为准社区词，如果再进一步扩大使用范围，变为更多华语社区都使用的词语，就成为"泛社区词"，也就是接近一般词语了。这样，从典型社区词，到准社区词，到跨社区词，再到泛社区词，最后就演化为一般词语，从而形成一个渐变的连续统。

比如 1978 年之前，主要由于政治的原因，大陆跟香港、澳门，以及台湾几乎不来往。但是在中国大陆改革开放以后，两岸三地的关系日益紧密，社区词就发生了跨文化的交流。有些词语是大陆影响了港台，有些词语则是港台影响了大陆。

下面这些香港社区词，现在在粤语地区也很流行，这就是跨社区词了。例如：

煲电话粥（打电话没完没了的）、钻石王老五（指非常有钱却尚未结婚的男子，"钻石"比喻有钱而且高贵，"王老五"俗称单身男子）、六合彩（香港特有的一种彩票）、鸡（比喻妓女）、鸭（比喻男

变异与竞争

妓)、物业(指住宅以及附属的设施)、白马王子(理想中的男朋友)、走鬼(无牌小贩见到警察就像见到鬼一样赶快逃走)、八卦杂志、鸭店、出街等。

而且经过三十年的沟通,有不少词甚至于在整个中国大陆都非常流行了。这些就更可以看作"泛社区词"了。例如:

恒生指数、蓝筹股、红筹股、国企股、二三线股、四大天王、十大中文金曲奖、香港电影金像奖、义工、公益金、公积金、老公、老婆、手信、放电、塞车、收银、创业板、地产股、能源股、垃圾股、牛市、熊市、影帝、影后、三级片、香港小姐、亚洲小姐、华裔小姐、世界小姐、超市、公关、家教、人妖、资深、自助餐、度假村、保龄球、牛仔裤等。

甚至于外来词也有互相影响的情况,这主要是由于跨文化的影响,例如巴士、的士就是从香港传进来的。尤其是香港回归以后,内地跟香港的交往日益密切,原来只是在香港使用的社区外来词,现在也进入了内地,例如我们查阅北京大学CCL语料库,发现"嘉年华会"(22条)、"朱古力"(23条)、"摆乌龙"(24条)也开始流行了。至于台湾,近年来跟大陆的接触大为加强,两岸的社区词也开始互动起来。"愿景""造势""长官""扳不倒""三八""陆生""陆客"等台湾的社区词不仅在大陆流行,而且《现代汉语词典》(第5版)也已收录。反之亦然,因为大陆有些词语开始进入台湾社区,例如:托儿、猫腻、牛(厉害)、牛市、熊市。这说明不同华语社区之间的影响正在扩大。

现在随着不同社区的高频接触,必然导致语言的交融,必然会影响社区词数量的减少以及典型性的减弱;反之,不同社区的互不来往,必然导致语言的分离,必然造成社区词数量的剧增以及其典

358

型性的增强。可见,不同社区接触的频度、力度决定了社区词的质与量。

本文提出的一些研究原则、分类标准,包括不同社区之间的互动关系,都可能会有不同的意见,这毫不奇怪,我们期盼的是希望借此引起大家对社区词研究的关注,并且促使研究向纵深发展。

参考文献

邵敬敏(2005)香港词语比较研究,浸会大学《人文中国》第11期。
邵敬敏(2000)香港方言外来词比较研究,《语言文字应用》第3期。
邵敬敏、石定栩(2006)港式中文与语言变异,《华东师范大学学报》第2期。
田小琳(1994)现代汉语词汇的特点,《语文和学习》(香港九三国际语文教育研讨会论文集)。
田小琳(2004)香港社区词研究,《语言科学》第3期。
田小琳(2007)规范词语、社区词语、方言词语,《修辞学习》第1期。
王幼华(2009)台湾外来词的研究及相关比较,《第九届国际汉语教学讨论会论文选》,北京:北京语言大学出版社。

(跟博士生刘宗保合作,原载《语文研究》2011年第3期)

从"手机"看不同华语社区
同义词群的竞争与选择

一、"手机"及其同义词群

华语使用的地区,除了中国大陆主体之外,还包括了香港、澳门、台湾三个不同体制的地区以及东南亚、欧美、新澳等国家的华人社区。"手机"(mobile phone)一词崛起及其跟相关同义词的竞争,乃至最后胜出,就是其中非常有趣也是很有理论意义的一个典型。

"手机"应该是个意译词,是"手提式电话机"的简称,取该名词的首和尾构成,是指便携的、可以在较大范围内移动的电话终端,所以也叫"移动电话",旧称"大哥大",在香港、台湾地区也叫"流动电话"、"行动电话"、"随身电话"等,名称繁多,不一而足。尤其在它刚刚推向市场的时候,不但不同的华人社区有自己不同的中文名称,即使同一个社区,也往往几个中文名称并存。

关于"手机"及其同义词群,邹嘉彦、游汝杰编纂的《21世纪华语新词语词典》(复旦大学出版社 2007)有很好的说明。该词典是借助于"华语各地共时电脑语料库"(LIVAC)编纂而成的,重点是比较六地(北京、上海、香港、澳门、台湾、新加坡)华语新词语的异

从"手机"看不同华语社区同义词群的竞争与选择

同,例句全部取自于当地的报刊,时间的跨度为1995年到2006年,是名副其实的当代语料,因此应该说是比较有说服力的。在该词典的"前言"中,编者介绍了关于"手机"及其同义词群的使用情况,并且列出一张对比图。原表1如下:

年份		香港	澳门	台湾	新加坡	上海	北京
1995—1996	最常用	流动电话	手提电话	行动电话	随身电话	移动电话	移动电话
	次常用	无线电话	移动电话	大哥大	手提电话	大哥大	大哥大
1996—1997	最常用	流动电话	手提电话	行动电话	随身电话	大哥大	移动电话
	次常用	手提电话	流动电话	大哥大	流动电话	手机	大哥大
1997—1998	最常用	手提电话	流动电话	大哥大/行动电话	随身电话	手机	移动电话
	次常用	无线电话	手提电话	流动电话	流动电话	移动电话	大哥大
1998—1999	最常用	手提电话	流动电话	行动电话	流动电话	手机	移动电话
	次常用	流动电话	手提电话	大哥大	手机	移动电话	手机
1999—2000	最常用	流动电话	手机	行动电话	手机	手机	手机
	次常用	手机	手提电话	手机	随身电话	移动电话	移动电话
2000—2001	最常用	流动电话	流动电话	手机	手机	手机	手机
	次常用	手机	手提电话	行动电话	流动电话	移动电话	移动电话
2001—2002	最常用	手机	手机	手机	手机	手机	手机
	次常用	流动电话	流动电话	行动电话	流动电话	移动电话	移动电话

这张图表以及编者的说明文字给了我们这样一些重要的信息:

第一,跟新词"手机"实体所指同一的同义词主要有:大哥大、移动电话、手提电话、行动电话、流动电话、随身电话、无线电话,此外,还有手持电话、携带电话,最后两词由于还没达到最常用和次常用这两个级别,所以没有列入图表里。这样"手机"同义词群一共有10个。

第二,这几个大城市是全世界使用华语最有代表性的区域,除了北京和上海取向比较一致之外,其余四地都各有自己使用频率最高的专门名称,表现出各自社区的特色:

香港	澳门	台湾	新加坡	上海	北京
流动电话	手提电话	行动电话	随身电话	移动电话	移动电话

第三,在1995年之前,不但"手机"还没成为最常用的新词,而且连"大哥大"也还只是在台湾、上海和北京才进入次常用的范围。几乎所有的名称都是在"电话"之前加上不同的修饰词而已,结果出现都使用四字格惊人的一致性,因为这是区别于"固定电话"最便捷的方法,人们在构造一个新词的时候优先考虑的恰恰就是这个区别度。这有三个系列:一是着眼于跟固定电话相区别的功能,有移动电话、流动电话、行动电话;二是突出跟使用者的关系,有手提电话、手持电话、随身电话、携带电话;三是显示电话本身的特点,有无线电话以及隐喻性的大哥大。

二、手机及其同义词的出现率

我们在2007年10月利用北京大学CCL语料库对手机的同义词群进行检测,该语料库的语言素材(838,803,906字节)基本上都是1996年之前的,而且更为重要的是取材主要是中国大陆的,几乎没有港澳台新的语料。按照所得条目的多少排列如下:

1. 大哥大　　1209　　　2. 手机　　　858
3. 移动电话　849　　　 4. 无线电话　155
5. 手提电话　106　　　 6. 手持电话　25

7. 行动电话　7　　　　　8. 流动电话　5

9. 携带电话　3　　　　　10. 随身电话　0

以上数字,我们觉得可以说明几个问题:

第一,大哥大、手机、移动电话、无线电话,手提电话,这五种名称使用得比较多,都超过了100个条目,可见属于优势名称,覆盖了上述同义词群名称的三大系列。

第二,"手机"尽管跟"移动电话"都达到800多条,但是明显不如"大哥大"多,起码说明,在20世纪90年代中期之前,在口语里,"大哥大"的名称还是占压倒多数的佼佼者。

第三,手机跟移动电话的条目几乎一样多,恰好说明,书面语和口语平分秋色。也说明,当时"手机"名称的普及率还远远没有现在这样高。

我们又利用Google(谷歌)在2007年10月以及2008年3月两次对"手机"及其同义词群进行搜索,撇开重复以及分词不准确等因素,根据数量的多少依次排列如下:

名称	2007-12	2008-3	备注
手机	265,000,000	897,000,000	各华语社区均最常用
移动电话	12,300,000	26,600,000	主要在大陆使用
行动电话	11,000,000	26,400,000	主要在台湾使用
流动电话	5,740,000	922,000	主要在香港使用
携带电话	4,720,000	1,650,000	主要在新加坡使用
手提电话	1,840,000	1,660,000	主要在澳门使用
大哥大	3,840,000	3,710,000	
手持电话	1,730,000	1,440,000	
无线电话	1,640,000	1,390,000	
随身电话	510,000	260,000	

变异与竞争

以上数据可以有两方面的比较,一是跟北京大学 CCL 语料库的数据相比,二是 Google 的数据前后半年相比。我们可以发现:

第一,"手机"的使用率,跟 1996 年以前相比,事实上已经跃居第一了,而"大哥大"则开始衰退,排在"移动电话"、"行动电话"、"流动电话"以及"携带电话"之后。

第二,跟半年前相比,"手机"的数量增加了 3 倍,远远超过其他的同义词而无可替代的成为最佳选择。移动电话和行动电话的使用频率几乎相等,而且增长的情况也类似。其他名称都有不同程度的萎缩,尤其是流动电话原来主要在香港使用,现在更倾向于使用"手机"。

三、"手机"的崛起及其原因

根据《21 世纪华语新词语词典》"手机同义词群"图表,我们整理出一张关于新词"手机"的发展线索对比图表:

	上海	北京	新加坡	澳门	台湾	香港
1995—1996						
1996—1996	次常用					
1997—1998	最常用					
1998—1999	最常用	次常用	次常用			
1999—2000	最常用	最常用	最常用	最常用	次常用	次常用
2000—2001	最常用	最常用	最常用	次常用	最常用	次常用
2001—2002	最常用	最常用	最常用	最常用	最常用	最常用

说明:根据编者解释,2000—2001 年度,澳门的次常用词是"手提电话",但是"手机"出现的次数实际上只比"手提电话"少 1 次。由于语料的选取带有随机性,仅仅只少 1 次,我们认为,起码应该把"手机"跟"手提电话"并列为"次常用"。这样才比较合理,也可以解释其他的语言现象,否则就无法解释"手机"一词,怎么从 1999—2000 年度的"最常用",突然变成连"次常用"都不是的困惑。

从"手机"看不同华语社区同义词群的竞争与选择

对以上的图表,我们有几点重要的解释:

第一,"手机"一词到底是什么时候出生的,无从考察。就像吕叔湘先生所说:新词的诞生,往往查不到出生证的。中国大陆正式开始引进这类新式电话是1987年11月18日,中国移动通信集团公司为配合第六届全运会在广东开幕而开通了国内首个移动通信网。开始时受到港台电影电视剧的影响,口语里叫"大哥大",因此可以估计"手机"一词的产生可能是在20世纪90年代初。手机,只是对当时已经非常流行的"大哥大"的一种补充,根据语料的提示,我们可以推测,"手机"应该是上海首先比较普遍使用的。因为1996年度上海的"手机"已经在使用频率上仅仅次于"大哥大"了,而且接着就迅速流传开来,以至于第二年度就成为最常用的新词了。而北京和新加坡直到1998年度才开始普遍使用该词。北京也大量使用"手机"一词,很好理解,因为上海的地位在20世纪90年代中随着浦东开发而迅速崛起,在新词语使用上也有着全国向上海靠拢看齐的趋势。至于新加坡,由于跟中国大陆的友好合作关系,以及对华语的认同和简体汉字的普遍使用,所以在词语方面有比较强的趋同性。澳门的情况比较有意思,它没有经历过"次常用"的阶段,就在1999—2000年,直接升格为最常用,这显然跟澳门于1999年回归祖国的政治格局的变化密切相关,因此带有某种突发性的变化。台湾由于执政当局的政策和引导,一直在试图跟大陆保持距离,包括遣词用语方面,但最终也挡不住这一趋势,终于在经历了1999—2000年度的次常用阶段之后,于2000—2001年度成为最常用的新词了。只有香港,比较特别,经历了两个年度的次常用,才于2001年成为最常用。我们估计,这跟台湾的国语

变异与竞争

在口语上发音跟大陆的普通话基本上一致,比较容易全盘吸收新词有关。而香港由于港式中文在词语方面自成系统,往往表现出跟汉语普通话不大一致的地方,所以"流动电话"在香港地区始终保持着相当高的使用频率。但是根据笔者 1996－1999 年在香港工作和生活的经验,实际上香港居民口头上使用"手机"已经非常普遍了。

第二,"手机"一词的迅速流行,首先取决于该词符合汉语的构词规律,汉语现代构词的基本趋势就是双音节化,至于三音节的、四音节的,乃至于其他多音节的,都尽可能的压缩为两个音节。这种趋势是非常鲜明的,再比如"出租汽车",为什么迅速被"的士"替代,"酒吧女郎"简称"吧女"等,其重要的原因就是"的士"、"吧女"符合了双音节化的需求。与"移动电话"、"大哥大"等四个、三个音节的同义词相比较,"手机"无疑具有音节上的优势。简明扼要,好读好懂,而且也不产生歧义。

第三,"手机"的优势还在于它的组合能力特别强。因为这一新词音节只有两个,比较容易跟其他单个语素或者双音节词语构成新词、新短语。例如：

手机品牌、手机芯片、手机软件、手机配件、手机配套、手机蓝牙、手机质量、手机广告、手机游戏、手机电视、手机娱乐、手机专利、手机人物、手机专家、手机传媒、手机会展、手机新闻、手机价格、手机技巧、手机论坛、手机门户、手机世界、手机玩家、手机号码、手机铃声、手机图片、手机动画、手机视频、手机书籍、手机彩铃、手机报价、手机行情、手机之家、手机资讯、手机电影、手机大全、手机参数、手机短信、手机主题、手机频道、手机网吧、手机饰

从"手机"看不同华语社区同义词群的竞争与选择

物、手机图库、手机大王、手机在线、手机行业、手机运营、手机流通、手机设计、手机咨询、手机投资、手机评测、手机上网、手机维修、手机政策、手机导购、手机选购、手机搜索、智能手机、二手手机、中国手机在线、e 动前沿手机资讯、华夏手机网、手机中国、3G 手机、手机网、手机圈、手机绳……

第四,其实还有一个最最普通的原因,其实也是最可靠的原因,那就是,在全球华语社区里,"手机"一词使用的人数最多,频率最高。因为中国大陆目前拥有手机、使用手机的人数,已经跃居全世界的第一位了。据《每日经济新闻》(2007—8—20)报道:

中国移动电话用户数 4.87 亿　　全球最多

《每日经济新闻》日前从中国移动通信业发展 20 年图片展上获悉,中国移动电话用户目前已超过了 4.87 亿户,是全球移动电话用户最多的国家。同时,我国的两大电信运营商,中国移动和中国联通也在 20 年的发展过程中,分别成就了规模全球第一和第三的移动通信网络。

尽管全世界移动电话普及率最高的地区为香港(根据 2005 年的资料统计,普及率达到 120%,共有 838 万户),但是比起大陆来,简直是小巫见大巫,830 万跟 48,700 万相比,自然不是一个层次的问题。因为说到底,新词语,乃至新格式的可接受度的提高,主要取决于它的高频使用。所以,华语的新词,往往还是大陆的说法占据优势地位,具有强大的辐射作用,这是不言而喻的。当然,这并不排除其他华语地区会陆续不断地向大陆的普通话输送有创意的新词新语。

这充分说明了"手机"一词在竞争中能够胜出的社会因素。一

变异与竞争

个新词新语能够征服人心,取得主导权,除了自身的价值之外,社会的认同度也是不可忽视的。如果我们有了这样的共识,那么对这类同一概念或者同一物品但却有不同名称的竞争就可能拥有比较清醒的认识。

四、有关理论的印证

以上分析显示了华语不同社区新词竞争和选择的基本趋势:1.必须最符合华语构词规律;2.跟别的词语的组合能力最强;3.社区使用频度最高。可见,对不同名称的竞争与选择及其胜出原因的研究,具有本体语言学和社会语言学双重的理论价值。

我们再来观察"互联网"及其同义词群的演变情况。根据《21世纪华语新词语词典》所提供的材料,香港等六地使用"互联网"等名称的大致情况如下:

年份	等级	香港	澳门	台湾	新加坡	上海	北京
1995—1996	最常用	国际联网	国际联网	国际网络	国际网络	互联网络	互联网络
	次常用	互联网	互联网络	—	国际联网	信息网	交互网
1996—1997	最常用	互联网	国际联网	国际网络	国际网络	互联网络	互联网络
	次常用	互联网络	国际联网	—	递讯网	互联网	互联网
1997—1998	最常用	互联网	互联网	国际网络	国际网络	因特网	因特网
	次常用	互联网	因特网	互联网	信息网	互联网	互联网
1998—1999	最常用	互联网	互联网	国际网络	国际网络	因特网	因特网
	次常用	国际网络	因特网	互联网	互联网	互联网	因特网
1999—2000	最常用	互联网	互联网	国际网络	国际网络	因特网	因特网
	次常用	互联网络	因特网	互联网	互联网	互联网	互联网
2000—2001	最常用	互联网	互联网	国际网络	互联网	互联网	互联网
	次常用	互联网络	因特网	互联网	国际网络	因特网	因特网
2001—2002	最常用	互联网	互联网	国际网络	互联网	互联网	互联网
	次常用	—	因特网	互联网	国际网络	因特网	因特网

从"手机"看不同华语社区同义词群的竞争与选择

根据上图,我们整理出一张关于新词"互联网"(全称"互联网络"标上 A)的发展线索对比图表:

年份	香港	澳门	北京	上海	新加坡	台湾
1995—1996	次常用	次常用 A	最常用 A	最常用 A		
1996—1997	最常用	次常用 A	最常用 A 次常用	最常用 A 次常用		
1997—1998	最常用 次常用 A	最常用	次常用	次常用		次常用
1998—1999	最常用	最常用	最常用	次常用	次常用	次常用
1999—2000	最常用 次常用 A	最常用	次常用	最常用	次常用	次常用
2000—2001	最常用 次常用 A	最常用	最常用	最常用	最常用	次常用
2001—2002	最常用	最常用	最常用	最常用	最常用	次常用

从中,我们发现几个比较有趣的特点:

第一,关于"Internet",华语地区开始的时候,有三个名称势均力敌:港澳地区是"国际联网",台湾是"国际网路",新加坡是"国际网络",上海和北京是"互联网络"。相同之处是都承认是一个"网络"(网路),但是着眼点不同,港澳台和新加坡地域比较小,主要是突出跟国际上的联系,也接近原词的含义;大陆的着眼点在于国内互相联系沟通。三大名称的竞争,最后是"互联网"胜出,而"因特网"则异军突起,成为次常用。

第二,"互联网"显然是从"互联网络"简化而来的,最早占优势的全称"互联网络",首先在大陆广泛使用,中国大陆经历了三个阶段:1.从"互联网络"简化为"互联网",两者并存;2."因特网"崛起,

369

并且与"互联网"并存;3.形成以"互联网"为主,"因特网"为辅的格局。

第三,"互联网"的使用频率最高,而且香港居先。1995年是次常用,次年即成为最常用,接着是澳门,再依次为北京以及上海和新加坡。这显示,新词新语方面,香港和澳门不但跟大陆息息相通,而且还有自己的特色。这也说明:一个名称的普及,关键取决于使用的人数和频率,而且有时政治因素在某个名称的使用变化上往往具有决定性的意义。

第四,"因特网"在大陆是仅次于"互联网"的名称,"互联网"是完全意译的,"因特网"则是音译加上意译的混血儿。这一名称在知识分子中比较流行。所以,在1997－2000年这三年里,"因特网"在大陆都是最常用的名称,甚至于超越了"互联网",只是在2000－2001年之后,才被"互联网"所取代。这说明在中国内地,意译词的使用频率要高于音译词。

第五,新加坡虽然长期以来坚持使用自己独特的名称"国际网络",但是最终也挡不住"互联网"的使用频率。在1998－2000年间,开始成为次常用的名称,到了2000－2001年间,终于跃居首位,而"国际网络"则屈居第二位。

第六,只有台湾,由于政治干扰等原因,他们一直试图保持自己的某种独立性,始终坚持使用"国际网路",但是即使如此,"互联网"1997－1998年间开始也成为次常用名称。一直到2006年,"互联网"最终胜出。

第七,"互联网"一词的组合能力也很强,比如可以组合成"互联网周刊、互联网频道、互联网中心、互联网技术、互联网协会、互联网品牌、互联网行业、互联网世界、互联网天地、互联网工具、互联网笔记、互联网人才、互联网环境、互联网软件、互联网调查、互联网首页、互联网观察、互联网实验室"等等。

第八，我们还利用 Google 对上文出现过的同义词语进行搜索(2008 年 3 月)，得出的数据如下：

名称	数量	名称	数量
互联网	24700 万	因特网	815 万
国际网络	137 万	国际联网	103 万
信息网	9240 万	交互网	104 万

可见，"互联网"这一名称占据压倒多数的优势，独占鳌头，是其他名称无可比拟的。类似的实例，我们可以举出许多许多，这主要体现在外来词的引进方面：

1. 音译词方面，还有"荷尔蒙"和"贺尔蒙"、"秀"和"骚"、"粉丝"和"屎"、"博客"和"部落格"、"爱滋病"和"艾滋病"、"像素"和"像数"、"数码"和"数位"。

2. 人名翻译方面，也存在比较大的差异。例如"布什"(大陆)、"布希"(台湾)和"布殊"(香港)、"肯尼迪"和"甘乃迪"、"克林顿"和"柯林顿"、"黛安娜"和"戴安娜"。

3. 地名翻译也是如此。例如"好莱坞"(大陆)、"好来坞"(台湾)和"荷里活"(香港)、"戛纳"(大陆)、"坎城"(台湾)和"康城"(香港)，还有"悉尼"和"雪梨"、"新加坡"和"新嘉坡"、"旧金山"和"三藩市"、"新西兰"和"纽西兰"等。

4. 还包括音译和意译的不同取向。例如：

变异与竞争

英文	中国大陆	中国台湾	英文	中国大陆	中国台湾
e-mail	电子邮件	伊媚儿	UFO	飞碟	幽浮
laser	激光	雷射	lace	花边	蕾丝

5. 即使都是意译词,也有不少不同的组合法。例如:

英文	中国大陆	中国台湾	英文	中国大陆	中国台湾
disc	磁盘	磁碟	software	软件	软体
network	网络	网路	cursor	光标	游标

我们以前一直认为,同义词,尤其是等义词没有并存的必要,除了其中最常用的,其他必然消亡。但是事实并非那么简单,我们发现相当多的同义词,即使有一个成为最常用的,其他的也会长期共存,尤其是不同的华语社区,由于非语言的因素(特别是政治的干扰和影响)在起作用,这种并存,可能会延续很长的时间;而且绝对的同义词也是不存在的,比如"移动电话"具有书面语的色彩,"大哥大"具有特定的色彩和专指对象,从而跟"手机"共存。

世界是多元的,人的认识也可能是多角度、多层面的,即使是反映同一事物、同一对象的词语,也会存在某些差异,这就为不同华语社区的同义词群的存在提供了可能性和必要性。我们承认存在词语之间的竞争机制,但是无需去鼓励这样的淘汰机制。

参考文献

石定栩、邵敬敏、朱志瑜(2006)《港式中文与标准中文的比较》,香港:香港教育图书公司。
邹嘉彦、游汝杰(2007)《21世纪华语新词语词典》,上海:复旦大学出版社。

(原载《语言文字应用》2008年第4期)

"美女"面称的争议及其社会语言学调查[*]

我国古代有所谓的四大美女:西施、貂蝉、王昭君、杨玉环。但是"美女"主要还只是用于对美丽女性的背称,并不能用来面称,也很少用来直接修饰某种女性身份。但是随着我国改革开放,人们的意识发生了很大的变化,促使我们的日常称呼也出现了有趣的变化。在20世纪90年代末到21世纪初,中国大陆社会中,"美女"的用法开始崛起,不但虚化,并且泛化,这主要是面称直呼以及构成"美女XX"同位修饰两种用法。

一、"美女"面称用法的崛起

(一)"小姐"变味儿的尴尬

中国大陆在女性称呼方面,常常出现"缺位",即不知道该怎么称呼,所以有时未免很尴尬。比如称呼自己老师比较年轻的太太,实际上年纪比自己大不了几岁,甚至于还可能年轻几岁,要是叫"师母"、"阿姨",都开不了口,这就让人颇感为难。即使一般社交场合,比如在酒店餐厅,你招呼年轻的女性服务员,如果叫"同志"、

---

[*] 在"第六届全国语言文字应用学术研讨会"(2009年连云港)上宣读。

变异与竞争

"服务员",当然没错,可是感觉非常老土背时,好像还生活在1978年以前似的;后来一度改叫"小姐"(MISS),这一称呼在20世纪初期,是一种尊称,专指有钱、有地位,或者有文化的年轻女性(多为未婚)。1949年以后,被视作"剥削阶级意识"的产物,似乎沾上了"资产阶级臭小姐"的味道,带有强烈的贬义色彩,因而被驱逐出语言生活多年,一直到改革开放以后,随着在称呼方面也要跟国际接轨,"先生"、"小姐"开始回复它本来的含义,并且得到一定程度的泛化,可以用来泛指一般的年轻女子,而不必一定是专指有钱、有地位或者有文化的女子。

可是到了20世纪90年代后,80年代曾经流行过的"小姐",却又似乎已经失去了它原先的魅力,有点"变味儿"了。不论叫的人,还是听的人,心里都不大舒服。这种心理,估计是因为"三陪小姐"、"坐台小姐",乃至"按摩小姐"、"洗头小姐"、"沐足小姐",形成了一个暧昧的"小姐"系列,如果是"做小姐"、"叫小姐",更是相当于"做妓女"、"叫妓女",于是"小姐"就有了一种特定的潜在的含义:属于不正经的女人,成了"性"(SEX)服务者的代名词,所以,正派的年轻女性就不愿意别人称呼她为"小姐",甚至于听了会勃然大怒,这种贬义化的趋势,近年来有增无减。不过连名带姓的"张小姐"、"三小姐",或者"导游小姐"、"空中小姐"就不存在这个问题,因为在不会发生被人误解的情况下,女性还是愿意接受这样的称呼的。

(二)"靓女"与"美女"

这样,在中国大陆公开的社交场合,对青年女性的面称,就出现了新的"缺位"。有趣的是,粤方言对年轻的女性有个很乖巧的叫法:"靓女",而且还可以当面称呼。在广东、港澳等地常常可以听到有人在叫唤:"靓女!过来一下。""靓女!帮个忙!"叫的人男女老少都有,被叫的则一般都是青年女子,如果年龄比较大,就不好这么称呼了。关键在于"靓女"的"靓"的语义已经虚化,被称呼者并不一定真的很漂亮,或者比较漂亮,甚至于你根本就没有看见她的容貌,也可以这么叫。可见靓女实际上只是青年女子的一种代称而已。相对应的年轻男性,就叫"靓仔","靓"还派生出许多其他的称呼,例如:靓姑、靓姨、靓妹、靓姐、靓哥、靓嫂、靓公、靓婆。

"靓"这个词属于粤方言词,可以单独使用,比如:"好靓啊!"普通话不能单独使用,只出现在"靓丽"这个词语里。当然古代汉语里就有这个字,我们利用北京大学 CCL 语料库的古代汉语部分,输入"靓"字,查到389条,除了用作名字(诸葛靓等)之外,凡是做形容词使用的,最常见的组合是"靓妆",也有写作"靓装"的。例如:

(1)家门卑小,女郎靓妆,容色婉丽。(《广异记》)

(2)十来个少年妇人,靓妆丽服,一个个妖冶举止,风骚动人。(《二刻拍案惊奇》下)

(3)孟后穿一套新样异彩的靓装,坐于妆台前而自理云鬟。(《宋代十八朝宫廷艳史》)

也可以修饰衣物,"靓衣"、"靓服"什么的。例如:

(4)后七日夜,姝又至,态柔容冶,靓衣明眸。(《太平广记》)

(5)到了那一天,陈文仙明妆靓服的过来,恭恭敬敬的先拜见了太夫人。(《九尾龟》三)

也可以单独跟其他单音节形容词并列使用。例如:

(6)靓贞之女,岂不愿其有家?(《夏商野史》)

(7)那顾氏原是秦淮佳丽,生得庄妍靓雅,风度超群,发鬓如云,桃花满面。(《三百年艳史演义》)

(8)炀帝与萧后,用了夜宴,大家换了清靓龙衣,携手走出宫来。(《隋唐演义》上)

这里我们就发现了"靓女"的用法,尽管只有两例,还有一例是"靓侣":

(9)青楼宴,靓女荐瑶杯。(《全宋词》第1册)

(10)万柄参差罗翠扇,全队西方靓女。(《全宋词》第4册)

(11)携靓侣,泛轻舠。(《全宋词》第4册)

其实粤方言里确有不少词语,本来就是古汉语的一种遗留,是古汉语的活化石,例如"食饭"、"饮茶"、"行街"等。北方人要借用"靓女"这个称呼语,可是又不习惯这个"靓"字,就需要进行替换。靓女,不就是美女吗?我们推测,"美女"的面称显然是仿用"靓女"应运而生的,正好填补了青年女性面称的"缺位"。

(三)面称、旁称与背称

有一个日本华裔女博士生最近回到中国来参加学术会议,一连几天在不同场合都听到别人当面叫她"美女",挺受用的,不禁有点沾沾自喜,有点自我陶醉,其实,她不知当代中国,把青年女子叫作"美女"也是一种时尚,不管你是不是真的美。这一称呼,可以用于各种称呼的情况。例如:

(12)我一看急了,立刻停住脚步,用尽全身的力气朝那个姑娘大声喊道:"美女,请你等一下!"(孙景峰《美女请等一下》)

(13)那女的虽然长相不怎么样,但碍着老马的面,我还是过去招呼了一声,"马科长,今天有雅兴,又和哪位美女上街呀?"老马白了我一眼,当即给我介绍:"这是我太太。"(蒋平《叫错美女》)

(14)原来,那个美女白天睡觉晚上写作,平时只见她吃零食、喝可乐。(桑柔《美女作家》)

例(12)是面称,例(13)是旁称,例(14)是背称,"美女"都能够使用。不过,背称、旁称都没什么问题,只有面称,社会上的人,尤其是女性自己颇有争议,态度相差很悬殊。

二、"美女"面称的认可度

(一)对"美女"面称态度的调查

对待"美女"这种面称,现在社会上的态度很耐人寻味。我们看到《家住南湖花园论坛－半边天》(2006－10－9)关于"称呼你为美女你是否可以接受"所做的调查,结果发现,大多数人都选择第4项(认为可以接受),这说明面称"美女"还是有一定认可度的,起码不反感,不拒绝。下面的看法就很代表了一部分人的想法,尽管接受的程度略有差异:

(1)没有人认为自己不是美女!!!!!!!

(2)我习惯称呼所有的女人为美女!!!

(3)高高兴兴地接受咯,美女就美女了啦,骗自己高兴也好啊。

(4)反正比被叫丑女感觉好。

(5)总比人家叫我恐龙好呀!

即使如此,相当一部分女生还是感觉不习惯、不好意思,觉得"别扭"、"怪怪的",甚至于有点"反感"。下面的意见颇具典型性:

(6)看来都是选的4,不过不熟的人这样叫,还是感觉有点别扭的。

(7)最可笑的是在小区一个新来的清洁工问我某个楼怎么走,她扭捏了半天,终于想出了呼叫我"美女"……,被一个阿姨叫美女还是觉得怪怪的。

(8)如果知道自己不是美女还被别人这样叫来叫去的,感觉怪怪的,可能会有点反感。

(9)是呀,叫你美女可别先高兴,现在的小学生都说美女=倒霉女。

(10)好好的一个褒义词,现在变成了中性词,甚至带一点贬义。

可见,对"美女"尽管有一定的认可度,但是还不是很高。即使女性,态度也很不一致。

(二)对待"美女"面称的三种态度

我们进一步通过"百度"的网页搜索,发现网友们起码有这样三种态度,现在选择精彩的言论摘录如下:

1.欣赏、赞同、支持的态度。

(11)只要能和美搭上边,心里还是乐滋滋的,就是做个老美女也行。骨子里不是一个媚俗的人,可私底下还是喜欢别人这样称呼,尽管知道现在的"美女"是个大众化的称呼,和"翠花"一样普通,可每当别人这样叫我,心底里还是有小小的欢喜。(腾讯网 2008—10—22)

(12)我说,做美女更要自信,自信的都是好美女。(《请称呼我为美女》,2008—10—23)

(13)近日,市民徐女士在哈市一家饭店就餐时,当饭店服务员称呼徐女士为"美女"时,徐女士高兴不已。徐女士感到,自改革开放以来,市民的生活每天发生着日新月异的变化,就连称呼也越来越时髦了。记者在采访的过程中发现,哈市好多服务场所的工作人员,在称呼男顾客时,都将"先生"改成了"帅哥",而女顾客则被称呼为"美女",时尚又温馨。(黑龙江新闻网－生活社区2008－11－29)

2.无所谓,只是看作一种普普通通的称呼而已。

(14)现在都这样了,人不熟称呼熟,女的叫"美女",男的叫"帅哥",反正美不美帅不帅个人自己心知肚明,将形容词作为称呼,叫的人客客气气,被叫的人笑逐颜开,这也算是一种和谐吧。(铁血社区BBS 2007－5－10)

(15)在过去很长的年代里,美女是个稀有之词。若没有闭月羞花之貌,哪个女子能与之相配?不知从何时起,"美女"这一称呼开始横行天下,几乎成了所有女性同胞的代名词。去理发店修剪头发,理发师会亲切地问一句:"美女,想剪个怎样的发型?"甚至走在大街上,也会冷不丁地冒出一句:"美女,麻烦你让让好吗?"哪怕你是大妈级的人物,说不定也会被人叫上一句:"美女大婶","美女奶奶"……(浙江在线－社会新闻2008－3－25)

(16)被称为美女的女孩送过来一双鞋走了。走的时候对喊她的女孩说:"美女,加油!"看到这一幕,我明白了。现在美女成为女孩子们的一个称呼了,只要你愿意,你可以叫任何女人美女。当美女成为女人的通称,美女这个词将不再有任何意义!(《当美女成为称呼》,黑龙江新闻网2008－11－27)

3.反感、反对。这类反应比较强烈,有的可以说还非常恼火、气愤。

变异与竞争

(17)"美女"的称呼毕竟过于泛滥,前几天笔者亲见几个老阿姨被称为"美女"的场景,看年龄她们都过了五十,早已超过了"半老徐娘,风韵犹存"的年纪,而且确实没有什么美感,可是导购小姐竟然热情地称呼她们为"美女",着实令旁观者诧异。更令人吃惊的是,这几个老阿姨对导购小姐这种称呼不仅不愠不怒,而且还笑呵呵地驻足应答、一副满心欢喜的模样。不由想到:"美女"的称呼是不是有点滥了。(《"美女"的称呼有点滥》2008—09—11)

(18)现在,我去逛街买衣服,卖衣服的叫我美女。我去吃饭,服务员叫我美女。我去买菜,卖菜的也叫我美女,隔壁新搬来的新公司,打招呼一律叫我美女。卖保险的,推销产品的,银行办信用卡的就更不用说了,都是直呼美女。我想我什么时候变得那么美了。某天和我妈逛街,连我妈也被人称呼美女美女……难道除了美女,就没有其他词可以称呼人了吗,以前叫小姐,现在是美女,不知道将来是什么。我想就算叫我姑娘也好啊……叫什么美女啊,一点都不诚实。(《姐妹们有经常被人称呼为"美女"吗?》2008—05—27)

(19)曾几何时,国人对女同胞忽然多了一个称呼:美女!美女教师,美女警官,美女军人,美女医生,美女记者,美女作家,甚至还有美女书记,美女省长——而在那些服务场所,如:饭店,酒吧,超市,商场,KTV等等,不但男客称女性服务员为"美女",而且女性之间居然也互以"美女"相称,且哪怕其貌极其不扬,也丝毫没有被讽刺的感觉。究其原因,也许因为爱美是女人的天性,而"同志"太政治化,"小姐"则已娼妓化,于是这称呼一朝流行,就大街小巷地全是美女了！……真是美女而称之"美女"，自然无可厚非；不是美女而称之"美女"，则是无稽之谈；而如果老以"美女"为誉，那不是在提倡一种虚荣，就是在宣扬一种浅薄！因为推崇"美女"，不是一种肉麻吹捧，也是一种以貌取人！"美女"啊"美女"，这一称谓何其低俗！(《有一个低俗的称呼叫：美女》,凤凰圈 2008－08－04)

以至于有的女性大声疾呼："请别叫我'美女'！"

(20)不知道从什么时候开始，"美女"一词成了男士称呼女士的习语。这个称呼跟所称对象的年龄大小、容颜俊丑无关，大概是对曾经流行的"女同志"、"小姐"的代替。我是在座唯一的女士，坐在主宾右侧，待总编先生敬完主宾的果汁后，便把目光转向了我："美女，敬你！"——这个称呼让我顿生轻慢之感：我有名、有姓也有职衔，在这样一个虽然友好但也比较正式的场合，他怎么会这样称呼？他只是不知道在这样的场合、对一个他没有熟悉到可以开玩笑、调侃的女士这么称呼，其实是不妥当的、不得体的，丢的是他的人。(《先生,请别叫我美女！》,四川网通博聊社区 2009－1－11)

三种不同的态度，起码说明大陆的女同胞对"美女"面称的态度存在比较大的分歧，其深层次的原因是，因为"美女"原来就是一个名词，有着明确的含义：美貌的年轻女子(《现代汉语词典》第 5 版 930 页)。现在美女的虚化以及泛化的程度还远远不够，人们对该词所体现"美貌"的要求还比较高，如果没有达到这一标准，就非常容易造成人们心理上的"错位"，以至于产生对这个称呼的抗拒心态。

(三)"靓女"称呼优于"美女"

看来不喜欢"美女"这一称呼的人还大有人在，起码证明"美

变异与竞争

女"的认可度还不太高,包括有些政府部门还下文件禁止这类叫法。比如:广东肇庆市旅游部门发布《旅游行业礼仪规范与行动准则》,其中的"标准服务语言"中规定,对成年男性要称呼"先生",对境外男性要慎用可能引起歧义的"同志"称呼,禁止使用目前民间较为俗气的"靓仔"、"帅哥"等称呼;对成年女性称呼"小姐",忌用"美女"、"靓女",对年纪较大的女性忌称"阿姨"。(广州日报2008—04—29)

既不愿意叫"美女",又不愿意叫"小姐",那么叫什么呢?总得有一个称呼吧。替代品无非是"小妹"、"乖乖"、"亲爱的"、"宝贝儿"等。不过,那些称呼的接受度可能更低。比如下面这两则报道就很说明问题,"乖乖"的叫法差一点引起一场纠纷:

(21)据"浙江在线新闻网站"2005年04月08日报导:昨(7)日下午,九龙商场一服装老板在招徕一女孩时喊她"乖乖",不料遭到女孩男友的责难,并险些发生冲突。后来,周围商家都来解释说,如今大街小巷见女孩都不兴喊"美女"而改喊"乖乖"了,一场误会才得以冰释。原来美女称呼变得俗气,今年流行将女孩喊成乖乖。(腾讯网—女性频道2008—12—24)

(22)为了套近乎,营业员开口就叫顾客"乖乖"、"亲爱的",不料,此举却让多数顾客感到"遭不住",吓得落荒而逃。昨日,这一喜剧发生在渝中区临江门重百商场。记者来到解放碑新世纪百货、王府井百货、太平洋百货等商场走访,发现不少这样的现象。顾客只要在柜台前经过,营业员就立即迎上去,满面春风地招呼:"亲爱的,需要点什么?""试试这个嘛,宝贝儿!"而"美女"这一称呼似乎已经落伍。(重庆晚报2007—02—08)

"美女"面称的争议及其社会语言学调查

这些事实充分暴露出中国大陆在称呼,尤其在面称方面的尴尬窘迫的境地。现在的情况是这类称呼五花八门,各取所需。其实本来"小姐"的常规叫法沿用上百年,可是却被另类的"小姐"干扰了,最方便的办法当然是为"小姐"正名,恢复"小姐"的本色,至于那种另类"小姐"则另外给个称呼。可是这只是一种良好的愿望,据我们随机调查,在中国大陆,"小姐"这一称呼明显被"污化"、"丑化",绝大多数的女生都不愿意不熟悉的人,尤其是男生直接称呼自己"小姐",似乎会玷污了自己的名声。

然而,在粤方言地区,包括港澳,"靓女"的叫法却大受欢迎。"百度"上对该词有专门的解释:

靓女 liàngnǚ〈方〉:漂亮的女子(多指年轻的)。

粤语口头上读 leng(阴去声)neu(阳上声)。本义指美女,现泛指所有女性,年龄太大者当然另当别论。打招呼时用,例如:"呢位靓女,请问大南路点走?"(这位美女,请问大南路怎么走?)

我们在北京大学 CCL 语料库上,查到 91 条"靓女",绝大多数是背称、旁称,少数是面称。例如:

(23)当时我说,靓女,你看你长得这么漂亮,你也不看清楚了,我们几个人像洪七公吗?(金正昆《身边的礼仪》一)

(24)我跟那个小妹讲,我说靓女,你看清楚了,我们这两个家伙长得像洪七公吗?(金正昆《谈礼仪之人际交往法则》)

但是在实际口语里,"靓女"的面称比比皆是,虚化以及泛化的程度比较高。"靓女"由于在粤方言里普遍使用,人们已经把它看作一种通称,对美貌已经没有那么高的期望值,甚至于可以出现"丑靓女"、"难看的靓女"等等。例如:

383

(25)这样的标题!内容都是丑女,哪有靓女!标题改广州"蒲友"越夜越美丽,丑靓女越穿布越少。(网易新闻中心 2003—12—11)

(26)我觉得她挺漂亮的,为什么说她丑呢?(泡泡俱乐部·丑靓女)

(27)这种靓女真难看。(百度网·拥抱未来论坛·赏心悦目)

这些例句说明,"靓女"不一定需要真的"靓"。最近这三十年来,粤语逐渐北上,影响到北方话,乃至普通话的实例可以说是比比皆是。既然"美女"的面称有那么多的争议和分歧,我们何不直接借用"靓女"呢?这可能不失为一种比较现实的途径。

三、"美女 XX"的使用情况

(一)"美女 XX"使用的社会调查

"美女 XX",其中"美女"作为同位性的修饰语,放在某个普通职务、身份、称呼前面。比如:美女作家、美女间谍、美女妈妈。这种称呼方式已经引起大家的广泛注意,基本上用于背称,或者旁称,很少用于面称,但是不是绝对不可以。例如仓晓敏《"女老公"和"美女老师"——上海地区中学生师生称谓语使用状况的调查》(《修辞学习》2006 年第 3 期)就特别指出:"出现了'美女老师'这种昵称,而且在下课时学生会用作面称。当然,这限于称呼年轻的女老师,以表达一种赞美。"

现在的问题是,这一用法究竟什么时候兴起的?用法上又有什么特点?为此,我们借助于公开的数据库做了一个定向定位的调查,发现了一些比较有意思的情况。

我们首先确定使用的数据库是最有权威性的"CNKI(清华同方)——中国期刊全文数据库"。

步骤一：在总目录下的10个子目录里只选"文史哲"（排除"理工、农业、医药卫生"等其他9个子项目），以确保查阅的内容是符合一般社会生活的。

步骤二：检索项为"篇名"，检索词为"美女"。时间从1991年到2008年，跨越17个年头，查阅范围为全国所有的文史哲杂志的文章标题。

步骤三：逐年进行统计，以便进行比较，从而得出下列表格和统计数据：

年份	带"美女"的篇名数	美女XX	举例	频比
2008	46	10	作家4、老板2、CEO 2、研究生、掌门	21.7%
2007	176	29	作家2、老板2、特工2、记者2、主播2、导演、主持、老总、主席、老婆、保镖、副总裁、刺客、发明家、摄影家、富豪、CEO、政客、模特儿、老师、管家、继承人、小提琴家、棋后	16.4%
2006	171	27	作家6、明星3、棋后2、画家、记者、间谍、婆婆、验房师、拍卖师、老板、巨星、大盗、富豪、道士、发言人、代言人、老师、主持、医生	15.8%
2005	101	10	作家7、编辑、总裁、杀手	11%

变异与竞争

(续表)

2004	91	12	作家4、总统、大师、棋后、市长、导演、间谍、老师、诗人	13.1%
2003	71	7	法医、班长、公主、作家、司令、棋后、掌门人	9.8%
2002	73	10	作家2、棋后2、主持、老板、偶像、杀手、记者、编导	13.7%
2001	43	5	作家5	11.6%
2000	32	2	作家2	6.2%
1999	13	2	总统、高音歌唱家	15.4%
1998	11	0		0%
1997	4	0		0%
1996	15	0		0%
1995	17	2	皇后、明星	11.7%
1994	7	0		0%
1993	3	0		0%
1992	1	0		0%
1991	3	0		0%

(二)若干重要结论

从以上数据,我们可以得出以下几点比较重要的结论:

1. "美女 XX"这一用法,并非现在新的创造,实际上早就有了,但是并不普遍,只是偶尔使用,1995 年的两例就很说明问题。查阅北京大学 CCL 语料库古代汉语部分,查得"美女"885 条,结果"美女 XX"这一用法一条都没有,只发现有一条比较接近:

(1)宣平生是个老实之人,见了此等如花似玉的美妇人,傍边又是个俊俏美女样的丫鬟,也不免动念。(明《警世通言》下)

"美女样的丫鬟"可以减缩为"美女丫鬟",可见"美女 XX",实际上就是"美女样的 XX"的变体,这里"美女"是一个喻体对象。

再查阅北京大学 CCL 语料库现代汉语部分(语料基本上是 1995 年之前的),只查到"美女作家"5 条,"美女皇后"2 条。例如:

(2)现如今,货真价实的年轻美女作家都招不来人呢,何况一中年妇女乎?(《新结婚时代》)

(3)各种团体、知名人士以及各种奖金的获得者,从浸礼会教友到美女皇后,每天都在椭圆形办公室受到接待。(西奥多·索伦森《肯尼迪》)

这几条可能是口语"靓女"的书面化的转写。至于其他的"美女 XX"一条也查不到,包括:美女记者、美女老板、美女明星、美女主持人等等。这说明"美女 XX"这一格式在 20 世纪 90 年代中期以前还远远没有普及。

2."美女 XX"这一用法的普及,大约开始于 21 世纪初期。我们发现,2000 年—2001 年不仅"美女"用法明显增多,而且尽管只出现"美女作家"这个单一用法,但是呈现上升趋势,从 6.2% 升为 11.6%。而从 2002 年至 2008 年这七年里,这一格式的出现频率大体上都在 10% 以上(2003 年为 9.8%)。这充分说明,这一格式在 21 世纪得到了长足的发展,尤其是 2006、2007、2008 这三年的比例都达到 15.8% 以上,而且呈现逐年上升趋势。2008 年虽然"美女"出现的总体数量下降,但是"美女 XX"的比重却升为最高:21.7%。

3."美女 XX"里的 XX,几乎无一例外,都是跟人有关的,大体上可以分为三类:1. 职业,比如:老师、医生、作家、诗人、主播等。2. 特定身份:间谍、杀手、明星、总裁、主席等。3. 亲属称呼,例如:

老婆、阿姨、婆婆等。出现频率最高的是"美女作家",一共出现33次,是绝对冠军;其次是"美女棋后"7条、"美女老板"6条、"美女明星"4条、"美女老师"3条。

4."美女"语义实际上已经开始虚化,一是对方不一定漂亮,普普通通就可以,只要不是太丑陋。二是也不一定年轻,只要感觉上顺眼就可以,甚至于可以说"美女婆婆",比如像菲律宾总统阿罗约、乌克兰总理季莫申科,实际上并不年轻,可是也可以叫做"美女总统"、"美女总理"。

5."美女"只能出现在前面修饰,构成同位性短语。这一类短语,我们称之为 A 类;这里我们要剔除一些似是而非的情况,即"美女"修饰一般名词(不是职务、身份、称呼),比如:美女经济、美女世界、美女时代、美女都市、美女文化。这些短语,可以称之为 B 类。这些被修饰的名词跟"美女"不构成同位关系,换言之,只是被限制、被说明的。跟 A 类"美女作家"的结构关系和语义关系显然不同。我们可以做一个测试:

A.美女作家,可以进入以下的测试框架:她是个美女,也是个作家。

B.美女文化,不可以进入这一测试框架:* 她是个美女,也是个文化。

(三)"美女 XX"组合的生命力

我们借助于"百度",在网上进行高级搜索,结果发现有的组合出现的次数极为频繁。参见下表:

1.美女明星 9,000,000 条   2.美女主播 4,420,000 条

3.美女主持 2,590,000 条   4.美女特工 2,530,000 条

5. 美女演员 1,920,000 条   6. 美女护士 1,890,000 条

7. 美女导演 1,620,000 条   8. 美女记者 1,340,000 条

9. 美女老板 1,110,000 条   10. 美女模特儿 1,070,000 条

11. 美女导游 1,040,000 条   12. 美女妈妈 903,000 条

13. 美女老师 879,000 条   14. 美女研究生 855,000 条

15. 美女作家 621,000 条   16. 美女医生 528,000 条

17. 美女刺客 391,000 条   18. 美女博士 349,000 条

19. 美女阿姨 320,000 条   20. 美女杀手 243,000 条(歧义)

有的组合出现次数达到九百万条,比如"美女明星",11项"美女导游"以上每项也都达到100万条以上。这些容易组合的职业或身份,显然都属于女性比较集中的,尤其是年轻漂亮的女性比较集中的,比如演艺界、医疗界、教育界等。可见,虽然"美女XX"格式的语义已经开始虚化、用法也泛化,但是基本语义倾向还是存在的。这一组合的泛化,可能是比较有生命力的,因为它符合人们追求"真善美"的心理基本趋势。

参考文献

陈晓霞、栗君华(2007)小议"美女"称谓泛化及其使用中的局限性,《现代语文》第8期。

樊小玲、胡范铸、林界军、马小玲(2004)"小姐"称呼语的语用特征、地理分布及其走向,《语言文字应用》第4期。

李成军(2001)"小姐"称呼语的泛化及其他,《桂林市教育学院学报》第1期。

(原载《语言文字应用》2009年第4期)